MINDGYM

SPORTSCHOOL VOOR JE GEEST

IN 12 WEKEN MEER FOCUS, RUST ÉN ENERGIE

WOUTER DE JONG

EN MAUD BEUCKER ANDREAE

MAVEN PUBLISHING

Eerste druk, januari 2018
Tweede druk, januari 2018
Derde druk, januari 2018
Vierde druk, februari 2018
Vijfde druk, maart 2018
Zesde druk, maart 2018
Zevende druk, april 2018
Achtste druk, juni 2018
Negende druk, augustus 2018
Tiende druk, oktober 2018
Elfde druk, december 2018
Twaalfde druk, januari 2019
Dertiende druk, februari 2019
Veertiende druk, juni 2019
Vijftiende druk, november 2019
Zestiende druk, maart 2020

Tekst in samenwerking met Maud Beucker Andreae.

www.mavenpublishing.nl
www.sportschoolvoorjegeest.nl

Ontwerp omslag Judith Schoffelen
Foto auteur Stef Nagel
Opmaak binnenwerk Scherpontwerp
Drukwerk Wöhrmann B.V.

ISBN boek 978 94 9249 325 5
ISBN e-boek 978 94 9249 326 2
NUR 770

Voor Ava

INHOUD

INLEIDING 9

DEEL 1 AANDACHT 17

WEEK 01 **DE BASICS** 23

WEEK 02 **JE LIJF, JE LOGBOEK** 39

WEEK 03 **OMGAAN MET GEDACHTEN EN EMOTIES** 55

WEEK 04 **OPEN AANDACHT** 77

DEEL 2 COMPASSIEKRACHT 95

WEEK 05 **ZELFCOMPASSIE: DE BASICS** 105

WEEK 06 **TEM JE INNERLIJKE CRITICUS** 125

WEEK 07 **COMPASSIE VOOR GEZONDE RELATIES** 147

WEEK 08 **COMPASSIEVOL COMMUNICEREN** 173

DEEL 3 GELUKSVAARDIGHEID 193

WEEK 09 **DE BASICS** 201

WEEK 10 **GELUKKIG MET ANDEREN** 223

WEEK 11 **DE SWEET SPOT VAN GELUK** 243

WEEK 12 **WILSKRACHT** 267

TOT SLOT 283

WOORD VAN DANK 286

NOTEN 289

INLEIDING

Wonderlijk genoeg gaan reclames over horloges vaak over tijdloze momenten, waarbij je het niet in je hoofd haalt om te kijken hoe laat het is. Een man en vrouw zwoel kussend, met beiden een glinsterend horloge om. Een stoere bergbeklimmer die op een rots aan één arm hangt, waarbij om zijn pols een mooi klokje prijkt.

Tijdloze momenten waarop we volledig opgaan in het leven zijn helaas eerder uitzondering dan regel. De klok regeert ons leven: we rennen van afspraak naar afspraak. En als we niet reikhalzend uitkijken naar de toekomst, verlangen we wel weemoedig naar het verleden. Zoals mijn Haagse oom zegt: 'Als je met een voet in de toekomst staat en met je andere voet in het verleden, dan urineer je over het heden.' Wie herkent niet het jeukende gevoel ergens – of iemand – anders te willen zijn? De meesten van ons zijn gewend geraakt aan deze sluimerende onvrede. Misschien overtuig jij jezelf er ook van dat het leven nou eenmaal zo is? Stel je voor dat het mogelijk is om een sluimerende vréde te ervaren. Als je het al zou geloven, wat zou je ervoor overhebben?

EEN GEZOND BEWUSTZIJN

Wij moderne mensen leven continu ergens naartoe, wachtend op de verlossende sleutel, ervaring, prestatie of persoon die ons zal bevrijden van onze onvrede. In de woorden van filosoof Alan Watts: 'Het is alsof je ongeduldig naar muziek luistert en er enkel naar verlangt de eindnoot te horen, of te dansen enkel om op een bepaald punt op de vloer terecht te komen.' Je danst natuurlijk om het dansen zelf, maar we leven soms in de hoop 'het' ooit te vinden. Maar wat is eigenlijk dat 'het'? Zijn het spullen, rijkdom, seks? Mijn overtuiging is dat 'het' inhoudt dat je je thuis voelt in je eigen bewustzijn. Je geest is namelijk het enige huis waarin je permanent zult wonen.

Ben je niet overtuigd? Stel je voor dat jij een superkracht kunt krijgen waarmee je alles wat je wenst zult verwerven: geld, auto's, vrouwen/mannen, status, vaardigheden en macht. Maar dan moet je het wel ruilen voor je bewustzijn. Zou je dat doen? Nee natuurlijk niet, als je je niet bewust bent van wat je doet, is dat alles niet van waarde. Nog een vraag met een uitroepteken: zou je liever het leven leiden van Stephen Hawking, het verlamde genie dat zegt niet bang te zijn voor de dood maar ook geen haast heeft om te sterven omdat er nog zoveel moois te (be)leven valt, of dat van de kerngezonde multimiljardair Markus Persson, de bedenker van Minecraft die lijdt aan zware depressies omdat hij zijn leven zinloos acht?

HET BELANG VAN EEN GEZONDE GEEST

Je kunt een lijst vullen met de doelen en ambities die je in je leven wilt realiseren, maar het achterliggende doel – of je nou gaat kamperen, een politieke partij opricht, deze zin leest, aan het vergaderen bent of een aspirine neemt – is dat je je thuis voelt in je eigen geest. Zelfs mensen die zelfmoord plegen willen uiteindelijk vrij zijn van pijn en lijden: gelukkig zijn. Natuurlijk zijn materiële omstandigheden belangrijk, vooral de basisbehoeften om te overleven, maar uiteindelijk zit werkelijk geluk niet in bezittingen of vluchtige emoties, wél in de manier waarop je naar het leven kijkt, in je mindset.

Een gezonde gelukkige geest is dus van onschatbare waarde, we zouden die met niks willen ruilen en toch behandelen we hem vaak niet zo. Het is wonderlijk dat alles wat we doen door het filter gaat dat bewustzijn heet, terwijl we zo weinig aandacht besteden aan het filter zelf! In het Westen zijn we nog nooit zo welvarend geweest als nu, maar als je je realiseert dat ieder jaar bijna 800.000 Nederlanders een depressie doormaken[1] en meer dan een miljoen mensen het risico lopen op een burn-out en andere werkgerelateerde psychische aandoeningen,[2] dan lijkt het er sterk op dat de vooruitgang in ons hoofd achterblijft.

TRAINEN VAN DE GEEST

We verbazen ons erover dat in de middeleeuwen voedsel nog niet werd gelinkt aan gezondheid. In de jaren vijftig linkte men beweging nog niet aan gezondheid en dacht men nog: 'Waarom heeft die zo'n haast, vast zijn trein gemist' als er een jogger door het park liep. Tegenwoordig is het heel normaal dat we letten op wat we eten en dat we onze spieren trainen. Nu linken we mentale training nog niet aan gezondheid; aan onze hersenen denken we meestal pas als het misgaat (en we bij de psycholoog aanbellen). Raar eigenlijk! Om te profiteren van de sportschool hoef je toch ook niet eerst lichamelijke problemen te hebben?

Gelukkig krijgt een derde revolutie steeds meer voet aan de grond: mentaal sporten. Een overweldigende stroom wetenschappelijk bewijs laat zien dat mentale training hét recept is voor een zinvoller en plezieriger leven (en een betere wereld). Over tien jaar is aan mindgym doen (hopelijk) net zo normaal als je tanden poetsen. Zodat als je niet mentaal sport, anderen vinden dat je uit je hoofd gaat stinken.

MINDGYM

Life is like a camera. Just focus on what's important and capture the good times, develop from the negatives and if things don't turn out, just take another shot. Als dit je goed afgaat, kun je het boek weer dichtslaan. Maar het is waarschijnlijker dat je net als iedereen geregeld een haperende camera hebt. In theorie zijn velen het er wel over eens dat een zinvol, gelukkig leven het streven is, maar leven ze er niet naar. Dit boek biedt je handvatten om de open deur uit bovenstaande quote in praktijk te brengen.

Mindgym is een methode om op alle momenten van je leven – de saaie, de moeilijke en de gelukkige – in een gezonde mentale conditie te blijven. Met een scherpe geest weet je waar je invloed op hebt en wat je dient te accepteren. Je leert niet vrij te zijn ván bepaalde (innerlijke) ervaringen, maar vrijheid te ontdekken ín de ervaring die je hebt. Zo weet je je innerlijke rust te behouden, ook als je je verdrietig of boos voelt, of als dingen niet lopen zoals je wilt. Je leert je gedrag te behouden of te veranderen, zodat je leven in lijn komt met wat jij werkelijk belangrijk vindt.

Dit boek is niet gebaseerd op blind geloof, kwakzalverij of geklets van zelfbenoemde goeroes. Het berust op de rijke pragmatische wetenschap van het beïnvloeden van onze geest. Ik realiseer me dat sociaalwetenschappelijk onderzoek regelmatig onder vuur ligt. Al is het soms discutabel, het is waar we het mee moeten doen. Daarom heb ik geprobeerd vooral metastudies aan te halen, gebaseerd op minimaal tientallen onderzoeken. Daarnaast zijn mijn eigen ervaringen en die van deelnemers aan mijn trainingen in dit boek verwerkt.

NAAR EEN HAPPY BRAIN

We hebben het steeds over een gezonde geest, maar om een gezonde geest te kunnen trainen moeten we eerst weten wat dat eigenlijk is, zonder in esoterische abstracties te verzanden. De wetenschap helpt ons een handje. Hoogleraar in de psychologie Richard Davidson heeft onderzocht wat onze hersenen helder, effectief en gelukkig maakt. Voor '*the happy brain*', zoals hij het noemt, zijn vier afzonderlijke breincircuits verantwoordelijk:

1. Aandacht. Ons vermogen om onze focus vast te kunnen houden; een afgeleide geest is een ongelukkige geest.
2. Veerkracht. Ons vermogen om snel te herstellen van negatieve gemoedstoestanden.
3. Positiviteit. Ons vermogen om positieve emoties en gedachten te creëren en te koesteren.
4. Altruïsme. Ons vermogen om onvoorwaardelijk te kunnen geven; vrijgevigheid.

Interessant genoeg kunnen deze circuits los van elkaar opereren. Zo kun je een kei zijn in het genieten van een goed gesprek met een vriend, maar tegelijk heel slecht zijn in het herstellen na een ruzie met diezelfde vriend. Dit houdt ook in dat er weinig verband bestaat tussen de hoeveelheid positieve en negatieve emoties: je kunt veel positieve emoties ervaren en toch regelmatig overstelpt worden door onprettige gevoelens. Uit onderzoek blijkt ook dat al deze circuits plastisch zijn. Met andere woorden: ze zijn net zo te trainen als je spieren.

MINDGYM, ZO DOE JE DAT

Deze breincircuits vormen de basis van *Mindgym*. Het boek is opgedeeld in drie delen: aandacht, compassiekracht en geluksvaardigheid. Deel 1, over aandacht, is het fundament onder de andere twee delen: met aandacht-training krijg je meer zelfinzicht en zelfbeheersing. Je leert je aandacht te richten zoals jij dat wilt, op datgene waarop je hem wilt richten. Zo bouw je voldoende basisconditie op om de oefeningen uit deel 2 en 3 te kunnen uit-voeren. In deel 2, over compassie (je veerkrachtcircuit), leer je constructief omgaan met de moeilijke dingen in het leven. Je bouwt veerkracht op, die je nodig hebt om bij pijn en lijden overeind te blijven. Dit geeft je houvast voor het volgende deel, omdat je de patronen die je belemmeren om gelukkiger in het leven te staan leert los te laten. In deel 3, over geluk (de circuits van positiviteit en altruïsme), maak je kennis met technieken die je in staat stellen om te floreren in je leven.

Elk deel is opgebouwd uit vier weken die elk hun eigen trainingssuggesties hebben. Uiteraard zijn die weken een richtlijn. Als je langer bij een week wilt blijven, doe dat dan vooral. Pas ervoor op dat je de oefeningen niet te snel wilt afwerken. Het zijn geen *quick fixes* of wondermiddeltjes, ze krijgen pas waarde als je vaker traint en je ze daardoor eigen maakt.

Elke week begint met een warming-up (theorie), gevolgd door de training (praktijk) en een coolingdown (reflectie). Weten waarom iets goed voor je is, dit daadwerkelijk oefenen en nagaan hoe het ging – zo behaal je het maximale effect. Je kunt kiezen uit drie oefenlevels: light, medium en voor de diehards intens. Met de lighttraining ben je geen extra tijd kwijt; deze oefeningen doe je tijdens je dagelijkse bezigheden (zoals douchen, telefoneren of wachten voor een stoplicht). Als je extra training wilt, kun je de mediumvariant doen, waarbij je regelmatig audiotracks met oefeningen kunt gebruiken. Die oefening vraagt twintig tot dertig minuten extra per dag. Wil je intensief trainen? In dat geval ben je een halfuur tot drie kwartier kwijt.

JE INSTELLING

Bij mindgym is het belangrijk dat je alleen vertrouwt op je eigen ervaringen en intuïtie. Stap niet in de valkuil dat je denkt dat alles in boeken te lezen is. Kennis is nog geen ervaring. Je dient je ervaring in je op te nemen om de diepere waarde van de oefeningen te (h)erkennen. Als je een doktersrecept op je nachtkastje legt en het alleen leest, word je er ook niet beter van. Als je geen tijd hebt, bedenk dan dat de gemiddelde Nederlander per dag drie uur en vier minuten voor de televisie of achter de laptop zit. Dat is een heel jaar beeldscherm turen in elke acht jaar van je leven. En wat is belangrijker voor je: meer kwaliteit van leven of op de hoogte zijn van je Facebookvrienden?

Het vergt moed en discipline om naar binnen te kijken. De stap naar binnen maken en oude, vastgeroeste denkbeelden loslaten is spannender dan parachutespringen, de Mont Blanc beklimmen of naar de maan reizen. Vooral als je het allergevaarlijkste denkbeeld over persoonlijke groei, 'zo ben ik nu eenmaal' los durft te laten. Of nog mooier verwoord door de Franse filosoof Alain: 'Je hoeft geen tovenaar te zijn om de toverspreuk "Dit is hoe ik ben en ik kan daar niks aan doen" over jezelf uit te spreken.'

TOT SLOT

Ik ben van mening dat het najagen van materiële vooruitgang niet het probleem is; die levert ons namelijk veel voordeel op! De uitdaging is hoe we onze materiële welvaart ten dienste kunnen stellen van mentale welvaart, voor een duurzamere wereld.

Ik realiseer me terdege dat we de wereld niet altijd naar onze hand kunnen zetten. Ik heb *Mindgym* geschreven vanuit de overtuiging dat we wél de mogelijkheid hebben om anders tegen de wereld aan te kijken. En als we in ons bewustzijn meer helderheid en scherpte aanbrengen, kunnen we – paradoxaal genoeg – de wereld meer naar onze hand zetten. Zo zorgt een heldere, tevreden geest er juist niet voor dat je enkel nog in een hangmat wilt liggen. Die resulteert erin dat we meer met de ander bezig zijn dan met onszelf. We zijn hulpvaardiger en liefdevoller als we goed in ons vel (geest) zitten. We geven meer geld uit aan anderen, doen meer vrijwilligerswerk, delen eerlijker en helpen sneller dan ongelukkige mensen.[3] Kortom, een betere wereld begint in je hoofd.

Als we alle onnodige moeite die we doorgaans stoppen in uiterlijkheden, beeldschermen en bankrekeningen investeren in het trainen van een gezonde geest, worden we niet alleen zelf gelukkiger maar creëren we de voorwaarden voor een samenleving waarin we aandacht geven aan wat het meest telt: elkaar.

Wouter de Jong

BEGIN DICHTBIJ

Begin dichtbij
Neem geen tweede stap of de derde.
Begin met het eerste,
dat wat het meest dichtbij is,
de stap die je niet wilt nemen.
Begin met de grond die je kent,
de grond onder je bleke voeten,
jouw eigen manier om het gesprek op te starten.
Begin met je eigen vraag.
Laat vragen van anderen liggen,
laat ze niet iets simpels smoren.
Om een andere stem te vinden, volg je eigen stem,
wacht totdat die stem het ene oor wordt
dat luistert naar het andere.
Begin NU.
Neem een kleine stap die van jou is.
Volg niet iemand anders zijn heldendaden,
wees bescheiden en gefocust.
Begin dichtbij.
Neem niet die ander voor jezelf aan.

DAVID WHYTE

DEEL 1
AANDACHT

'Als je twee konijnen najaagt ontsnappen ze allebei.'

CHINEES SPREEKWOORD

Acht seconden. Zo lang kun je je aandacht onafgebroken richten op iets of iemand. Daarna zakt de focus weer in, op weg naar chips, apps of gedachten. In 2000 was de gemiddelde aandachtsspanne nog twaalf seconden; het smartphonetijdperk heeft er in zestien jaar maar liefst een derde afgesnoept (bent u er nog?). Zelfs de goudvis heeft de mens ingehaald: het diertje kan zich maar liefst negen seconden onafgebroken focussen.

Aandacht ligt aan de basis van al je activiteiten. Van je wekker uit slaan tot deze 's avonds instellen en alles wat je ertussen doet: autorijden, werkoverleg, zoenen, koken... Als kind kon je urenlang onverstoord spelen met lego of een barbie. Nu je 'later groot bent' is het lastiger om onverdeelde aandacht voor iets op te brengen. Ten eerste omdat er als volwassene er meer aandacht van je wordt gevraagd. Aandacht is het nieuwe goud: merken en reclames azen erop, collega's verwachten focus, je dochtertje wil met je spelen, een verdrietige vriend vraagt een luisterend oor. Ten tweede komt er in dit digitale tijdperk elke dag een explosie aan informatie op je af, die ook om jouw attentie vraagt. Het aantal beelden dat je te verwerken krijgt (via de krant, pc of smartphone en ouderwets op straat) ligt honderden keren hoger dan een eeuw geleden – alleen al reclame-uitingen krijg je dagelijks meer dan driehonderd keer naar je hoofd geslingerd.[4]

AANDACHTSBLESSURE

Bij elkaar opgeteld plegen deze 'aandachttrekkers' een aanslag op je aandacht. En je eigen brein is medeplichtig, want verslaafd aan informatie: hoe meer input het krijgt, hoe hongeriger het wordt en hoe meer 'voer' het verslindt.[5] Net zoals je je lichaam kunt blesseren als je overmatig beweegt, overbelast je zo ook je 'aandachtspier'. Met als gevolg: bij de simpelste activiteiten tune je uit. Je dwaalt af, bijvoorbeeld naar de toekomst (bij de amuse verheug je je al op het toetje; tijdens de massage baal je al dat het straks voorbij is), of je zit juist met je hoofd in het verleden (waarom deed die vriend gisteren zo onaardig?). Met dergelijke afdwalingen naar toen of later bereik je niks, behalve dat je de focus wegneemt van je huidige activiteit, waardoor je er niet volledig van kunt genieten en je foutgevoeligheid toeneemt. Een vaak gebruikte – en daardoor uitgeholde – uitdrukking is: 'Wees meer in het nu.' Natuurlijk is iedereen altijd in het nu, het is onmogelijk om dat niet te zijn, maar het gaat erom hóe je in het nu bent. Plannen maken voor de toekomst is alleen nuttig als je ervan kunt genieten zodra die toekomst zich aandient. En dan moet je erbij zijn met je aandacht.

Een pols- of knieblessure heeft andere ongemakken tot gevolg als je haar niet behandelt, en dat geldt ook voor een overbelaste aandachtspier. In dit geval is de vraag dan ook: hoe breng je die onverstoorde lego-aandacht terug in je leven? Daarmee gaan we in deze komende vier weken aan de slag.

EEN LEVENSREDDENDE LUNCH

Mocht je ooit in de bak belanden en om vervroegde vrijlating vragen, duim dan dat je om een uur of acht 's ochtends of vlak na lunch moet voorkomen. Uit een opzienbarend onderzoek naar vervroegde vrijlating bleek dat rechters 's ochtends 65 procent van de verzoeken toewezen, tegen maar 10 procent van de verzoeken aan het einde van de dag. Ook na de lunch bleek er een piek zichtbaar te zijn van 65 procent. Hoe kwam dit? De onderzoekers stelden dat de beslissing tot toewijzing veel aandacht kost. De batterij van de rechters was vlak voor de lunch wel zo'n beetje op, net als aan het einde van de dag, waardoor het aantal toewijzingen op die momenten significant lager was.

SIT-UP

Heb je de schrijffout in de tweede alinea opgemerkt? Zo ja: alert van je! Zo nee, de fout was een dubbele 'er': 'omdat er als volwassene er meer aandacht van je wordt gevraagd.' Je hebt eroverheen gelezen, omdat het opmerken van de schrijffout voor jou niet belangrijk is. Het zou je veel energie kosten als je naast de inhoud ook op de 'punten op de i' moet letten. Je aandachtspier spaart zijn kracht. Tenzij je de eindredacteur van dit boek bent (en fouten opsporen dus je taak is).

AANDACHTTRAINING

Het is vreemd dat bij het aanleren van nieuwe vaardigheden (schilderen, autorijden, effectief leidinggeven) niet standaard 'Module 1: Aandachttraining' op de agenda staat. Want aandacht is het fundament van alles wat we doen. Ook wanneer we (iets nieuws) leren op school. Helaas zijn 'En nu opletten, anders stuur ik je eruit!' en 'Als je niet ophoudt met kletsen krijg je strafwerk!' de enige 'wijze' lessen over aandacht die we krijgen op school. Gek toch, want hoe doe je dat, opletten? Het staat niet op het (les-) programma, terwijl aandacht de basis is van constructief leren. Hoe kun je je aandachtspier versterken? Antwoord: door het beoefenen van mindfulness. Als je nu – misselijk bij het idee – dit boek bij het oud papier wilt gooien, stop! Ik weet het: mindfulness heeft een imagoprobleem. Als je het niet associeert met verslonsde hippies in een ashram, dan denk je wel aan verwende hipsters in een *retreat* of dolende *midlifers* die strooien met quotes van Eckhart Tolle.

Het is mooi dat mindfulness (of met een Nederlands woord: aandachttraining) sinds het afgelopen decennium meer in zwang is geraakt – je kijkt er niet meer van op als de CEO vrij neemt voor een stiltedag – maar door die populariteit wordt de term steeds vaker gebruikt, en niet altijd op de juiste manier. Een veelgehoorde misvatting is dat 'mindful' gelijkstaat aan lekker 'zen' en relaxed zijn, of dat niks of niemand je nog zal deren. Maar mindfulness betekent letterlijk: 'vol aandacht zijn', simpelweg aandachtig en zonder oordeel registreren wat zich nu voordoet – van boosheid en kriebel tot blijdschap en pijn.

Als je mindful leeft – oftewel met aandacht (de term die ik in het boek zal gebruiken) – kies je bewust waarop je je aandacht richt en hóe je dat doet. Je aandachtspier wordt sterker, je zult gaandeweg merken dat je beter kunt focussen en daardoor zul je niet alleen meer plezier ervaren, het is ook de basis voor veerkracht en een constructieve omgang met het onprettige.

> *'Is niet elke seconde een mogelijk uur U?*
> *Later bestaat niet, later is nu.'*
>
> DE DIJK

DE VOORDELEN VAN AANDACHTTRAINING

Een van de eerste studies naar het actief trainen van aandacht (de 'klassieke' achtweekse mindfulnesstraining) en het effect ervan op de werkvloer, verbaasde de onderzoekers zelf. De deelnemers ervoeren minder stress en onrust, waren positiever geluimd en werkten effectiever dan de controlegroep. De (onverwachte) bonus was een lichamelijk effect: aan het einde van de aandachttraining kregen de deelnemers een griepprik (dus een 'beetje griep') om te testen hoe hun immuunsysteem daarop reageerde. Degenen die hun aandacht hadden geoefend ontwikkelden significant meer anti-lichamen – 'soldaten' die de griep te lijf gingen – dan de ongetrainde groep.[6]

De voordelen van aandachttraining zijn talloos. Uit tal van studies blijkt dat ze onder andere helpt tegen angst, lichamelijke pijn, piekeren en depressieve gevoelens, en dat ze leidt tot een toename van (onder meer) geluk, gezondheid, concentratie, besluitvaardigheid en zelfbeheersing.[7] En aangezien aandacht aan de basis ligt van alles wat je doet, vormt aandachtig(er) leven de eerste stap naar groei van al je vaardigheden.

In een baanbrekend onderzoek van neurowetenschapper Christopher deCharms kregen patiënten met chronische pijn een realtime fMRI (een soort röntgenfilm) van de activiteit van hun hersenen te zien. Hun pijn werd in het filmpje gevisualiseerd als een brand: hoe meer pijn ze ervoeren, hoe meer activiteit er was in hun hersenen, hoe groter de vlammen. De patiënten oefenden vervolgens op het soort aandacht dat ze aan de vlammen (hun pijn) wilden geven, en focusten op het kleiner maken van de vlam. De pijnervaring nam hierdoor af, de vlammen werden kleiner. Zo veranderden de patiënten bewust en actief de structuur van hun hersenen; de vlammen werden kleiner of doofden uit.[8]

OPZET

Train dagelijks je buikje en vetrollen maken plaats voor een sixpack, maar stop met trainen en ze rollen vanzelf weer terug. Zo werkt het ook met aandacht: train geregeld je aandachtspier, dan zul je aandachtiger leven, maar leef je zonder aandacht – door te multitasken, af te dwalen en steeds weer die smartphone erbij te pakken – dan wordt de spier slap als een vaatdoek. Hierdoor ga je nog onaandachtiger leven (je vergeet afspraken, raakt vaker dingen kwijt, let niet op in het verkeer, et cetera), waardoor de spier nog meer verslapt. Met aandachttraining draai je deze vicieuze cirkel om: meer aandacht versterkt je aandachtspier en dat levert weer meer aandacht op. Eigenlijk is het heel simpel: besteed aandacht aan je aandacht, dan groeit je aandacht.

De komende vier weken ga je hiermee aan de slag. Elke week begint met een warming-up (theorie), gevolgd door de training (praktijk) en een coolingdown (reflectie). Weten waarom iets goed voor je is, dit daadwerkelijk oefenen en nagaan hoe het ging: zo behaal je het maximale effect.

'Een slechte poging is altijd beter dan helemaal geen poging.'

ANONIEM

Bedenk vooraf welk niveau voor jou haalbaar is – en wees reëel. Als je begint met hardlopen ga je ook niet meteen voor de marathon; je tong op de knieën werkt weinig motiverend. Ook bij aandachttraining is opbouw essentieel, korte oefeningen kunnen je aandachtspier al heel goed een boost geven. Als na verloop van tijd blijkt dat de extra oefeningen je te veel worden: geeft niks. Geef vooral niet op, doe gewoon een stap terug. Het belangrijkste is dat je oefent. De lightversie is ook genoeg. En als je dan hebt verzaakt, sta stil bij wat je wél hebt gedaan, niet bij wat je niet hebt gedaan. Dat is meteen een goede aandachtoefening.

WEEK

01

DE BASICS

'Life is what happens to you while you're busy making other plans.'

JOHN LENNON

Hoe werkt aandacht eigenlijk en wat maakt aandachtig leven zo lastig? Met name afdwalen en handelen op de automatische piloot werken aandachtverlagend. Waarom is dat erg, wat zijn de gevolgen? En waarom zijn een beetje afdwalen en bepaalde automatismen juist behulpzaam? De antwoorden hierop krijg je deze week, zodat je snapt waarom je die aandachtspier wilt versterken. Daar begin je deze week mee door te focussen op het fundament van aandachttraining: je adem.

WARMING-UP

Een sterke aandachtspier is onmisbaar voor een gelukkiger leven. De mens leeft niet met te weinig tijd – iedereen heeft dezelfde vierentwintig uur in een dag – maar met te weinig aandacht. Multitasken is in ons moderne leven helaas de standaard, ondanks overtuigend wetenschappelijk bewijs dat het niet bestaat: de kwaliteit van de output blijkt dezelfde als wanneer je de taken dronken zou uitvoeren.[9] Focus op wat je doet is onontbeerlijk, ook tijdens seks, zo blijkt uit onderzoek[10] (en wellicht eigen ervaring). Tijdens het voorspel denken aan de afwas of vuilnis is dodelijk – het zal in elk geval geen nieuw leven brengen.

SIT-UP

Kijk eens naar deze kubus. Zit het balletje aan de voorkant of de achterkant?

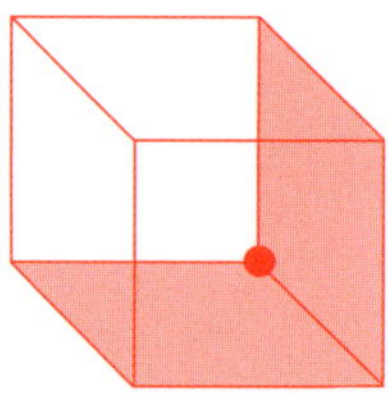

Een beetje flauw: er is geen fout of goed antwoord. In de zogeheten Necker-kubus zitten namelijk twee figuren. Het menselijke brein is niet in staat deze tegelijk waar te nemen, net zoals het niet mogelijk is om twee gesprekken tegelijk te voeren.

AANDACHTMODEL

Je aandacht valt niet te splitsen. Het is net een spotlight: als die een object (een stoel) verlicht, zal iets anders (een tafel) in de schaduw staan. Zo betekent volle aandacht voor je voet dat je je even niet bewust bent van je hand; luister je naar een spannende podcast, dan ligt je aandacht even niet bij je zieke moeder. Net als een spotlight kan je aandacht wisselen van richting en breedte: richt je de aandacht naar binnen of naar buiten? En focus je daarbij op iets specifieks of stel je je open voor meer prikkels? Welke aandachtvorm geschikt is, hangt af van de situatie en het moment. Ter verduidelijking noem ik per vorm voorbeelden en voordelen.

AANDACHT RICHTEN

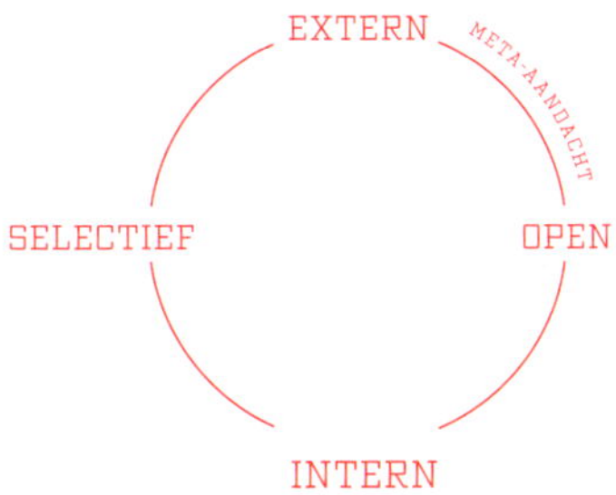

Meta-aandacht maakt je bewust van de richting en breedte van je aandacht. ©WdJ

Selectieve aandacht

Bij selectieve aandacht is de lichtbundel zo smal als een laser. Je richt de aandacht op één punt: koken, een aflevering van *House of Cards*, de kriebel aan je voet, *De vier jaargetijden* van Vivaldi (zonder dat je tegelijk leest of appt!). Met al je aandacht houd je je alleen bezig met die activiteit. Voordeel: Selectieve aandacht is effectief. De kans is groot dat je het project (koken) afmaakt en de kans op fouten (verbrande pijnboompitten) is minder groot.

Open aandacht

Open aandacht is het tegenovergestelde van selectieve aandacht. De lichtbundel is als een bouwlamp die de hele kamer verlicht: zo breed mogelijk. Je stelt je open voor alle prikkels die zich aandienen, zowel binnen als buiten jezelf. Wanneer je op een terras zit komen allerlei interne en externe prikkels voorbij: een straatmuzikant, een gesprek met de ober, de zon op je huid, een gesprek aan het tafeltje naast je, de kriebel aan je oor en een herbeleving van de woordenwisseling met je broer. Voordeel: Je stelt je open voor (nieuwe) informatie, dat geeft het creatieve deel van je brein een boost.[11] Zo heb je na dagen onbevredigend hersenkraken met een uurtje open aandacht wel vijf ideeën voor een cadeautje dat je je jarige vriendin kunt geven.

Externe aandacht

Je richt je spotlight naar buiten: op de tenniswedstrijd, verse appeltaart, de vertrektijden van de trein, de leuke lach van de barman of -vrouw. Voordeel: Externe aandacht levert aanpassingsvermogen op, je vermogen om veranderingen op te merken in je omgeving. Hij zorgt ervoor dat je uitwijkt voor een naderende tram of dat je de glimlach opmerkt van je partner.

Interne aandacht

Interne aandacht betekent focus op je gedachten, gevoelens of lichamelijke sensaties. Voel je tintelingen? Heb je het koud of warm? Is dit een steek van jaloezie? Ben je blij of juist gestrest? Voordeel: Interne aandacht geeft kennis over je *state of mind* en helpt bij impulsbeheersing. Uit gedachten en gevoelens volgt gepaste actie: die knoop in je maag vertelt je dat die nieuwe baan misschien geen goed idee is, of door stil te staan bij je kippenvel besef je dat het geen gevolg van kou maar van ontroering is.

SIT-UP

Zet een timer aan op je telefoon en focus twee minuten met volle aandacht op het zintuig voelen (externe selectieve aandacht): hoe voelt de structuur van de omslag van dit boek, hoe voelen de pagina's? Elke keer als je merkt dat je afgeleid bent, breng je de aandacht weer terug. Hoe ging het? Voelde je nieuwe dingen, verrassende structuren? Dwaalde je vaak af? Zo ja, waar gingen je gedachten heen? Lukte het je om de focus weer terug naar het boek te brengen?

DE KLEUR VAN JE AANDACHT

Een belangrijke toevoeging aan het aandachtmodel is de kleur waarmee je 'schijnt'. Want bij aandacht gaat het niet alleen om het onderwerp van je aandacht, maar vooral om de relatie die je ermee hebt. Geef je iets een accepterende soort aandacht (groen van kleur), verzet je je ertegen (rood) of voel je je er neutraal (wit) over? Ter illustratie: de een 'belicht' een pornofilm rood en een klooster groen, de ander doet dit precies andersom. Zo kun je ook boos zijn (rood) op je eigen emoties, zoals jaloezie, verdriet of boosheid, of deze – constructiever – neutraal (wit) of accepterend (groen) benaderen.

Meta-aandacht

Er is nog een speciale vorm van aandacht die bij aandachttraining vaak terugkomt: meta-aandacht. Zo noemen we het als je aandacht voor je aandacht hebt. Je hangt als het ware boven je aandacht, waardoor je allereerst opmerkt welke aandachtvorm je gebruikt en vervolgens met welke kleur je schijnt. Je onbewuste schiet namelijk vaak als vanzelf in een favoriete vorm, die echter niet altijd geschikt is voor dat moment: open aandacht wanneer je gefocust moet werken of selectieve aandacht wanneer je juist een creativiteitsboost (open aandacht) kunt gebruiken. Met meta-aandacht realiseer je je dat je focust op de harde adem van je collega (extern selectief). En dat de kleur van je spotlight rood is (irritatie). Of dat je aandacht schenkt aan alle prikkels die zich aandienen (open aandacht), zoals een huilende baby, je hongergevoel en de felle zon die in je ogen schijnt. Meta-aandacht is een eerste stap om die richting, breedte en kleur van je aandacht te kunnen veranderen.

SIT-UP

Focus je dertig seconden op het gevoel in je rechterhand (interne selectieve aandacht). Wees je ook bewust van welke aandachtvorm je gebruikt (meta-aandacht). Lukte het om je aandacht te richten op je hand? Zo nee, waar ging je focus dan wel naartoe? Waren dit externe afleidingen, zoals een blaffende hond? Of gedachten (ik heb honger; hoelang duurt dit nog?) en gevoelens (tevredenheid, irritatie of ongeduld)? Was je je op het moment zelf bewust van je afdwalingen (meta-aandacht)?

UIT HET NU DOOR AFDWALEN

In een ideale wereld schakel je bewust van selectieve naar open aandacht, van rood naar groen, van intern naar extern, en weer terug. Maar – zoals je in de inleiding las en misschien al in de sit-ups hebt ervaren – er zijn behoorlijk wat aandachttrekkers die dit bewustzijn kunnen verstoren. Afleiding, zoals inkomende e-mails, een lekker nummer op Spotify, werk, de collega die zijn neus snuit of een straatverkoper die aan je mouw trekt, houdt je weg van de activiteit die je op dat moment met volle aandacht wilt of moet doen. Al deze externe factoren verzwakken je aandachtspier en trekken je weg uit het nu.

Maar je mag dan soms worden afgeleid door externe factoren, jij bent zélf de grootste afleider. Hoe vaak zijn tijdens het lezen van dit hoofdstuk je gedachten afgedreven? Mensen dwalen tijdens het lezen zo'n 20 tot 40 procent van de tijd af.[12] Als je denkt dat dit veel is: gemiddeld dagdromen we maar liefst de helft van onze tijd en slapen we nog ongeveer acht uur per dag. Op je dertigste heb je dan zo'n twintig jaar van je leven onbewust geleefd!

KLETSENDE AAP

In de oosterse filosofie bestaat hiervoor een term die zich het best laat vertalen als *monkeymind* (je begrijpt dat ik het woord 'apengeest' maar even parkeer). Je monkeymind is het eindeloze gebabbel in je hoofd wanneer je onbewust van gedachte naar gedachte springt, van emotie naar emotie – zoals een aap van boom naar boom slingert. *Welke afspraken heb ik de rest van de middag; o nee, ik heb mijn moeder gisteren niet gebeld; dat is waar ook, ik moet mijn telefoonabonnement nog vernieuwen en trouwens ook de zomervakantie nog boeken.* Voor je het weet zit je monkeymind in China – en is het drie uur later.

Recentelijk hebben hersenwetenschappers ontdekt hoe je monkeymind eruitziet in het brein: het is een netwerk van onderling verbonden hersendelen dat tijdens focus inactief is, maar overactief is tijdens afdwaling. Dan is het *default network* continu bezig, op zoek naar taken en problemen om op te lossen: wat je die avond gaat eten, de oppas die je nog moet regelen of zwaardere zorgen als een verloren baan of een ziek familielid.

NADELEN

Een eerste nadeel van die overactieve monkeymind is dat een groot deel van je prettige ervaringen aan je voorbijgaan. Je kust je geliefde terwijl je met je hoofd bij de administratie bent of je voelt de warme lentezon niet omdat je piekert over een deadline. Ten tweede mis je door die kletsende aap ook veel onprettige ervaringen. Prima toch? hoor ik je denken. Nee, want om constructief om te kunnen gaan met nare gebeurtenissen (zoals ruzie en kritiek) en pijnlijke emoties (zoals boosheid en verdriet) is het een vereiste om ze bewust mee te maken. Anders krijg je ze op den duur als een boemerang terug in je gezicht. Het derde nadeel is dat je door af te dwalen de kans laat liggen om het alledaagse interessant te maken. Als je op de fiets naar je werk al met je hoofd achter je bureau zit (of nog in bed ligt), leef je van piek- naar piekmoment zonder de tussentijd te waarderen.

EYEOPENER

In een aandachttest werd aan willekeurige voorbijgangers de weg gevraagd. Terwijl de voorbijganger aanwijzingen gaf aan de zogenaamde wegzoeker, liepen twee 'verhuizers' met een grote deur tussen de voorbijganger en de vragensteller door. Op dat moment werd de 'wegzoeker' gauw verwisseld voor een andere persoon. Frappant: de helft van de voorbijgangers had niet door dat ze met iemand anders aan het praten waren en rondde het gesprek af alsof er niks was gebeurd.[13]

Een vierde nadeel is dat het geklets in jezelf vaak een donkere focus heeft. Zelfs als de dag is doorspekt met positieve gebeurtenissen, denk je niet continu: wat een mazzel dat mijn trein op tijd rijdt, wat heb ik toch een leuk leven. Je hebt als mens last van een *negativity bias*: een natuurlijke neiging om je te richten op (het voorkomen van) gevaar, wat zich in het hoofd vaak vertaalt in de focus op het negatieve: bah, wat moet ik veel doen; nee hè, niet weer een lege batterij. Of je trekt negatieve conclusies. Zonder dat je het doorhebt kraak je jezelf af, heb je veroordelend commentaar op de ander, interpreteer je andermans opmerking als aanval, et cetera.

SIT-UP

Probeer eens bij iets alledaags als fietsen 'stil te staan', bijvoorbeeld bij de trapbeweging (interne selectieve aandacht) of wat er ook maar bij je binnenkomt: de bomen, de wind, de mensen bij het stoplicht, het technische vernuft van de fiets (externe open aandacht). Is je fietservaring anders dan anders? Lukte het om bewust een aandachtvorm (intern selectief, extern selectief, intern open, extern open) te kiezen? En lukte het om je aandacht vast te houden of dwaalde je regelmatig af? Zo ja, waarnaartoe? Vooral de kleur is van belang. Welke kleur had je aandacht: groen of rood? Met andere woorden: mocht wat je waarnam er zijn of irriteerde het je?

ONGELUKKIG

Deze nadelen van afdwalen hebben een groot gevolg: een ongelukkige geest. Dit laat ook een studie van de Harvard University zien waarbij deelnemers met de app Track Your Happiness hun actuele gevoelens en gedachten een score gaven. De resultaten bevestigden dat mensen bijna de helft van hun dagelijks leven dagdromen (46,9 procent), maar ook dat een toename in welzijn niet afhing van hoe plezierig de activiteit was, maar van de mate waarin deelnemers deze met volle aandacht ondernamen.[14] Dit betekent dat afwassen je veel gelukkiger kan maken dan een pretpark of concert van André Rieu (of een uitje waar jouw hart sneller van gaat kloppen) als je maar gefocust bent op de borstel, het servies en de beweging. Een verklaring hiervoor is dat het met volle aandacht niet mogelijk is in de eindeloze stroom van (kritische en negatieve) zelfbabbels te vervallen. Anders gezegd: richt je spotlight op een stoel (de afwas) en je zet hiermee de tafel (het geklets van je monkeymind) in de schaduw.

VOORDELEN

Maar ik wil geen pleidooi houden tegen afdwaling. Door evolutiedeskundigen wordt de afdwalende geest van de mens zelfs gezien als een grote sprong in de evolutie; net als bewust plannen en reflecteren is ook onbewust afdwalen een van de vaardigheden die ons onderscheiden van andere dieren. Een aantal positieve kanten van afdwalen op een rij:

- Afdwalen kan werken als een natuurlijke versie van de Facebook-pop-up of de herinnering op je smartphone. Doordat je even met je gedachten elders bent, krijg je de ingeving 'jarige nichtje feliciteren'.
- Afdwalen geeft ruimte aan creativiteit. Je staat onder de douche en – *ping!* – plotseling weet je hoe je die presentatie wilt vormgeven. Het lijkt uit het niks te komen, maar dat 'niks' is je default network. Je onbewuste heeft lekker verder zitten broeden.
- Afdwalen dient als pauze voor focus. De selectieve aandachtspier heeft af en toe rust nodig om op te laden.
- Afdwalen is soms ook gewoon leuk en lekker, zoals het dagdromen over je nieuwe liefde, een sabbatical of die oldtimer die je ooit wilt kopen.

Je wilt niet nooit meer afdwalen, maar minder en bewuster. Waarom is dat zo moeilijk? Zoals Einstein zei: 'Je kunt een probleem niet oplossen met de denkwijze die het heeft veroorzaakt.' Met andere woorden: het hersendeel dat verantwoordelijk is voor afdwaling is ook verantwoordelijk voor het opmerken dat je bent afgedwaald. Met aandachttraining valt die opmerkzaamheid te verbeteren. Je sluit dan vriendschap met je monkeymind en snoert hem vriendelijk de mond. In plaats van hém met to do's en problemen te laten komen, wijs je hem taken (punten van focus) toe die jij zelf hebt bedacht.

UIT HET NU DOOR DE AUTOMATISCHE PILOOT

Als je iets maar vaak genoeg doet, gaat het op een gegeven moment vanzelf: maar liefst 90 procent van alles wat je doet, gaat op de automatische piloot. Als door een waterval die zijn weg vindt langs de rotswand zijn de patronen ingesleten.

> **SIT-UP**
>
> Sla je armen over elkaar. Doe dit vervolgens andersom. Merk je hoe moeilijk dat is? Rechts over links of links over rechts: een van de twee doe je op de automatische piloot, zonder erbij na te denken, omdat je het jezelf zo hebt aangeleerd. Pas als je hiervan afwijkt, sta je stil bij de beweging.

Automatismen zijn handig. Het simultaan uitvoeren van verschillende taken is namelijk wél mogelijk als je de ene automatisch doet (bijvoorbeeld lopen), zodat je je volledige aandacht kunt leggen bij de andere (bijvoorbeeld het voeren van een gesprek). Helaas heeft je automatische piloot ook een rafelig randje: hij leidt je steeds weer naar destructieve patronen, ongezonde en onproductieve activiteiten die je lijken te overkomen. Denk aan gedachteloos een sigaret opsteken, chocola snoepen na het eten en natuurlijk de smartphone – NU.nl kan je behoorlijk uit het nu halen.

'Je wordt je gewoontes.'

ARISTOTELES

We kiezen er niet bewust voor om 'slecht' gedrag te vertonen, we doen het zonder dat we er erg in hebben. De automatische piloot is afgestemd op wat hij is gewend, hij houdt geen rekening met zwaar weer of een onverwachte routewijziging. Zie daar de brompot op kantoor die compleet van slag is door een verandering in werkwijze; het argument 'Maar we doen het altijd zo!' komt vaak voort uit angst voor het onbekende en uit weerstand tegen actie. Want die automatische piloot, tja, dat vliegt wel lekker. Kun je ook af en toe ook een tukje doen.

SIT-UP

Kijk of je vandaag vier uur zonder smartphone kunt en merk telkens op wanneer je hem wilt pakken. Hulpmiddel voor opmerkzaamheid: schrijf op de duim waarmee je je telefoon bedient het woord 'aandacht'. Hoe ging het? Had je vaak ongemerkt de telefoon in je hand? Hoe vaak? Valt dit aantal je mee of tegen?

VAKER IN HET NU

Je automatische piloot is afgestemd op wat je gewend bent. Als je met meer aandacht wilt leven, wil je die automatische piloot iets vaker uitzetten en bewust je route plannen. Zonder navigatiesysteem, met een ouderwetse kaart. Dat begint met aandachttraining. Met aandacht voor je aandacht (meta-aandacht) word je je bewust van je automatismen – in eerste instantie zonder er iets aan te willen veranderen. Zie het als een eerste stap in de richting van de uiteindelijke keuze om destructieve automatismen af te bouwen.

SIT-UP

Onderzoek laat zien dat je alleen al over eten gemiddeld 227 keer per dag een (meestal onbewuste) beslissing neemt.[15] Probeer je je daar vandaag eens bewust van te zijn. Wanneer kies je voor een mueslireep of een appel, wat leg je in je boodschappenmandje, sprenkel je azijn of olijfolie over de salade, enzovoort. Kijk aan het einde van de dag in hoeverre het is gelukt. Hoe vaak had je iets in je mond voordat je er erg in had? Was je opeens een mandje vol etenswaren aan het afrekenen in plaats van alleen de zalm en sla die je van plan was? Proefde je die cherrytomaat of dat chocoladekoekje echt?

Net als bij afdwalen houd ik hier ook geen pleidooi voor het afzweren van automatismen. Je kunt ze namelijk in je voordeel laten werken, zoals jezelf aanleren om dagelijks te lunchen met een salade. De automatische keuze voor een salade in plaats van voor een tosti is niet alleen gezond, deze automatische keuze (maar ook het automatische kauwen en slikken) zorgt ervoor dat je tijd en energie overhebt om vaardigheden onder de knie te krijgen waarbij je wel moet nadenken, zoals het spelen van een nieuwe etude op de piano of het uitvogelen van een computerprogramma. Onderzoek naar de hersenactiviteit van topsporters bevestigt dit: zij vertonen tijdens moeilijke onderdelen minder hersenactiviteit dan amateurs en semiprofs, waardoor ze mentale energie overhouden om te excelleren.[16]

DE ADEM

Een eerste stap om jezelf uit die (destructieve) automatismen te halen en om geregeld de mond van die monkeymind te snoeren, is aandachttraining, stilstaan bij wat zich voordoet op een bepaald moment zonder dit direct te willen veranderen. We beginnen de aandachtspier te trainen met selectieve aandacht voor je adem: je richt je aandacht op het rijzen en dalen van je buik of het in- en uitstromen van de adem door je neus of mond.

Je vraagt je vast af: waarom de ademhaling en niet je pink of de punt van je schoen? De belangrijkste reden is dat je adem altijd aanwezig is, en in het hier en nu. Maar je adem is ook in beweging – en dus niet saai – en gemakkelijk op te merken. Bovendien zit je ademhaling op het grensvlak van controle: je hebt er grip op, maar kunt haar ook loslaten en vanzelf laten gaan. Tot slot verandert je ademhaling al naargelang je gemoedstoestand. Ben je bijvoorbeeld gestrest, dan adem je hoog en snel; ben je juist relaxed, dan adem je rustiger en meer vanuit je buik.

> **SIT-UP**
>
> Ga rechtop en ontspannen zitten en focus een minuut op je adem. Wat voelde je? Zit je adem hoog of laag? Lukte het om je aandacht erbij te houden of dwaalde je af? Zo ja, naar wat? Zorgen of leuke dingen? Kwamen er irritaties bij je op of lichamelijke sensaties als jeuk?

Tijdens de trainingen van de komende weken zul je ervaren dat de monkeymind vaak met je aan de haal gaat. De kunst is om dit zo vroeg en zo vaak mogelijk op te merken en vervolgens te herkennen waar je aandacht is en deze weer terug te brengen naar je adem (of de opdracht van dat moment).

TELEURGESTELD IN JEZELF?

Wat je misschien zult doen als je je afdwaling eenmaal hebt opgemerkt, is boos zijn op jezelf omdat je bent afgedwaald en je aandacht bestraffend terugbrengen naar je adem. Maar bij het trainen van gedragsverandering – in dit geval aandachtiger leven – helpt dit soort zelfveroordeling niet. Ze werkt zelfs averechts: boos zijn op jezelf zal uiteindelijk juist meer afdwalen veroorzaken. Sla je dus niet voor de kop, maar feliciteer jezelf ermee dat je je monkeymind hebt opgemerkt. Je geeft jezelf tenslotte de mogelijkheid om je aandacht weer terug te brengen. Zeg die aap vriendelijk gedag en breng je focus weer terug naar waar je mee bezig was: je ademhaling. Aandachttraining draait dus niet om zo min mogelijk afdwalen, maar om het hartelijk benaderen van je afdwalingen en ze terugbrengen naar het nu.

ANTIBLESSURERECEPT

Zoals voldoende water en eiwitten een sporter helpen om gezond een fitter lijf te kweken, kan ook je aandachtspier ondersteuning gebruiken om sneller en blessurevrij te groeien. Mix de volgende ingrediënten voor de 'proteïneshake voor aandacht':

1. Een scheutje losse vasthoudendheid. Als je te krampachtig de aandacht richt, zal dat je veel energie kosten. En bij een te losse focus droom je vaak weg. Probeer je aandacht zo speels en zo licht mogelijk erbij te houden. Vergelijk het met de snaren van een gitaar, die het best klinken als ze niet te los maar ook niet te strak gespannen zijn.
2. Een snufje oordeel. De grootste misvatting over aandachttraining is dat je nooit zou mogen oordelen (daar kom ik op terug in week 3). Dat is niet waar: oordelen is hartstikke handig en belangrijk om onderscheid en keuzes te kunnen maken. Bij aandachttraining oefen je niet in oordeelvrij leven, wel in het uitstellen van je oordeel, zodat je op een later moment een wijzer oordeel kunt vellen. Het addertje onder het gras is hier dat hoe beter je wordt in aandachttraining, hoe meer je je eindeloze stroom van (voor)oordelen – over die nieuwe collega, gelovigen, voetballers, Amerikanen – gaat opmerken en je gaat oordelen over het feit dat je oordeelt. Kijk dus uit voor dit sneeuwbaleffect. Wees je bewust van je oordelen en geef jezelf juist een schouderklopje als je er een opmerkt.
3. Een handvol barmhartigheid. Accepteer dat je fouten maakt, en gun het jezelf om een trage leerling te zijn. Focus de komende weken op alles wat je wél hebt gedaan in plaats van te blijven hangen in wat je allemaal niet doet.

TRAINING

Dit is de eerste week van je aandachttraining. Zoals bij alle trainingen ga je rustig beginnen. Aandachtig leven is nog een relatief onbekend terrein; dat ga je eerst verkennen. De focus van deze week ligt op bewustzijn van het moment, van je adem en je aandacht. Bedenk vooraf wat je wilt bereiken met het trainen van je aandachtspier. Wil je vooral stress verlagen, minder piekeren, je fitter voelen, effectiever communiceren of veerkrachtiger worden? Als je een idee hebt van je intentie kun je je voortgang makkelijker bijhouden en vergroot je de kans op het gewenste effect. De volgende acties en gedachten kunnen hierbij helpen:

- Schrijf je intentie(s) op, het liefst met pen en papier. Formuleer positief, dus niet: 'Ik ga voor minder negatieve zelfkritiek', maar: 'Ik wil vriendelijker voor mezelf zijn.'
- Herhaal de belangrijkste intentie een aantal keer, hardop of in je hoofd.
- Push niet te veel. Vergelijk het met gezelligheid, als je dat forceert – 'Om acht uur vanavond hebben we het gezellig' – werkt het zelfs averechts. Je kunt wél voorwaarden creëren: kaarsje aan, leuke mensen, lekkere hapjes. De voorwaarde bij aandachttraining is vooral dat je geen verwachting hebt, maar wel een open mindset.
- En onthou: intentie is een richting, niet iets concreets of meetbaars. Probeer een gewenst resultaat los te laten.

LIGHT
OEFENING 1: ADEMPAUZE

Neem door de dag heen drie adempauzes: volg drie in- en uitademingen zo volledig mogelijk. Kies een vast moment, bijvoorbeeld op de wc, in de auto of tijdens de afwas. Richt je tijdens de adempauze op de fysieke sensaties, zoals het rijzen en dalen van je buik, het op en neer gaan van je borst of de luchtstroom die je door je neus voelt gaan. Het doel is niet om de ademhaling te vertragen, te verdiepen of te verlagen, kortom te veranderen. Het doel is ook niet om een bepaald gevoel na te jagen. Het gaat enkel om het registreren hoe je ademhaling verloopt, ook al is die oppervlakkig of snel; je hoeft er niet rustig van te worden. Als je merkt dat er gedachten of gevoelens voorbijkomen, hoef je die alleen maar te observeren. Probeer je oordeel hierover uit te stellen en breng je aandacht weer bij je adem.

TIP VAN DE TRAINER

Als je liever niet je aandacht op je adem richt – omdat je het naar vindt of er (paniek)ervaringen mee hebt gehad – dan kun je ook een ander focuspunt kiezen. Kies iets wat gemakkelijk op te merken is, bijvoorbeeld je voetzolen of je handen, je borststreek of wellicht de spieren in je gezicht. Probeer in week 2 of 3, als je aandachtspier al meer getraind is, de focus alsnog op de adem te leggen.

OEFENING 2: ACTIVITEIT

Kies een activiteit die je op de automatische piloot doet, bijvoorbeeld scheren, de trap op lopen of de gordijnen opendoen. Vanaf nu ga je die elke dag met volle aandacht uitvoeren. Focus tijdens die handeling op de zintuigen die erbij betrokken zijn. Eet de eerste hap van je eten eens vol aandacht. Merk op hoe die zalm er eigenlijk uitziet, voel de spierkracht die nodig is om je vork naar je mond te brengen, wees je bewust van de smaak van het hapje, kauw bewust, onderzoek de structuur in je mond en registreer automatismen en gedachten zonder oordeel. Houd deze volle aandacht maximaal vijf minuten aan.

TIP VAN DE TRAINER

Natuurlijk rijzen er obstakels, zoals gebrek aan tijd en/of motivatie of een onprettig gevoel. Zo ga je daarmee om:

1. Geen tijd? Eén enkele ademhaling of een microhandeling is al genoeg om mee te kunnen oefenen. Kijk goed naar welk tijdstip jou het best uitkomt om te oefenen en zet dit in je agenda.
2. Geen motivatie? Ga weer terug naar je intentie en stel voor jezelf vast: waarom wil ik dit?
3. Onprettig? Aandachttraining hoeft niet prettig te zijn. Het loont juist als het je ook bij de moeilijke momenten lukt helder te blijven; nare ervaringen komen ook in het echte leven voor. Dus als het onprettig wordt, herinner jezelf er dan aan dat het goed oefenmateriaal is.

MEDIUM

AANVULLEND OP LIGHT Als voorgaande oefeningen je goed afgaan en je nog een stapje verder wilt gaan, dan kun je je training verzwaren door als extra training dagelijks een zitmeditatie te doen, waarin je je aandacht richt op je adem. In de komende weken zullen aan de zitmeditatie elke week nieuwe focuspunten worden toegevoegd. Voor deze meditatie gebruik je een audiotrack.

audiotrack 1. Aandacht op de adem (10 min).

INTENS

AANVULLEND OP LIGHT Als je intensief wilt trainen, doe dan deze week de zitmeditatie voor adem én lichaam, met behulp van de audiotrack. Hierbij heb je eerst als focuspunt je adem en daarna het lichaam. Deze aandachtoefeningen breiden we de komende weken steeds verder uit met nieuwe focuspunten.

audiotrack 2. Aandacht voor adem en lichaam (20 min).

Je kunt de audiotracks downloaden op www.sportschoolvoorjegeest.nl.

COOLINGDOWN

Dit was de eerste week waarin je aandacht hebt geschonken aan je aandacht. Hoe is het gegaan? Waren er misschien momenten waarop je geen zin had of vergat om te oefenen? Of heb je wel geoefend en merkte je dat je er soms rustiger of helderder van werd? Wellicht heb je tijdens de oefeningen juist onrust gemerkt, zat je niet lekker of vond je de stem van de audiotrack vervelend. Kortom, je aap ging weer met je aan de haal. Geeft niks. Sterker nog: het hoort er allemaal bij en biedt fantastisch oefenmateriaal.

Ga voor jezelf eens na of je uit week 1 de volgende dingen hebt kunnen halen:

- Merk je gedurende de dag vaker op dat je ademhaalt?
- Heb je een aantal dagelijkse activiteiten gevonden, zoals eten, fietsen en tandenpoetsen, die je goed oefenmateriaal bieden voor aandachttraining?
- Ben je je meer bewust van de automatische piloot en je monkeymind?
- Ben je je meer bewust van je onbewuste oordelen?

De eerste week sportschool, bootcamp of tennisles levert een hoop ambivalente gevoelens op, variërend van trots tot 'Bah, geen zin', van spierpijn tot een voldaan gevoel. Dat is met aandachttraining niet anders. Je hebt week 1 achter de rug en bent nu op weg naar een compleet fitte focus.

TOT SLOT

Na twee jaar studie is de leerling boeddhistische metafysica klaar voor zijn examen. Vol vertrouwen stapt hij de kamer van zijn meester binnen. In zijn hoofd zitten talloze gedachten en ideeën over het ingewikkelde onderwerp van het examen. 'Ik ben er klaar voor,' zegt de leerling. 'Ik heb maar één vraag,' zegt de meester. 'Stonden de bloemen bij de ingang links of rechts van de kapstok?'

WEEK

02

JE LIJF, JE LOGBOEK

'Zij die enig verschil zien tussen ziel en lichaam hebben geen van beide.'

OSCAR WILDE

Je lijf is jouw logboek, het vertelt hoe het met je gaat. Als je het tenminste leest, en vaak is dit niet het geval. De reden daarvoor is dat jouw automatismen je aandacht (ver) weg van je lijf brengen. In deze tweede week kom je erachter waarom dit zo is en hoe dit kan leiden tot volksziekte nummer één: stress. En natuurlijk leg ik uit, en oefen je, hoe je dan tóch die aandacht naar je lichaam brengt. Zodat je dat logboek van je lijf steeds vaker open zult slaan.

WARMING-UP

Je rijdt over de snelweg. Je werpt een blik op je dashboard en ziet dat de tank bijna leeg is. Een aantal kilometer verder stop je bij een benzinestation om hem vol te gooien. Een uur later zie je weer een lampje branden, in de vorm van een steeksleutel: er is onderhoud nodig. Wat doe je? Pak je de noodhamer om met een flinke tik het lampje te doven of breng je de auto naar de garage? Ik gok het laatste. Het gekke is dat je de waarschuwingslampjes van je lichaam vaak wel een tik geeft of negeert; (onprettige) sensaties in je lijf zoals tintelingen of opgetrokken schouders merk je doorgaans niet eens op. Je jakkert gewoon door, soms zelfs tot de motor kookt.

HARDNEKKIGE AUTOMATISMEN

Dat doorjakkeren krijgt zijn kans omdat je het grootste deel van de dag onbewust in automatismen schiet – weet je nog: 90 procent van de tijd! – waarbij je aandacht niet naar binnen maar naar buiten is gericht. Hierdoor ga je voorbij aan belangrijke interne informatie, zoals een rilling, spanning of een knoop in je maag. Om te snappen hoe je die instinctieve automatismen af en toe kunt doorbreken – om je lichaam wél de aandacht te geven die het verdient – moet je eerst weten waar ze vandaan komen.

GEVAARSYSTEEM EN JAAGSYSTEEM

Het zal je niet verbazen dat die automatismen zo hardnekkig zijn als je beseft dat ze voortkomen uit het deel van je brein dat al miljoenen jaren oud is. Hierin bevinden zich twee systemen die essentieel zijn om op korte termijn te overleven. Het oudste is het instinctieve gevaarsysteem. Dat is gericht op zelfbescherming. Ontwikkeld in tijden van de sabeltandtijger richt het gevaarsysteem automatisch externe aandacht op dat wat de angst veroorzaakt – van je boze baas tot de toeter van een scooter – en maakt het je klaar om te vechten, te vluchten of te verstijven.

Ook het tweede systeem, het iets jongere jaagsysteem, is gericht op een externe factor, maar dan als beloning. In de oertijd was dat een goed maal. Tegenwoordig is dit je focus op eten en drinken, maar ook de neiging naar drank en drugs, de zucht naar liefde, een strakker lijf of een betere baan. Bij beide systemen ligt je aandacht dus volledig bij de omgeving en richt die zich niet naar binnen, op interne, fysieke sensaties.

> Wees je vandaag eens bewust van het instinctieve regulatiesysteem waarin je vanzelf terugschiet. Kauw je voor je het weet drie dropjes weg (jaagsysteem) of schrik je van een harde toeter op straat (gevaarsysteem)? Maak je je snel kwaad (gevaarsysteem) of check je continu het aantal Facebook-duimpjes (jaagsysteem)?
>
> SIT-UP

ZORG-EN-KALMERINGSSYSTEEM

Maar als die systemen al zo lang bestaan, is er dan wel iets wat ons uit die automatismen kan halen? Jazeker! Het zorg-en-kalmeringssysteem. Dit is gericht op het overleven op de langere termijn. Anders dan bij de instinctieve systemen reageer je van hieruit veel minder op de automatische piloot, maar bewust en evenwichtig. Het zorgsysteem zorgt voor herstel, dat je verbinding zoekt met (en zorgt voor) anderen, pauze neemt als dat nodig is, gaat slapen als je moe bent. Vanuit het zorgsysteem is je aandacht open, ontvankelijk voor wat zich – ook lichamelijk – aandient.

SIT-UP

Vanuit welk regulatiesysteem lees je dit boek? Het gevaarsysteem (uit angst om op je kop te krijgen, van een ander of jezelf), het jaagsysteem (je wilt jezelf verbeteren met dit boek) of het zorgsysteem (je gunt het jezelf zonder iets te hoeven bereiken)? Of wisselen de systemen elkaar af? Elke lezer zal een eigen antwoord hebben, zoals de een in een achtbaan reageert vanuit het gevaarsysteem (hij verstijft van angst), de ander vanuit het jaagsysteem (kickt op de spanning) en een derde vanuit het zorgsysteem (zorgt voor zijn bange buurman).

EVENWICHT EN ERROR

De zon schijnt, Harry ligt lekker in de tuin. Hij hoort de bomen zachtjes ruisen, een paar vlinders dansen om hem heen: het leven is goed. Het is duidelijk Harry's zorgsysteem dat nu aan de knoppen draait. Plotseling schrikt hij op van het geblaf van buurhond Miep. Met zijn haren rechtovereind is hij volledig gefocust op de bruine labrador – vanuit het gevaarsysteem – en gereed om in actie te komen: aanvallen of wegwezen. Gelukkig wordt Miep door haar baasje meegetrokken. Harry strekt zich tevreden uit en begint weer te spinnen (zorgsysteem). Hij heeft honger gekregen. Een nietsvermoedende mus trekt zijn aandacht (jaagsysteem). Met het lijf laag, trappelende poten en zijn blik scherp op de vogel bespiedt hij zijn prooi. Als hij na een ingezette sprint voor de zoveelste keer die week mishapt, loopt hij sloom naar zijn bakje brokjes. Hij knaagt ze tevreden weg en na een kopje tegen de stoelpoot is het tijd voor een dutje (zorgsysteem). Dromend van tien gevangen merels neemt kater Harry ruim de tijd om bij te komen.

Kater Harry geeft het goede voorbeeld: hij ervaart kortdurende – en voor overleving op korte termijn noodzakelijke – stressmomenten, maar zet zijn zorgsysteem geregeld in om zichzelf te kalmeren. Harry heeft deze middag dan ook, behalve Miep en de mus, weinig triggers die zijn instinctieve systemen aanspreken.

Dat is anders bij jou, als drukbezet mens; jouw jaag- en gevaarsysteem zijn te vaak aan de bal. Het gevaarsysteem is het sterkste systeem en kan in een split second de volledige controle over je brein kapen bij het vermoeden van gevaar. En dat is goed: als je lekker een handje besjes aan het eten bent en er komt een grote beer op je af, is het onverstandig om bramen te plukken (jaagsysteem) of een trui aan te trekken (zorgsysteem) voor je het op een hollen zet. Maar vaak grijp je terug naar het gevaarsysteem wanneer het niet nodig en zelfs schadelijk is. Een belangrijke trigger hierin is de hedendaagse prikkelrijke omgeving. Van beeldscherm, beoordelingsgesprek tot ronkende motoren, je oeroude gevaarsysteem interpreteert dit soort onschuldige prikkels als mogelijk levensgevaarlijke bedreiging en stelt je constant op scherp. Een andere trigger vormen de verwachtingen van de westerse maatschappij en de bijkomende onzekerheid of je die kunt waarmaken. Dit gebrek aan controle interpreteert je oerbrein als de levensgevaarlijke 'onoverzichtelijke savanne', dus houdt het zich instinctief vast aan het vertrouwde palet aan reacties. Zo verkramp je voor een deadline of word je woedend wanneer iemand kritiek uit.

> Ga voor jezelf eens na of je last hebt van een overgevoelig jaag- of gevaarsysteem. Zo ja, welk systeem heeft bij jou de overhand?
>
> **SIT-UP**

Als je continu in de 'overleefstand' of de 'jaagstand' staat, is je aandacht voortdurend gericht op externe prikkels. Daardoor delft het zorgsysteem, dat je aandacht openzet en je dus ook ontvankelijk maakt voor fysieke sensaties, aanhoudend het onderspit. Je zorgsysteem meldt een 'error'. Met andere woorden: je lijdt aan (chronische) stress. Overigens hebben veel mensen daar last van; elk jaar worden er meer dan 7,5 miljoen verzuimdagen opgenomen vanwege stressklachten. Kosten: 1,8 miljard euro.

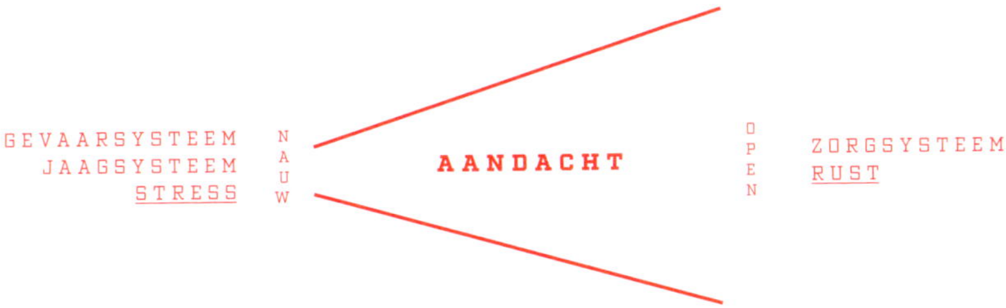

Model 'Aandacht en je emotieregulatiesystemen'. Overzicht van de breedte van je aandacht in stress en in rust, inclusief de systemen die in stress en rust de overhand hebben. ©WdJ

STRESS

Toch zijn het niet de genoemde triggers die chronische stress veroorzaken. Het zijn namelijk niet zozeer de boze klant, de ruzie met je partner of verwachtingen van je omgeving die overactieve gevaar- en jaagsystemen veroorzaken, maar vooral jouw interpretatie van deze factoren. Je perceptie maakt dat je panikeert vanwege een overvolle agenda en mailbox of vrolijk je tanden erin zet, dat je gestrest raakt van een file of je juist ontspant (hè lekker, een momentje voor mezelf).

Uit onderzoek blijkt dat de hoeveelheid stress die je ervaart minder van belang is dan hoe je tegen die stress aankijkt.[17] Een frappante bijvangst is dat bij mensen die stress als nuttig beschouwen, de fysieke reacties op stress overeenkomen met wat er in het lijf gebeurt bij blijdschap: het hart gaat sneller kloppen, maar de bloedvaten blijven ontspannen. Stress geeft hun geen gezondheidsklachten, integendeel: mensen die stress nuttig vinden, hebben een hoge(re) levensverwachting.

Perceptie – interne ervaring – is hetgene waar je het meeste invloed op hebt. Ook op het moment dat je dan toch stress ervaart, is perceptie essentieel. Raak je van de stress (nog meer) van de leg? Of lukt het je om het van een afstandje te bekijken als iets wat je op momenten ook helpt? Als iets wat je soms nodig hebt om goed te presteren en als een mooi alarmsysteem?

SIT-UP

Deel je je tijd meestal op? Acht uur voor je werk, een uur voor je kinderen, een uur met je partner, een halfuur om te koken en nog wat tijd voor jezelf? Eigenlijk is dat een vreemde verdeling, want alle tijd is je eigen tijd. Kijk eens naar je to do's van vandaag vanuit een ander perspectief. Lukt het je om moeten en willen te verenigen?

LEES JE LICHAAM

Het klinkt misschien tegenstrijdig, maar je kunt die afstand tot stress voor jezelf creëren door aandacht te geven aan je lichaam, aan de plek waar stress zich als eerste manifesteert. Iets wat je vanwege de stress juist onvoldoende hebt gedaan... Maar draai die *loop* eens om: als je groene (accepterende) aandacht aan je lichamelijke sensaties geeft, trigger je het zorgsysteem (kalmte), wat ervoor zorgt dat je je aandacht openzet en ontvankelijk bent voor lichamelijke sensaties, wat je zorgsysteem activeert.

Terug naar het doorjakkeren van het begin: behandel jezelf net zoals je de auto behandelt. Schenk aandacht aan je 'lege tank' en je 'waarschuwingslampjes', aan de boodschap die jouw lichaam voor je heeft. En net zoals je dat bij een auto doet, onderhoud je je lichaam door juist ook in tijden van (relatieve) rust af en toe in te checken: wat voel ik eigenlijk? Lees je logboek, zo blijf je je zorgsysteem activeren.

SIT-UP

Breng je aandacht naar de fysieke ervaring in je rechterhand (de temperatuur, droogte, tintelingen). Verplaats nu eens bewust een accepterende aandacht naar je hele lijf. Welke sensatie dringt naar voren? Misschien merk je op dat je dorst hebt of koude voeten, of voel je spanning in je nek. Merk op wat er is, veroordeel het niet – *Waarom heb ik FgHj%$ nou weer die stijve nek!* – en als er wel (dergelijke) gedachten komen, registreer ook deze zonder oordeel en breng de aandacht rustig terug naar je lichaam.

MAANDAGOCHTENDMODEL

Waarom en op welke manier het kalmerend werkt om momenten van bewuste en accepterende aandacht naar je lichaam te brengen, licht ik toe met het 'maandagochtendmodel' op de volgende pagina.

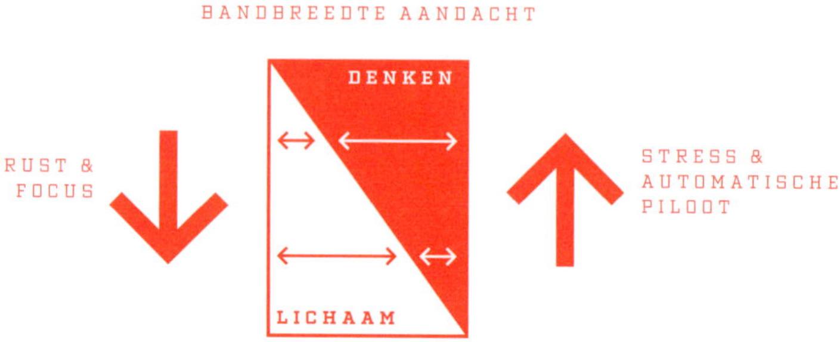

Maandagochtendmodel. Boven in de 'koker' is de aandacht voornamelijk gevuld met denken, onderaan met zintuigelijke prikkels. ©WdJ

Het is halfnegen 's ochtends, je hebt slecht geslapen, bent met ruzie van huis gegaan en zit met koppijn op je werk, waar een volle agenda op je ligt te wachten. Een wervelwind van gedachten draait rond in je hoofd: je piekert je suf over de ruzie, de to do's spelen pingpong, de zorgen stapelen zich op. Kortom, je aandacht is onbewust, rood (verzettend), vernauwd en compleet gevuld met denken. Je bevindt je in de rechterbovenhoek van de figuur. Daarbovenop krijg je een vervelende mail van een opdringerige klant. Je vingers staan al te trappelen om woedend te reageren.

Maar dan herinner je jezelf aan de waarschuwingslampjes in de auto en je richt een moment je aandacht op je lichaam. Je focust op de warmte van de kop thee tegen je hand en op de lichte spierkracht die ervoor nodig is om deze naar je mond te brengen. Je signaleert ook je hoofdpijn en de adrenaline die door je lijf giert. Hoewel ze niet allemaal prettig en sommige zelfs ronduit naar zijn, probeer je alle sensaties met een groene (accepterende) aandacht te benaderen.

Omdat je maar op één ding tegelijk kunt focussen – herinner je je nog de Necker-kubus? – verschuift je aandacht geleidelijk van stresserende gedachten naar de sensaties in je lijf. Je schuift op naar linksonder in de figuur. De wervelwind van gedachten zwakt af tot een licht briesje en langzaam maar zeker neemt je zorgsysteem het over.

Doordat je kalm je aandacht naar je fysieke sensaties hebt gebracht, ben je in staat om meer afstand van je stresserende gedachten te nemen in plaats van er primair naar te handelen. Zo kun je bewust kiezen wat je volgende actie zal zijn. Misschien is dat alsnog die boze mail, maar dan maak je die keuze tenminste bewust en niet op de automatische piloot. Je lichaam kan je veel wijze raad geven, maar je moet wel in staat zijn om die raad op te merken. Met het trainen van je aandacht leer je hoe je je bewust kunt worden van de waardevolle fysieke signalen. Maak dus gebruik van dat wijze lijf!

Hoe wijs het lichaam is, werd duidelijk in een experiment uitgevoerd door de University of Iowa. De proefpersonen waren verbonden aan een detector die de activiteit van zweetklieren in hun handen waarnam: hoe meer stress, hoe meer zweet hun handen produceerden. Ze deden mee aan een kaartspelletje, waarvan de kaarten waren gemanipuleerd. Met de stapel blauwe kaarten wonnen ze telkens, met de rode verloren ze. Na het trekken van zo'n vijftig kaarten hadden de meeste deelnemers dit door. Maar wat bleek? Gemiddeld kregen ze al bij de tiende rode kaart klamme handjes, veertig kaarten voordat ze verstandelijk doorhadden wat de goede stapel was. Hun lichaam was slimmer – sneller – dan ze dachten.[18]

EXTRAATJE

Een bonus van aandacht schenken aan je lichaam is de inzet van je lichaamshouding. Je geest is namelijk net een volgzaam schaap; wat er in je lijf gebeurt, kopieert hij bijna een-op-een. Zo blijken open, naar je toe halende bewegingen je ontvankelijker te maken voor iemands verhaal. Ook hoe je zit, loopt of staat heeft invloed op je geest: een gesloten houding (benen gekruist, schouders gekromd) geeft meer stress, terwijl een open houding juist stress verlaagt. Bovendien ontwikkel je met een open houding meer positieve gevoelens en creëert ze helderheid in je hoofd. Tot slot: trek in drukke periodes wat vaker je mondhoeken omhoog. Ongeacht of je je oprecht blij voelt, blijkt glimlachen sterk stressverlagend te werken.[19]

EYEOPENER

In een experiment aan de University of Michigan moesten de deelnemers een verhaal lezen en tegelijkertijd bepaalde vingers strekken en buigen. Hun werd verteld dat het ging om de hypothese dat spiergebruik effect had op leesbegrip. Wat de onderzoekers daadwerkelijk wilden meten was of het opsteken van je middelvinger resulteerde in een negatieve perceptie van het verhaal en of het opsteken van de duim het tegenovergestelde effect zou hebben. Beide hypotheses werden bevestigd. Tevens hadden de duim en middelvinger een respectievelijk positief en negatief effect op het geluksgevoel van de deelnemers.

TRAINING

Je traint deze week de aandachtspier door te focussen op lichamelijke sensaties, zodat je minder overgeleverd bent aan de automatische voorkeuren van je aandacht die voortkomen uit het gevaar- en het jaagsysteem. Een sterker lichaamsbewustzijn geeft je de mogelijkheid om stress eerder te herkennen en er constructiever mee om te gaan.

LIGHT

Deze week krijg je vier oefeningen die je over de dag verdeeld kunt doen.

OEFENING 1: ADEMPAUZE 2.0

Vorige week oefende je met bewust drie keer ademhalen; deze week verdiep je de adempauze. Je kunt de adempauze op allerlei plekken en momenten van de dag oefenen (wc, in de lift, voor het stoplicht). Doe adempauze 2.0 minimaal drie keer per dag, van dertig seconden tot een paar minuten.

Ga bij jezelf na:

- Waar is mijn aandacht? Stel jezelf dan de vraag: Wat ervaar ik nu? Zijn er gedachten, gevoelens, emoties, een bepaalde stemming? Wat ervaar ik in mijn lichaam? Je hoeft het alleen maar op te merken, zonder oordeel.
- Hoe gaat mijn adem? Breng dan je aandacht naar je adem. Volg van moment tot moment de in- en uitademing met je aandacht. Je hoeft je adem niet te veranderen, neem alleen waar.
- Hoe voelt mijn lichaam? Breid dan de aandacht uit naar de fysieke sensaties in het hele lichaam. Wat je ook tegenkomt, laat het er zijn.

Je kunt ter ondersteuning eventueel gebruiken: audiotrack 3. Adempauze 2.0 (3 min).

OEFENING 2: BEWUST LOPEN

Let één keer per dag tijdens het lopen een paar minuten bewust op fysieke sensaties. Probeer elke stap bewust te voelen in plaats van enkel op weg te zijn naar je bestemming. Het helpt om een vast ankerpunt te nemen, bijvoorbeeld wat je voelt in je knieën of in je voetzolen als je een stap zet. Als je merkt dat je je aandacht verliest, afgeleid raakt en/of er gedachten opkomen, breng dan de aandacht weer vriendelijk terug naar de sensaties in je voetzolen of een ander focuspunt in het lichaam.

OEFENING 3: JE LICHAAM

Merk komende week op hoe prettige gebeurtenissen (van een compliment tot een onverwachte bonus) en onprettige gebeurtenissen (van een treinvertraging tot een ruzie) aanvoelen in je lichaam. Focus zo veel mogelijk op de concrete sensaties. Een hulpmiddel is het benoemen van die sensaties, bijvoorbeeld een prikkeling, huivering, verdoofd gevoel, steek of warmte. Als er gedachten opkomen, signaleer ze en keer weer terug naar de fysieke sensaties.

OEFENING 4: STRESS

Probeer stress in een steeds vroeger stadium te (h)erkennen:

- Wees alert op fysieke sensaties zoals een knoop in je maag, hoofdpijn, tintelingen of opgetrokken schouders.
- Probeer ook de stressfactoren te identificeren – werk, je moeder, de hond? – en ga na welk effect ze hebben in je lichaam. Ervaar je stress omdat jouw jaagsysteem met je aan de haal gaat (*ik wil, ik moet, ik zal*) of neemt jouw gevaarsysteem de leiding (*ik wil dit niet, ik vind het eng, ik duik weg*)?
- Probeer je daarnaast bewust te zijn van welke gevoelens en gedachten er opkomen die stress veroorzaken, en wat het effect van de stress is op je handelen.
- Als je stresspatronen bij jezelf opmerkt, veroordeel jezelf dan niet. Besef dat het al geweldig is dat je ze opmerkt. Daarbij biedt het een kans om ermee te oefenen, om aandacht- en ademoefeningen in praktijk te brengen. Herinner jezelf eraan dat stress (mits gedoseerd) in sommige situaties juist nuttig is.

TIP VAN DE TRAINER

1. Zet reminders in om te blijven oefenen. Gebruik bijvoorbeeld je screensaver, plak post-its op de spiegel, hang een foto op de wc of verzin wachtwoorden als 'ikhaalnubewustdriekeeradem'.
2. Reflecteer aan het einde van de dag. Vraag jezelf voordat je hoofd je kussen raakt: is het me vandaag gelukt om minimaal vijf minuten mijn aandacht te trainen? Zo niet, doe dan alsnog een (paar) oefening(en).
3. Zie aandachttraining niet als straf maar als een cadeau aan jezelf.

MEDIUM

AANVULLEND OP LIGHT Als extra training kun je deze week om de dag de zitmeditatie met aandacht voor adem en lichaam van week 1 afwisselen met de bodyscan. Bij de bodyscan – de naam zegt het al – scan je verschillende delen van je lichaam. Zo ga je na wat je voelt, van teen tot kruin. Zonder oordeel merk je het op wanneer je monkeymind het podium pakt en breng je vervolgens de aandacht weer terug bij de prikkels van het lichaam. Voor beide trainingen gebruik je audiotracks.

audiotrack 2. Aandacht voor adem en lichaam (20 min).
audiotrack 4. Bodyscan kort (15 min).

TIP VAN DE TRAINER

Merkte je in week 1 dat je het lastig vond om extra te (blijven) oefenen? Hierbij wat tips en tricks om het vol te houden.

1. Plan de aandachtoefeningen net als iedere andere afspraak in je agenda.
2. Maak gebruik van gezonde gewoontes: plan de oefeningen in op een vast tijdstip.
3. Oefen in een voor jou prettige omgeving. Dat maakt het aantrekkelijker om te gaan oefenen. Creëer een jou-hoekje of -kamer in je huis. Leg er objecten neer die rust bij je oproepen, zoals een foto, kaars of beeldje.

Is het nog steeds een (te) zware dobber? Met de lighttraining krijg je ook voldoende oefening!

INTENS

AANVULLEND OP LIGHT Als je intensief wilt trainen deze week, kies dan dagelijks afgewisseld voor de langere bodyscan en de zitmeditatie met een extra focuspunt (geluid) om je aandacht op te richten. De kans is groot dat je de meditatie daardoor als moeilijker ervaart, bijvoorbeeld omdat je ongeduldig wordt of denkt: nu ken ik die stem wel. Die toename van afleidende gedachten en automatismen van de aandacht is alleen maar goed: des te meer is er voor jou om op te merken. Juist wanneer het schuurt, kun je veel leren over de werking van aandacht en hoe je deze onder controle krijgt.

audiotrack 5. Bodyscan lang (30 min).
audiotrack 6. Aandacht voor adem, lichaam en geluid (25 min).

Je kunt de audiotracks downloaden op www.sportschoolvoorjegeest.nl.

COOLINGDOWN

Hoe vaak je ook verhuist in je leven, je lichaam is de enige plek waarin je altijd zult blijven wonen. Net zoals je een huis van gevel tot vloer moet onderhouden, verdient je lichaam ook alle aandacht. Niet alleen door sporten en gezond eten, ook door lichaamsbewustzijn. Deze week heb je de basis gelegd om dit bewustzijn te versterken. Zodat je leert om – ook als het onprettig aanvoelt – je op je gemak te voelen bij je lichamelijke sensaties, zonder op de automatische piloot in je gevaar- of jaagsysteem te schieten.

Hoe is het je vergaan deze week? Misschien vond je het tijdens de trainingsoefeningen moeilijk om je aandacht bij de signalen van je lichaam te houden. Misschien droomde je tijdens een zitmeditatie zalig weg in onbewuste gedachtestromen, zonder eruit te stappen. Of viel je in slaap tijdens een bodyscan. Wellicht was het nog lastiger om zonder oordeel op te merken wat je voelde, dacht je ongeduldig: jahaa, die teen, nou weet ik het wel!, om je vervolgens te ergeren aan je eigen ongeduld. Of misschien voelde je helemaal niets en twijfelde je daardoor aan jezelf of de oefening. In deze fase zet je de eerste stap van onbewust onbekwaam – waarbij je geen besef hebt van aandacht, afdwalen en automatismen – naar bewust onbekwaam, waarbij je je er bewust van bent hoe aandacht werkt en wat je valkuilen hierbij zijn. Deze lerende fase kan frustreren, het is zeker niet altijd prettig of gemakkelijk. Maar vertrouw erop dat het met oefening steeds beter zal gaan en je de vele vruchten ervan zult plukken.

'Dat wat je in je onbewuste geest zaait,
zul je in je lichaam of je leven oogsten.'

JOSEPH MURRAY

Ga voor jezelf eens na of je uit week 2 de volgende dingen hebt kunnen halen:

- Ben je in staat om het onderscheid te maken tussen het gevaar-, jaag- en zorgsysteem?
- Weet je in welk systeem jij vaak automatisch schiet?
- Is je algehele bewustwording van lichamelijke sensaties verbeterd?
- Ben je in staat om je stressoren te identificeren en het effect dat ze hebben op je lichaam?

TOT SLOT

De scheiding tussen lichaam en geest is een gevaarlijk sprookje. Ze dansen voortdurend innig verweven de tango. Zorg voor een vloeiende dans waarbij de één niet op de tenen van de ander gaat staan.

EYEOPENER

Een drukbezet man werd gevraagd hoe hij, ondanks zijn vele bezigheden, zo ingekeerd kon zijn. Hij antwoordde: 'Als ik sta, dan sta ik; als ik ga, dan ga ik; als ik zit, dan zit ik; als ik eet, dan eet ik; als ik spreek, dan spreek ik.' 'Maar dat doen wij toch ook?' zei de vraagsteller verwonderd. 'Wat doet u nog meer?' Hij antwoordde weer hetzelfde. En nogmaals zei de vraagsteller: 'Maar dat doen wij toch ook?' De man zei: 'Nee. Als jij zit, dan sta je al; als jij staat, dan loop je al; als je loopt, dan ben je er al; en als jij eet, ben je al klaar.'

WEEK

03

OMGAAN MET GEDACHTEN EN EMOTIES

'De gedachten hebben ons in plaats van dat wij de gedachten hebben.'

DAVID BOHM

Na de basis (ademhaling) in week 1 kwam vorige week aan bod hoe je je eigen conditie (zowel lichamelijk als mentaal) kunt checken door aandacht te schenken aan je lichaam. Die focus op je lijf is de basis voor de focus op je gedachten en emoties, waar je deze week aan gaat werken. Ik zal je laten zien hoe gedachten en gevoelens je in je aandacht kunnen belemmeren. Zij zorgen er namelijk voor dat je ongewild in de automatische piloot schiet. Natuurlijk laat ik je ook zien wat je eraan kunt doen.

WARMING-UP GEDACHTEN

Gedachten zijn prachtig. Doordat we denken zijn er geneesmiddelen en technologische ontwikkelingen, kunnen we communiceren en muziek maken. We hebben behoorlijk veel gedachten, onderzoekers schatten zo'n 50.000 per dag.[20] Ter vergelijking: we spreken normaal zo'n 16.000 woorden per dag, een gemiddelde dat overigens zowel voor mannen als vrouwen geldt![21]

Lees het volgende voorbeeld: Kees gaat naar school. Hij maakt zich zorgen om de wiskundeles. Hij was gisteren niet in staat de klas in bedwang te houden. Dat is tenslotte niet het werk van een conciërge.

Waarschijnlijk is Kees in je hoofd van leerling naar docent naar conciërge gegaan. Zonder het door te hebben plakte je labels op Kees, die achteraf niet bleken te kloppen. Dit doe je meestal onbewust, in je hoofd, met je gedachten. De helft van je gedachten is onbewust en ze komen niet altijd overeen met de werkelijkheid – kijk naar het voorbeeld van Kees. Vaak is je gedachtestroom ook nog eens als een langdradige, nergens naartoe leidende, wekenlang durende maandagochtendvergadering waarbij je saaiste collega je continu dezelfde Prezi- of – erger nog – powerpointpresentatie voorschotelt. 90 procent van onze gedachten bestaat namelijk uit herhalingen.

HINDERNISSEN

Als het gaat om aandachtig leven, kunnen gedachten een hindernis vormen. Zo is het niet eenvoudig om de stroompjes die je gedachten zijn te onderscheiden van alles wat je waarneemt. Je ziet je gedachten als 'de waarheid' en volgt ze blind. Je denkt dat je gedachten hebt, maar eigenlijk hebben gedachten jou. Drie mechanismes spelen hierin een rol: interpreteren, oordelen en doordenken.

Wat zie je op dit schilderij van René Magritte? Je ziet een pijp met de tekst eronder: 'Dit is geen pijp.' Nu denk jij waarschijnlijk: maar dit is wél een pijp! Toch heeft Magritte gelijk, want het is geen pijp, het zijn verfstreken die een pijp moeten voorstellen. En eigenlijk dat niet eens, het zijn duizenden pixels op een stukje papier.

SIT-UP

INTERPRETEREN

Je gedachten zijn een interpretatie van wat zich om je heen voordoet, van alles wat via je smaak, tast, reuk, zicht en gehoor tot je komt. Ze leggen verbindingen met eerdere ervaringen. Het woord 'pijp' of de tekening van een pijp is geen pijp, maar een concept ervan in ons hoofd. Net zoals het woord 'appel' niet de appel zelf is, maar een verwijzing naar die appel. Ooit een hapje van de gedachte aan een appel genomen? Dit interpretatiemechanisme spaart kostbare mentale energie doordat het je in staat stelt snel situaties in te schatten.

Luister naar een geluid en registreer het elke keer als je signaleert dat je nadenkt óver het geluid. Merk op hoe moeilijk het is om te luisteren zonder interpretatie of oordeel.

SIT-UP

Interpretatie gaat meestal onbewust. Als je buiten een hard brommend, rollend geluid hoort (*vrrrroem!*), heeft dat onder meer een bepaalde duur, volume en toonhoogte. Maar de *vrrrroem!* staat meestal niet op zichzelf.

Als je het geluid hoort, brengt het direct associaties mee (auto, vrachtwagen, brommer, heggenschaar, boor) – misschien krijg je direct een beeld van een Saab of je grootvaders oldtimer, van een drilboor – of een gedachte over brommers in het algemeen (irritant).

Er is dus eerst alleen horen, maar al snel volgen onze gedachten (de interpretatie) over dat wat we horen. Het is lastig om horen – of iedere andere zintuigelijke waarneming – en denken van elkaar te scheiden. Als je aandachtiger in het leven wilt staan, wil je scherp zien welke gedachten jouw werkelijkheid bepalen. Wat daarbij helpt is het kunnen scheiden van je zintuigelijke prikkels van je gedachten. Vooral als ze vermengd zijn met negatieve emoties, bijvoorbeeld tijdens een fikse ruzie met je moeder, waarbij je denkt: ze heeft ook altijd kritiek, ik doe in haar ogen niks goed!

OORDELEN

Daarmee ben ik aangekomen bij het tweede mechanisme dat maakt dat gedachten een hindernis kunnen zijn voor je aandacht: oordelen. Dit gaat een stapje verder dan interpreteren; je hebt namelijk ook een mening over wat je waarneemt.

Ik ga je niet vertellen dat je moet stoppen met oordelen, dan zou het leven wel heel saai worden. Bovendien zijn jouw persoonlijke oordelen vaak nuttig voor je onderscheidingsvermogen; daarmee beslis je een blokje om te gaan als er een man met een lange regenjas in het park op je af komt lopen. Lastig wordt het als je persoonlijke oordelen je dwars gaan zitten. *Waarom heeft vriend X nog niet terug geappt, hij heeft vast geen zin in mij. Ik heb meer recht op die bonus dan zij. Hij kan ook niks, ik doe het zelf wel. Ik krijg vast nooit meer een relatie.* Die impliciete conclusies zijn doorgaans onwaar en dit soort gedachten belemmeren je in je gedrag of leveren stress op: ik kan dit niet, ik ben te goed voor anderen, ik deug niet, ik moet nog, ik haal het nooit, ze haat me vast.

SIT-UP

Probeer de volgende zaken objectief te observeren: je partner of vriend(in), je telefoon, je werk of je achterwerk. Hoe snel raak je verstrikt in oordelen? Merk op hoe moeilijk het is om objectief te zijn. Zelfs op 'droge' dingen als een telefoon plakken we al snel een oordeel (cool, oud, traag, handig).

Oordelende gedachten kunnen leiden tot hersenspinsels. Een objectieve waarneming ('Dit zijn mijn benen') krijgt al snel een subjectief oordeel dat helemaal niet waar hoeft te zijn ('Wat zijn ze dik/wit/dun/kort'). Binnen nanoseconden wordt het beeld van de werkelijkheid gekleurd door een subjectief oordeel, waardoor je je objectieve waarnemingsvermogen verliest.

EYEOPENER

Dat ook de kleinste dieren zichzelf kunnen 'vastdenken' blijkt uit het volgende experiment: Een mier loopt op een wit papier, in een met zwarte stift getekende cirkel. Urenlang loopt het diertje in de cirkel, zonder de zwarte 'rand' te passeren. De mier zit gevangen in een zelfgeschapen illusie, namelijk het denkbeeld dat hij niet over de rand heen kan lopen.

DOORDENKEN

Je zou misschien zeggen dat M&M's, Instagram of hardlopen je grootste verslaving is, maar alles wordt dik ingehaald door denken. We hebben gedachte na gedachte, oordelen lokken hersenspinsels uit en voor je het weet bestaat onze geestelijke activiteit alleen nog maar uit een onbewuste, eindeloze gedachtestroom. Bij de meeste mensen is 95 procent van hun aandacht gevuld met denken. Deze 'verslaving' laat geen ruimte over voor aandacht aan andere dingen, aan je zintuigen – wat hoor, voel, ruik, proef en zie je –, terwijl deze objectiever waarnemen dan gedachten.

Zoals bij de meeste verslavingen willen we eigenlijk af van dit doordenken. We duwen vervelende gedachten daarom vaak weg. Maar dit is geen wenselijke manier om jezelf uit een (vaak negatieve) gedachtespiraal te halen – en meestal ook geen succesvolle. Hoewel gedachten ons tot grote hoogte kunnen brengen, zijn ze ook in staat om ons gek te draaien, soms zelfs tot de dood erop volgt. Zo bleek uit een recente studie van de University of Virginia dat mensen liever een elektrische schok kregen dan alleen te zijn met hun gedachten. Deelnemers moesten zes tot vijftien minuten alleen zijn zonder afleiding in een lege, kale ruimte. 67 procent van de mannelijke deelnemers en 25 procent van de vrouwelijke deelnemers gaf zichzelf liever een elektrische schok dan dat ze de tijd uit moesten zitten.[22] Eigenlijk kun je dat zonder onderzoek ook wel bedenken; kijk maar hoe nijdig vliegtuigpassagiers worden als het entertainmentschermpje het niet doet en ze vijf minuten met zichzelf zitten opgescheept.

Onze manier om met onze vervelende gedachten om te gaan (als we ons er al bewust van zijn!) is ze juist blindelings volgen (de zak chips is op voordat je er erg in hebt) of ze onderdrukken. Maar heb je de volledige controle over wat je denkt? Probeer maar eens niet aan een witte beer of roze olifant te denken. Gedachten van je af duwen werkt dus niet. Gedachten vermijden door afleiden dan misschien? Dit kan helpen en tijdelijk zeker effectief zijn: een film kijken of sporten en 'even je gedachten verzetten' is soms nodig, en vooral ook heerlijk! Maar op de lange termijn neemt je onbewuste gedachtestroom alsnog je bewustzijn in beslag. Pas als je je aandacht naar je zintuigen weet te brengen – de focus op je lijf dus – en vervolgens op je gedachten, houd je ze in toom.

'Uiteindelijk worden we onze gedachten. De gedachte manifesteert zich als woord. Het woord manifesteert zich als daad. De daad ontwikkelt zich tot gewoonte en gewoonte volhardt tot karakter.'

BOEDDHA

NEEM DIE HINDERNIS

De belangrijkste manier om meer focus te vinden in je gedachtestroom is afstand creëren tot je gedachten. Stel jezelf de vraag: in welke gedachten wil ik investeren? Om daarop te kunnen antwoorden moet je helder hebben wat je gedachten zijn en herkennen dat het geen feiten maar gedáchten zijn. Je wilt je gedachten oordeelvrij registreren, boven je gedachten hangen zodat je bewust kunt kiezen bij welke gedachten je actie onderneemt en welke je laat voor wat ze zijn: eigen bedenksels.

Zoals je de focus oordeelvrij op je adem, je lichaam, een tikkende klok, het ruisen van de wind of de structuur van de keukentafel kunt richten, is dit ook mogelijk bij je eigen hersenspinsels. De uitdaging is je ervan bewust te zijn dat je aan het denken bent, zonder je erin te verliezen, zonder het te analyseren (nadenken over denken), zonder het te willen begrijpen, weg te dromen, van je af te duwen – of er überhaupt iets mee te willen. Eigenlijk is het heel eenvoudig: voorzie 'denken' van een stickertje DENKEN.

Op elk moment ontstaan er gedachten. Het besef dat je op dat moment denkt zit daarvoor. Je kunt het vergelijken met een bioscoopscherm. Vanuit je luie stoel kijk je naar welke gedachten er op het scherm verschijnen. Je speelt niet mee in de film (je gedachten), je blijft toeschouwer (je hebt open aandacht). En of er nou vuur, een zonsopgang of een waterval in beeld verschijnt, het scherm zelf staat niet in brand, wordt niet warm of nat. Oftewel: je gedachten zijn geen feiten.

JE BEWUST ZIJN VAN JE GEDACHTEN

De gedachte 'Wat een rare vent' en het denken over dit denken (*Wat onaardig dat ik dit denk* of *Volgens mij is hij ladderzat*) is iets anders dan: hé, er komt een gedachte op over die man, of: ik doe een aanname over hem. De laatste twee wijzen op een je bewust zijn van je gedachten dat belangrijk is om (met afstand) te kunnen bepalen welke gedachten behulpzaam zijn en welke niet. Ze zorgen er in tegenstelling tot de eerste twee voor dat je niet onbewust meegezogen wordt in een verhaal of analyse. Bekijk een kledingstuk op een centimeter afstand en je ziet slechts een stukje stof; een meter verder en je ziet pas goed dat het een T-shirt is. Hetzelfde geldt voor denken: als je denkt over denken zit je er met je neus bovenop; bewustzijn over denken geeft je inzicht.

SIT-UP

Kijk naar opkomende gedachten, zonder ze te willen veranderen, begrijpen, analyseren of je erdoor mee te laten voeren. Als er een golf van gedachten komt, benoem ze met een zekere verwondering: hé, ik heb gedachten. Alsof je er een stickertje DENKEN op plakt. Verlies je niet in de inhoud van gedachten, en probeer niet te denken over denken. Merk het ook op als er zich geen gedachten aandienen. Blijf gedurende de oefening een (licht) bewustzijn van je adem houden. En bedenk dat ook de gedachte 'Ik denk nu niet' een gedachte is.

Als je de sit-up lastig vond, laat dat je niet ontmoedigen: oefening baart kunst. Juist het verliezen van de focus, het verstrikt raken in je verhalen en gedachten en het (uiteindelijk) opmerken hiervan, geeft een goede oefening. Sterker nog: dat ís de oefening! Of vond je het een makkie? Wellicht ben je een natuurtalent. Toch is het waarschijnlijker dat je het denken over denken verwart met het je bewust zijn van je gedachten. Zo mediteren veel mensen niet werkelijk; ze denken enkel met hun ogen dicht. Ook als je het idee hebt dat je plotseling geen gedachten hebt, is de kans groot dat je je er gewoon niet bewust van bent. Geen probleem, ook hier geldt: blijven oefenen. Je ondervindt pas het verschil tussen denken over denken en het je bewust zijn van je gedachten door veel te trainen. Dan leer je het onderscheid te maken en afstand te ontwikkelen tussen beide.

Soms is de situatie te intens om die puur met aandachttraining te lijf te gaan. Bijvoorbeeld als je collega een streek heeft uitgehaald waardoor je naast een promotie grijpt of als je van de juf hoort dat je dochtertje gepest wordt. Al herinner je jezelf in zulke situaties eraan om je gedachten van een afstandje te bekijken, je blijft erin hangen, je 'wordt' die gedachten. Maak dan gebruik van een andere techniek, afkomstig uit de cognitieve gedragstherapie: bevraag je gedachten op dat moment met andere gedachten, om te bepalen of ze je helpen. Dit is niet je bewust zijn van het denken, het valt dan ook niet onder aandachttraining; het gaat hier om het denken over denken. Drie sleutelvragen die je jezelf op zo'n moment kunt stellen:

1. Is dat wat ik denk waar?
2. Is mijn gedachte behulpzaam?
3. Is mijn gedachte vriendelijk en/of wijs (en klopt ze met mijn waarden)?

Belemmerende gedachten zijn de verhalen die je jezelf keer op keer vertelt en waar je sterk in gelooft. Om je te helpen ze makkelijker op het spoor te komen, staan hieronder vijf veelvoorkomende types belemmerende gedachten.

1. De lovejunk: 'Iedereen moet mij aardig vinden.'
2. De rampdenker: 'Het zal misgaan; laat ik maar geen risico lopen.'
3. De perfectionist: 'Ik mag geen fouten maken.'
4. De moralist: 'Iedereen moet zich aan mijn norm houden; je hoort met twee woorden te spreken.'
5. Het slachtoffer: 'Heb ik weer, die file; het gaat me toch niet lukken.'

SIT-UP

Welke van de vijf belemmerende gedachten herken je bij jezelf? Of heb jij nog een andere? Wat zou een vervangende helpende gedachte voor je zijn?

WARMING-UP EMOTIES

Niet alleen liefde, maar elke emotie kan blind maken. Bijvoorbeeld de doodsangst die zegt dat je van het podium af moet vluchten bij een presentatie, of de wrok die je belet een goede vriend te vergeven voor een stommiteit, of de overbezorgdheid waarmee een moeder bij elke stap van haar kind roept: 'Pas op!'

Hoe intenser je emoties zijn, hoe moeilijker het is om objectief waar te nemen. Smoorverliefd zie je de eigenschap van je partner die anderen als betweterig zouden kwalificeren als visionair. En diepverdrietig omdat je hart is gebroken, ben je ervan overtuigd dat je nooit meer een ander lief zult hebben. Als de stoom uit je oren komt van woede, is het moeilijk om in een ruzie eerlijk naar je eigen aandeel te kijken. Veel mensen beschouwen hun gevoel als de waarheid: 'Ik voel het, dus dan is het zo.' Gevoelens zijn naast gedachten de tweede factor die je aandacht kunnen belemmeren.

BASISEMOTIES

Er zijn zes basisemoties, die een duidelijke functie hebben:

Angst: lijfbehoud. Bij gevaarlijke situaties brengen we onszelf in veiligheid.
Boosheid: beweging. Motiveert om dat wat we waardevol vinden te beschermen.
Verdriet: aanvaarding en aangaan van relaties. Als we ons verdrietig tonen, roep je bij de ander een reactie van hulp of troost op.
Blij: aanmoediging. Motivatie om dat wat je prettig vond vast te houden en vaker te doen.
Walging: onthouding. Zo blijven we ver van dingen die niet goed voor ons zijn.
Verrassing: openstaan voor nieuwe informatie. Dit zie je ook letterlijk gebeuren in het gezicht: de ogen worden groter, de wenkbrauwen gaan omhoog en de mond valt open.

Elk gevoel dat we ervaren is terug te leiden tot een van de zes basisemoties of een combinatie ervan. Denk aan melancholie, dat zowel een prettig als verdrietig gevoel geeft, of schaamte, dat boosheid en angst combineert. Zo hoort teleurstelling bij verdriet, kalmte bij blijdschap en irritatie bij boosheid. Elk mens – van Amerikaan tot Nederlander tot Japanner – voelt deze basisemoties, en gebruikt er dezelfde gezichtsspieren bij.

In de animatiefilm *Inside Out*, gemaakt met de hulp van vooraanstaande emotiewetenschappers, kijk je mee in het hoofd van Riley. Het elfjarige meisje krijgt te maken met een heftige gebeurtenis in haar jonge leven: verhuizen naar een andere stad. In de film wordt het hoofd van Riley voorgesteld als een commandokamer, waarin vijf basisemoties de dienst uitmaken: blijdschap, angst, boosheid, afkeer en verdriet (omwille van de eenvoud van de film schrapten ze de zesde basisemotie, verbazing). De commandokamer met emoties adviseert Riley welke beslissingen ze moet nemen.

Een emotie en wat daarop volgt kun je zien als vier matroesjkapoppetjes. Het kleinste, binnenste poppetje staat voor het fysieke element, de lichamelijke sensaties. De huivering die je ervaart als je vanaf een bergtop of hoge brug naar beneden kijkt of de knoop in je maag als je afscheid neemt van je geliefde. Daarna volgt het poppetje dat waarde aan die gevoelens geeft. Is het gevoel sterk of zwak, prettig of onprettig? Het derde poppetje geeft je denken en/of spreken over die gevoelens weer. Je denkt: wat ben ik somber, of je schreeuwt dat je woedend bent. Het vierde poppetje is de actie die je koppelt aan je gevoel: wegkruipen, slaan, huilen.

AANZET TOT HANDELEN

Net als gedachten hebben ook jouw emoties dus een leidinggevende functie. Je luistert (vaak onbewust) naar hun bevelen en richt je hele leven zo in dat je zo veel mogelijk prettige emoties en zo min mogelijk onprettige ervaart. Emoties zetten aan tot actie, bereiden ons voor om (snel) te kunnen handelen. Als ze prettig aanvoelen, leren ze je dat je dit vaker moet doen of moet blijven doen; als ze onprettig aanvoelen, is de boodschap dat je er ver van moet blijven of iets aan de situatie moet veranderen. Emoties hebben dus het beste met ons voor, ook als ze onaangenaam aanvoelen.

Als Riley in de film verhuist, ontstaat er opschudding in haar hoofd. We zien hoe de emoties omgaan met deze enorme verandering. Bij Riley is plezier de dominante emotie in de commandokamer: 'Alles moet leuk zijn.' Andere emoties, zoals verdriet, krijgen hierdoor minder ruimte. Die mogen niet meedoen. Maar aangezien de verhuizing nou eenmaal niet leuk is, ontstaat er chaos in de commandokamer.

'Misschien is geluk wel helemaal niet een kwestie van je zin krijgen. Misschien heeft het meer te maken met hoe je met de golfslag van vreugde en verdriet weet om te gaan. Misschien is geluk het vermogen om blij te zijn met de blije dingen en verdrietig te zijn met de verdrietige dingen.'

EDEL MAEX

HAPPY?!

Wat er in Rileys hoofd plaatsvindt, het krampachtige vasthouden aan positieve emoties, doen we allemaal. Het lijkt vooral in het Westen zelfs een rotsvast geloof te zijn geworden: de smiley zou zo het nieuwe religieuze symbool kunnen zijn. We neigen ertoe om negatieve (onprettige) emoties uit te bannen, maar helaas valt er bij 'voelen' niks te kiezen. Probeer maar eens geen angst te voelen als je in het donker bedreigd wordt door twee mannen met vierkante proporties.

De mens is diep geprogrammeerd om pijn te vermijden, maar pijn is onvermijdelijk. We worden tenslotte ziek, krijgen een boete, een relatie gaat uit, we vallen van de fiets of we worden onverwacht ontslagen. Alle zelfhulpboeken ten spijt: *life sucks* (af en toe). Stel dat je struikelt over een uitstekende stoepsteen. Je hebt een flinke wond op je knie. Au! Maar in plaats van die te verzorgen, ga je piekeren: Hoe komt het dat die steen daar zo ligt? Waarom ben uitgerekend ik gevallen? In heel veel gevallen van (lichamelijk en psychisch) leed stellen we ons precies zo op; in plaats van onszelf te verzorgen komen we in verzet. Zo vechten we tegen somberheid, verdrinken we ons verdriet of overschreeuwen we tegenslag. Zo'n *fight-flight-freeze*-reactie kan functioneel zijn: bij extern (heftig) fysiek gevaar moet je soms terugvechten, wegrennen of juist bevriezen, maar als we willen vechten en vluchten van onze eigen pijn werkt het averechts. Dit geldt vooral bij emoties. Vergelijk het met een muggenbult. Hoe meer je krabt, hoe meer het gaat jeuken. De bult is *trouble*. Het krabben – het verzet – is *double trouble*. Ergernis over dat we krabben en de veroordeling van het feit dat we ons verzetten leveren *triple trouble* op.

Negatieve (onprettige) emoties zijn net zo noodzakelijk als positieve (prettige) emoties. Maar soms is het lastig om hun advies op waarde te schatten. Natuurlijk mag je jezelf soms best afleiden van je moeilijke emoties of er lekker in blijven hangen. Voor de korte termijn is dat prima. Het probleem ontstaat als je op de automatische piloot verdringt of verdrinkt zodra je iets onprettigs voelt, als je bij stress telkens zit te vitten op je werknemers of naar je telefoon grijpt om te gaan appen. Dit werkt als olie op het vuur: de emotie (in dit geval stress en boosheid) neemt juist toe.

Om je emoties effectief te benutten is het belangrijk om te beseffen dat ze er niet zijn om ons te pesten. Er is een gepaste afstand nodig om je objectieve waarneming te scheiden van je emoties. Dat is de ideale situatie, nu de realiteit.

VERDRING OF VERDRINK JIJ, DAT IS DE VRAAG

Net als gedachten kloppen emoties als een ongenode gast bij ons aan; daar valt weinig aan te doen. Wel heb je er invloed op of en hoe je ze verwelkomt. Duw je de deur dicht en zet je er nog een flinke kast voor? Of trek je misschien de deur wagenwijd open en geef je de gast, tot en met de voeten op tafel, alle ruimte? Vaak doen we een van de twee: we verdringen onze emoties of we verdrinken erin.

Bij verdringen speelt angst om te voelen een rol. Daarmee mis je een hoop waardevolle informatie. Je emoties vertellen je namelijk wat jij belangrijk vindt in het leven. Als je een schuldgevoel hebt tegenover je gezin, zorgt het wegduwen ervan er waarschijnlijk niet voor dat je wél naar het afzwemmen van je zoontje gaat in plaats van weer die zaterdag naar kantoor.

Bij verdrinken is het alsof je wordt overspoeld door een golf van emoties, waarop je meedrijft omdat je de controle verliest. Je hebt het handelen niet in bedwang. De middelvinger op de snelweg, de machteloze vuist op tafel, het obsessieve checken van je telefoon... Ook zo kun je niet de onderliggende boodschap herkennen die je emoties je proberen door te geven.

SIT-UP

Hoe ga jij om met je emoties? Doe je de deur dubbel op slot of gooi je hem open? Verdring je of verdrink je liever? De meeste mensen hebben een voorkeur voor het een of het ander, maar natuurlijk kan het per situatie of emotie verschillen. Misschien doe je met liefdesverdriet de deur op slot, maar gooi je hem open bij boosheid op je baas en verdring je graag angst voor geldproblemen.

Lang was de fluitketeltheorie populair: volledig opgaan in je emoties zou ervoor zorgen dat je ze uiteindelijk verwerkt en kwijtraakt. Denk aan trainingen waarbij deelnemers de boosheid van zich af slaan tegen een boksbal. Uit onderzoek blijkt echter dat het rammen tegen een boksbal je tijdelijk een opgelucht gevoel geeft, maar dat je op de lange termijn juist sneller en intenser boos wordt.[23]

HOE DAN WEL? DANK!

Wat je wilt is dat jij als vóeler de baas bent, niet de gevoelens. Net als bij gedachten komt het ook hier aan op afstand nemen. Koppel je gevoel los van de manier waarop je ermee omgaat. Hoe doe je dat dan? Het eenvoudigste – en tegelijk moeilijkste – wat er is: niks doen, je emoties voelen en laten. Want juist door je emoties volledig te voelen en er contact mee te maken, houd je overzicht. Het vierstappenplan DANK kan je daarbij helpen.

- Duiden: duiden en herkennen van emoties.
- Accepteren: accepterend onderzoeken.
- Niet: niet identificeren, niet hoeven handelen.
- Kalmeren: in actie komen om jezelf te kalmeren.

DANK is geen middel om je emoties te doen verdwijnen (hoewel de kans wel bestaat dat dit gebeurt), maar het zorgt ervoor dat jij de baas blijft over je emoties. Je hebt geen angst meer voor je angst. Om in de termen van Riley te blijven: in je commandokamer bepaal jíj wat er gebeurt, niet je emoties.

Duiden

De kern van emotie ligt in het lichaam. Je lokaliseert je gevoel, bijvoorbeeld woede, in je lichaam, accepteert het en plakt er vervolgens (intern of hardop) een label op, zoals SCHAAMTE of WOEDE. We noemen dit ook wel *affect labeling*. Overigens is deze stap ook goed toe te passen op positieve emoties.

Tijdens een experiment kregen deelnemers foto's van geëmotioneerde gezichten te zien. Groep A moest alleen een voornaam verzinnen bij de gezichten, zoals Marcel of Lola; groep B moest een emotie benoemen (boos, bang, enzovoort). De onderzoekers ontdekten dat de amygdala, actief bij emoties, minder oplichtte bij groep B (die de emotie van een etiket voorzag) dan bij groep A (die een voornaam verzon). De hersendelen die verantwoordelijk zijn voor het actief onderzoeken van onze emoties vertoonden bij groep B juist meer activiteit. De etiketplakkers werden minder door hun gevoelens 'gegijzeld' dan groep A. Uit het onderzoek bleek ook dat hoe meer ervaring met meditatie en aandachttraining een deelnemer had, hoe groter zijn vermogen was om de emoties te labelen, en dus hoe minder hij in de greep was van die emoties.[24]

Door de gevoelens te lokaliseren – daar zie je weer het belang van focus op je lichaam! – en er een naam aan te geven, krijg je dus grip. Dit labelen kan op verschillende manieren:

- Intern je aandacht richten (op je lichaam).
- Van je af schrijven. Richt je daarbij niet zozeer op de feiten of op wat je zou moeten doen of voelen, maar probeer je zo veel mogelijk te focussen op je emoties.
- Praten. De uitdaging is dan dat je niet analyseert en naar oplossingen zoekt, maar concreet voelt en uitspreekt wat je gevoel met je doet en in welke mate je het accepteert.

SIT-UP

Denk aan de laatste keer dat je een compliment kreeg. Bekijk of je de gevoelens die je nu ervaart kunt lokaliseren in je lichaam en kunt labelen. Doe hetzelfde met een moment waarop je harde kritiek kreeg of een blunder maakte, en daarvan baalde. Labelen helpt je met het je bewust zijn van je gevoel op dat moment.

Een teken dat je precies en passend labelt, is als je beweging voelt ontstaan in je gevoel. Het voelt vloeibaar in plaats van vast, veranderlijk in plaats van statisch. Zie de niet-gelabelde emotie als een blok ijs. Bij precieze affect labeling smelt ze, de emotie wordt flexibel, voelt minder zwaar aan en kan zo makkelijker wegspoelen. Je zult dan een gevoel van 'aha!' of opluchting ervaren. Niet omdat je opeens niet meer jaloers/boos/ontzet bent, maar omdat je doorhebt wat er precies bij je speelt.

Je zult merken dat je minder lang wordt opgeslokt door een emotie (de wetenschap noemt dit de 'refractaire periode').[25] Als je een heftige ruzie hebt met je zus die jou een aantal dagen in beslag neemt, zal er minder plaats zijn voor andere dingen. Je werk lijdt eronder, je kinderen of vrienden ook; alles krijgt minder aandacht. Door affect labeling en focus zonder verzet wordt de refractaire periode van emoties verkort. Je voelt de emotie nog wel, maar de intensiteit neemt sneller af.

Maar let op: als je te hard nádenkt over het benoemen van je gevoel, dan bestaat het gevaar dat je de focus op je lichaam verliest om de emotie te vóelen. Dan bedenk je eerder een etiket dat misschien niet klopt met de signalen van je lichaam. Waardoor de refractaire periode zelfs kan toenemen.

'What you can feel, you can heal.'

ANONIEM

Accepteren en onderzoeken

Als je je gevoelens herkent, dan is de tweede stap ze accepteren en onderzoeken. Dat accepteren van emoties is niet hetzelfde als berusting of je eraan overgeven als een hulpeloze kever op zijn rug. Moet ik het accepteren als iemand mij uitscheldt? Moet ik het accepteren als mij een promotie door de neus geboord wordt? Gelaten reageren als mijn partner voor de honderdste keer te laat komt? Juist niet! Het gaat erom dat je leert zien en accepteren wat je interne ervaring is, waardoor je minder vanuit een automatische reactie op de buitenwereld reageert. Als er iemand voordringt in de rij, ben je je nu meer gewaar van de irritatie in je lijf, en kun je bewust kiezen voor wat het constructiefst is in de situatie: de persoon er beleefd op wijzen dat hij voordringt of het gewoon laten gaan. Je gevoelens zijn er om te aanvaarden, problemen zijn er om opgelost te worden. Hierdoor geef je jezelf de ruimte om te zien wat je kunt oplossen en wat niet.

Denk aan een ruzie met je beste vriendin. Jij hebt in haar ogen iets fout gedaan, je snapt haar punt. Hoewel je het hebt uitgepraat en sorry hebt gezegd, blijft ze boos. Je hebt alles gedaan om het op te lossen, maar het lukt niet. Je blijft malen en wakker liggen, terwijl je er niks aan kunt veranderen. Juist het toelaten van het schuldgevoel, de knoop in je maag kunnen ervaren met groene onderzoekende aandacht, zorgt ervoor dat je niet onbewust in verdringen of verdrinken schiet. Jij blijft de baas en niet de emotie.

EYEOPENER

Tijdens een onderzoek met een ijsbakexperiment werd aan twee groepen gevraagd zo lang mogelijk hun hand in een bak met ijs te doen. De ene groep moest zich met nieuwsgierigheid focussen op hoe de fysieke pijn voelde; de andere groep moest zichzelf afleiden van de pijn door bijvoorbeeld aan hun lief, lievelingseten of droomreis te denken. In de eerste minuten bleek de laatste techniek beter te werken, maar al snel bleek dat de 'nieuwsgierige' groep het veel langer vol kon houden.[26]

Een onprettige emotie voelen kan steken of branden, oftewel pijn doen. Zie pijn als een strandbal in het water: hoe dieper je hem probeert weg te duwen, hoe harder hij straks tegen je neus komt. De oefening en uitdaging is om toch open te staan voor die pijn en hem volledig te voelen in je lichaam zonder er direct van af te willen en het zelfs te onderzoeken. En nee, dat is niet prettig, maar wel nodig. Zodat je in tweede instantie, op de langere termijn, beter omgaat met het onprettige, met nare gebeurtenissen en vervelende emoties die je op dat moment in je lichaam ervaart. Met aandachttraining leer je niet om je góed te voelen, wel om goed te vóelen.

Niet identificeren

De een-na-laatste stap van DANK is vooral iets laten. Zorg ervoor dat je je niet identificeert met je emotie. Een simpele truc is in jezelf herhalen: 'Ik heb gevoelens, maar ik ben mijn gevoelens niet.' Het gaat hier om loslaten – ik weet het, inmiddels een uitgeholde term. 'Laat het los,' zegt je beste vriend(in) als je baalt van een gemiste kans of verdrietig bent vanwege een onbeantwoorde liefde. Super, bedankt voor de tip. Maar hoe in godsnaam? Het gaat om de focus. Kijk niet naar het loslaten, maar vraag je juist af: wat houd ik dan zo angstvallig vast?

Bij de jacht op kleine apen komt geen net of kogel kijken, maar pinda's. Jagers hangen een lege kokosnoot met pinda's aan een touw, met gaatjes die nét groot genoeg zijn voor een gretig apenhandje. Een nietsvermoedend hongerig aapje kan de pinda's pakken, maar zijn vuistje is te groot om weer terug te trekken uit de kokosnoot. Als ze eenmaal de pinda's in hun knuistje hebben, zitten de aapjes vast. Hoewel ze makkelijk kunnen vrijkomen door de pinda's te laten vallen, blijven ze die halsstarrig vasthouden. En zo zitten ze dus vast aan het touw, waardoor ze een makkelijke prooi zijn voor de jagers.

Ook jij bent vaak zo'n gretig aapje dat krampachtig vasthoudt aan bepaalde emoties en je oordeel daarover. Het klinkt tegenstrijdig, maar door helder te registreren waar je aan vasthoudt, laat je het eerder los. Tot die tijd: accepteer je eigen krampachtigheid; ook hierdoor zul je eerder loslaten.

SIT-UP

Wat zijn jouw pinda's? Welke verhalen maak jij jezelf wijs, aan welke overtuigingen houd je angstvallig vast? Bijvoorbeeld: 'Ik zal toch nooit een nieuwe baan vinden, dus blijf ik dit werk doen (ook al kost het mij energie).' Of: 'Mijn moeder is zo kritisch, niets wat ik doe vindt zij goed.' Of: 'Ik heb recht op dit liefdesverdriet, al duurt het al een jaar, ik ben tenslotte verlaten!'

Kalmeren

De eerste drie stappen, DAN, betreffen je emotie van dat moment; de K (kalmeren) betreft jouzelf. Waar DAN over 'wat ervaar ik nu' gaat, richt de K zich op 'wat heb ik nodig'. In deze vierde stap ga je het zorgsysteem activeren om jezelf te kalmeren en gerust te stellen. In deel 2 gaan we dieper op de technieken van de K van DANK in, en leer je om je zorg-en-kalmeringssysteem bewust aan te roepen.

Als je DANK in zijn geheel toepast, ben je beter in staat om te bepalen wat wijsheid is: constructief ingrijpen of – vaak onderschat – niks doen. De vragen die je jezelf daarbij stelt zijn 'Wat heb ik nodig?' en 'Wat heeft de situatie nodig?'.

Iemand die DANK in praktijk brengt, is Karin, een vrouw van 42. Ze heeft grote moeite met haar vader. Ze vindt hem egocentrisch, iemand die er vooral voor zorgt dat het goed gaat met hemzelf. De emoties die met haar aan de haal gaan, zijn schaamte en woede. Eigenlijk vindt Karin dat ze zich niet zo mag voelen; hij is en blijft tenslotte haar vader. Ze schaamt zich voor haar boosheid, maar tegelijkertijd blijft ze kwaad op hem. Het contact met haar vader verloopt al jaren stroef. Tijdens een coachingstraject leert Karin over affect labeling. Ze lokaliseert de woede in haar lichaam, plakt er vervolgens (intern of hardop) een etiket op, zoals het label SCHAAMTE of WOEDE, en oefent het accepteren en onderzoeken van de emotie in haar lichaam. De daaropvolgende weken blijft Karin dit doen zodra ze woede voelt opkomen jegens haar vader. Karin merkt op dat ze zich vasthoudt aan haar boosheid. Ze herhaalt daarom in haar hoofd geregeld haar mantra: 'Ik voel me boos, maar ik ben geen boosheid.' Zo langzamerhand voelt ze dat ze niet meer zo overweldigd wordt door haar emotie, waardoor ze ook minder last ervaart. De K bij Karin, de 'wat heb ik nodig', is dat ze gezien wordt. Door haar vader, maar ook door anderen. Dat ze de arm om haar schouders voelt. Ze kan zichzelf nu beter troosten. Hoewel de relatie met haar vader nog steeds moeizaam is, heeft ze er meer vrede mee.

De volgorde van de fases van DANK hoef je niet strikt aan te houden, maar deze is wel natuurlijk. Soms gaat een fase heel snel, soms traag. Je kunt jezelf niet forceren om fases versneld door te lopen. Ook ga je soms weer een fase terug. Accepteer waar je op het moment bent. Onderzoek open en nieuwsgierig hoe die fase aanvoelt. Dan volgt, vroeg of laat, organisch de volgende.

TRAINING

Deze week train je om nuchter afstand te nemen van je gedachten en gevoelens. Om minder te verdringen of verdrinken. De basis van waaruit we dit doen is wat je vorige week hebt getraind: focus op lichamelijke prikkels.

LIGHT

OEFENING 1: ADEMPAUZE GERICHT OP DENKEN

Oefentijd: dertig seconden tot twee minuten. Stop een paar keer per dag met waar je mee bezig bent, haal bewust adem en merk vervolgens je gedachten op. Als je een gedachte gewaarwordt, label je dat intern als DENKEN. Ga niet mee in de gedachtestroom. Misschien bemerk je de neiging om te analyseren, te willen weten waar een gedachte precies vandaan komt. Dat is niet nodig, deze oefening gaat puur om registreren. Je hoeft niet tegen het analyseren te vechten; merk dan gewoon op: hé, ik ben nu aan het analyseren.
Zit je gevangen in je gedachten? Richt dan je aandacht op je adem. Als je weer ruimte voelt, breng je de aandacht opnieuw op het registreren van denken als denken.

OEFENING 2: ADEMPAUZE GERICHT OP GEVOELENS

Oefentijd: één tot drie minuten. Deze oefening sluit direct aan op de vorige. Richt je aandacht op eventuele gevoelens en volg de eerste drie stappen van DANK: duiden ('Ik voel jaloezie/verbazing/et cetera'), accepterend onderzoeken (duw je boosheid/verdriet/walging niet weg, maar laat het toe en veroordeel het niet) en niet identificeren met je gevoel ('Ik heb gevoelens, maar ik ben mijn gevoelens niet').

Oefenen met emoties kan veel vragen oproepen. Wellicht ben je het niet gewend en lijk je niks te voelen. Het voelen is misschien wel heel ver weggezakt, dan heeft het tijd nodig. Als je niks lijkt te voelen, begin dan met opmerken of je iets als prettig of onprettig ervaart. Gaandeweg kun je met een sterke focus op je lichaam beter leren voelen en leren specificeren.

OEFENING 3: AUTOMATISCHE PILOOT

Merk je automatische piloot op onder moeilijke omstandigheden. Hoe meer stress je ervaart, hoe lastiger het is om aanwezig en alert te blijven. Registreer gedachten, gevoelens en fysieke prikkels zonder oordeel.

MEDIUM

AANVULLEND OP LIGHT

OEFENING 1

Om de dag:

audiotrack 7. Aandacht op gedachten (11 min).
audiotrack 8. Aandacht op (moeilijke) gevoelens (15 min).

Als je een traumatisch verleden hebt (te verwerken), is het zaak om de audiotrack 8 zo voorzichtig mogelijk en in je eigen tempo te doen. Als je merkt dat de gevoelens je overstelpen en het onveilig voor je voelt, is hulp van een begeleider met ervaring aan te raden.

OEFENING 2

Focus je aandacht dagelijks tien minuten op je adem zonder een audiotrack te gebruiken. Zet hiervoor een wekkertje.

INTENS

AANVULLEND OP LIGHT Elke dag:

audiotrack 9. Aandacht op adem, lichaam, geluid, denken en emoties (25 min).

Als je eraan toe bent, kun je af en toe proberen deze zitmeditatie zonder opname te doen. Zet dan wel een wekkertje.

Alle focuspunten voor het trainen van aandacht zijn bij deze oefening achter elkaar geplakt. Juist door de langere duur train je de flexibiliteit van je aandachtspier. De light- en de mediumvariant hebben als voordeel dat de drempel minder hoog is om te gaan oefenen. Het grote voordeel van de intense oefening is dat er meer weerstand en belemmerende patronen opkomen. Aandachtoefeningen hebben niet als doel om te ontspannen of een lekker gevoel op te wekken, maar juist om innerlijke rust te kunnen bewaren zodra zich een belemmerend patroon voordoet, zodat je dit in het dagelijkse leven ook kunt toepassen. Dus bedenk dat als de oefening moeilijker wordt, je juist aan het leren bent.

Je kunt de audiotracks downloaden op www.sportschoolvoorjegeest.nl.

COOLINGDOWN

Hoe was deze week voor je? Was het lastig? Besef dat je je aandacht tig jaren niet hebt getraind. Geduld is een schone zaak; aan een net ontsproten plantje ga je ook niet staan trekken om het te laten groeien. Een gedachte waar je extra waakzaam voor moet zijn is: ik kan het niet. Deze ondermijnt je inzet om te blijven oefenen. 'Ik kan het niet' wordt al snel 'Ik wil dit niet' of 'Dit gedoe is niks voor mij'. In het dagelijks leven werkt 'Ik kan het niet' belemmerend. Mocht je dit opmerken, bedenk dan met een glimlach: hebbes, een gedachte! Veroordeel niet, probeer niet te analyseren of te begrijpen. Houd het zo simpel mogelijk. Iets anders wat geregeld kan opkomen is weerstand. Weerstand tegen voelen. Als je dit ervaart, dan is dat je gevoel en kun je dat vervolgens met de vier stappen van DANK onderzoeken. Laat elke fase toe; werkelijke acceptatie is respecteren in welke mate je je opent en afsluit voor je gevoel.

Ga voor jezelf eens na of je uit week 3 de volgende dingen hebt kunnen halen:

- Lukt het je om interpretatie te scheiden van zintuigelijke waarneming?
- Kun je afstand tot je denken creëren door gedachten het stickertje DENKEN te geven?
- Krijg je het voor elkaar om gevoelens te registreren met de DANK-techniek, zonder te verdrinken of ze te verdringen?

TOT SLOT

Als we onze gevoelens en gedachten hébben in plaats van zíjn, hoeven we geen slaaf meer te zijn van onze automatismen, zegt ook dit gedicht van Portia Nelson, geciteerd in *Het Tibetaanse boek van leven en sterven* van Sogyal Rinpoche:

AUTOBIOGRAFIE IN VIJF HOOFDSTUKKEN

1.
Ik loop door een straat
Er is een diep gat in het trottoir
Ik val erin
Ik ben verloren... ik ben radeloos
Het is mijn schuld niet
Het duurt een eeuwigheid om de weg naar buiten te vinden

2.
Ik loop door dezelfde straat
Er is een diep gat in het trottoir
Ik doe net alsof ik het niet zie
Ik val er weer in
Ik kan niet geloven dat ik weer op dezelfde plek ben
Maar het is mijn schuld niet
Het duurt nog lang voor ik eruit ben

3.
Ik loop door dezelfde straat
Er is een diep gat in het trottoir
Ik zie dat het er is
Ik val er weer in... het is een gewoonte
Mijn ogen zijn open
Ik weet waar ik ben
Het is mijn schuld
Ik klim ogenblikkelijk naar buiten

4.
Ik loop door dezelfde straat
Er is een diep gat in het trottoir
Ik loop eromheen

5.
Ik loop door een andere straat

WEEK

04

OPEN AANDACHT

'Je hoeft de rivier niet extra aan te duwen om hem te laten stromen.'

CHINEES SPREEKWOORD

Je bent alweer aangekomen bij de slotweek van de aandachttraining. Deze laatste week heeft een 'open eind': de focus ligt op open aandacht. De afgelopen drie weken heb je de aandachtspier getraind: selectieve aandacht, focus op specifieke dingen, van je adem tot je kleine teen en je gedachten en emoties. Om deze gerichte spotlight ook weer bewust los te kunnen laten zonder dat je direct onbewust wegdroomt, moet je ook je aandacht openzetten. Je richt je niet op iets of iemand, maar bent je bewust van wat er zich in jezelf en om je heen voordoet. Met meer open aandacht zul je je sneller bewust zijn van impulsen en deze beter kunnen beheersen. Deze week train je open aandacht en leer je hoe je impulsbeheersing effectief kunt gebruiken bij wat we het meest doen op een dag: communiceren.

WARMING-UP OPEN AANDACHT

In de afgelopen drie weken heb je vooral je selectieve aandacht getraind, door aandacht te geven aan verschillende focuspunten: je adem, je lichaam, geluiden en beelden om je heen, en op gedachten en emoties. Die sixpack selectieve aandacht begint zich al een beetje af te tekenen. Maar in de sportschool train je ook niet alleen je bovenlijf. Die hangbillen en spillepoten wil je ook aanpakken. Zo is mindgym pas compleet als je naast selectieve aandacht ook open aandacht traint. Daarmee ontwikkel je je volledige aandachtspier en kun je in plaats van onbewust in een reactie te schieten bewust reageren. Uit talloze onderzoeken blijkt overigens ook dat open aandacht een katalysator is voor creativiteit en zelfbeheersing. Daarnaast helpt het je met het bepalen van je waarden. Hierover later meer.

> **EYEOPENER**
>
> Bij het experiment 'Mind the Trap' kregen deelnemers de opdracht om vrij complexe puzzels op te lossen. Na een aantal puzzels hadden ze door wat de beste (min of meer gelijke) strategie was om de vraagstukken aan te vliegen. Daarna kregen de proefpersonen puzzels die op diezelfde (vrij complexe manier) konden worden opgelost, maar ook middels veel eenvoudigere methoden. Degenen die het meest getraind waren in open aandacht waren veel minder rigide in hun denken en zagen daardoor veel eerder de makkelijke oplossing dan degenen die geen ervaring hadden met training in open aandacht.[27]

Eerst nog even een stretchmomentje: wat is open aandacht ook alweer? Open aandacht betekent bewustzijn van alles wat zich voordoet, van moment tot moment. Selectieve aandacht is als een spotlight, hij richt zich op een enkel item (stoel, bank of tafel). Open aandacht is de bouwlamp waarbij de hele ruimte wordt verlicht. Net als bij selectieve aandacht is het bij open aandacht belangrijk dat je probeert je ervaring niet te veranderen of te veroordelen en dat je je niet laat meeslepen; de kleur van het licht van de bouwlamp is groen. Stel, je zet je aandacht open en voelt stress in je lijf: een stijve nek, omhooggetrokken schouders. Je hoort het geluid van je buurman die trompet speelt. Dit gewaarworden is genoeg, je hoeft het niet te veranderen.

Je aandacht wordt nauw en selectief onder invloed van het gevaar- en het jaagsysteem (je moet of wilt iets). Open aandacht wordt aangestuurd door het zorg-en-kalmeringssyteem. Dit is in tegenstelling tot de eerste twee niet resultaatgericht (je ontvlucht niets en jaagt ook niks na), je stelt je open voor wat zich aanbiedt. Gedachten, geluiden, gevoelens, beelden, geur laat je ongemoeid aan je voorbijtrekken, zonder er specifiek je aandacht op te richten. De kunst is om niet weg te dromen en alert te blijven (zonder te veel moeite te doen).

Hoe doe je dit? Door te trainen. Vergelijk het met de pianist die improviseert als hij een stuk door en door kent. Bij aandacht geldt dat als je goed getraind bent in zowel gerichte als open aandacht, je de focus kunt loslaten om te registreren waar je aandacht uit zichzelf naartoe gaat. Je aandacht improviseert en dirigeert zich dan zelf. Je focus ligt misschien eerst op horen, glijdt dan langzaam over naar denken, springt plots naar kijken en verplaatst zich naar voelen, stapt terug naar denken, enzovoort. Kortom, je laat komen wat er komt. Het is niet een kwestie van iets doen, maar gewoon zijn. Zijn met wat zich voordoet.

SIT-UP

Zet een timer op vijf minuten, zit stil en wees oordeelvrij bewust van wat zich per moment voordoet: denken, gevoelens, voelen, horen, zien en ruiken. Deze sit-up is een herhaling van 'open aandacht'-oefeningen: laat tot je komen wat tot je komt.

OPEN AANDACHT EN CREATIVITEIT

Klassieke brainstormsessies worden vaak gebruikt om creatieve ideeën te genereren. Gek, want ze blijken enorm ineffectief. We durven – als we ze al hebben – helemaal geen 'rare' ideeën en ongewone plannen te roepen omdat er anderen bij zijn. Zo'n zelfde remming komen we tegen in ons eigen hoofd. We vinden het lastig om bepaalde denkkaders los te laten, we verlaten niet snel de gebaande paden. Maar als we vaker onze aandacht opengooien, kijken en klimmen we sneller over die rand, om een andere weg in te slaan of zelfs – doe eens gek – een nieuwe brug te bouwen of tunnel te graven.

Wetenschappers zijn het er nog niet over eens hoe het werkt, maar in een staat van open aandacht blijken ideeën veel sneller op te komen. Eén verklaring is dat je beter kunt waarnemen wat er zich in je onbewuste afspeelt. Je laat onzekerheid en twijfel toe, zonder daarvan te schrikken en ze weg te duwen met feiten en argumenten, ook wel '*negative capability*' genoemd.[28] Creatief brein Walt Disney was een van de eersten die (open-) aandachttraining op de werkvloer inzetten, vanwege het positieve effect op creativiteit.

'Ideeën komen uit de ruimte.'

THOMAS EDISON

Een doorgewinterde expert ziet een paar mogelijkheden, een onbezonnen beginner ziet er duizenden. Door open aandacht te trainen blijf je, ook al ben je een expert in wording, altijd die enthousiaste beginneling. Je ziet andere wegen, meer oplossingen, nieuwe mogelijkheden.

> Om nieuwsgierige open aandacht te trainen doe je vandaag alsof je een buitenaards wezen bent dat hier op aarde komt rondsnuffelen. Bekijk alles wat je tegenkomt met verwondering, alsof je het nog nooit geproefd, gevoeld, geroken of gehoord hebt. Laat je verrassen en kijk wat deze vorm van aandacht geven je brengt. Als je dit oefent, merk je hoe lastig het is om zonder oordeel dingen, mensen of gebeurtenissen te benaderen.
>
> SIT-UP

Gelukkig kennen we ook zonder dat we ze trainen de openaandachtmomentjes. Tijdens die ogenblikken krijgen we de betere ingevingen. Van 'Natuurlijk, Bollywood wordt het thema van ons huwelijksfeest!' en 'Ik ga een kat kopen voor mijn eenzame grootmoeder' tot een idee over hoe je een nieuwe markt kunt aanboren voor je werk. De een heeft de beste ideeën onder de douche, een tweede op de fiets, weer een ander tijdens het uitlaten van de hond. Als je open aandacht traint, krijg je dit soort ingevingen op veel meer momenten in je schoot geworpen.

> Denk aan een oplosbaar probleem waar je mee zit. Laat het los en oefen tien minuten open aandacht. Verwacht niet dat door deze openaandachtoefening 'de' oplossing je meteen te binnen schiet. Maar zoals je vaak pas je sleutels vindt als je ze niet zoekt, zo werkt het ook in het brein: laat het probleem de komende dagen los, oefen met open aandacht en de kans is groot dat je dan met een oplossing of nieuw idee komt.
>
> SIT-UP

OPEN AANDACHT EN ZELFBEHEERSING

Tijdens een bekend onderzoek werd kinderen gevraagd om te wachten met het eten van de marshmallow die voor hun neus lag te lonken. De beloning zou een tweede marshmallow zijn. Toch lukte het een (groot) deel van die kinderen niet om te wachten; ze aten het snoep vrijwel direct op. Alle kinderen die deelnamen aan het experiment zijn de jaren erna gevolgd door de onderzoekers en wat blijkt? Degenen die wel hadden gewacht met eten waren significant gelukkiger en succesvoller dan de kinderen die zich niet hadden kunnen beheersen. Een hogere impulscontrole bleek zelfs beter succes en geluk te voorspellen dan IQ en sociale komaf bij elkaar.

Herken jij je in die gulzige kinderen? Goed nieuws: impulscontrole valt te trainen. Tussen je verlangen naar het snoep (je impuls) en de marshmallow ook daadwerkelijk in je mond steken (je respons) zit een kort moment, ook wel de 'magische kwartseconde' genoemd, omdat dit de enige tijd is waarin je kunt beslissen of je de impuls volgt of niet. Psychiater Viktor Frankl, die een concentratiekamp overleefde, zag hoe uitgehongerde medegevangenen vanuit compassie hun impulsen beheersten en hun laatste stukje brood deelden met een ander. Tijdens zijn gevangenschap kreeg hij een van zijn belangrijkste inzichten: 'Tussen stimulus en respons zit ruimte. In deze ruimte ligt onze vrijheid en kracht om onze reactie te kiezen. In onze reactie ligt onze groei en vrijheid.'[29]

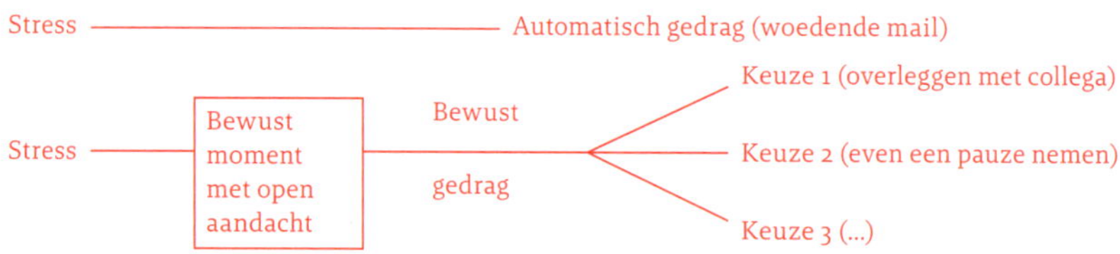

Geïnspireerd op het model 'Bewust reageren'. Rob Brandsma.

TOT ACTIE KOMEN

Het besluit om in actie te komen (of niet) zou je kunnen opdelen in drie stappen. Eerst nemen we de situatie waar: de marshmallow. Daarna maakt onze ratio een inschatting voor de korte- en de langetermijnbeloning: respectievelijk lekker en twee keer lekker. Tot slot is er wilskracht: om het beoogde gedrag wel of niet uit te voeren.

De afgelopen decennia zijn we bij (het beïnvloeden van) besluitvorming voornamelijk gefocust geweest op de tweede en derde stap. Zo vertelt de overheid over de dodelijke gevolgen van roken, waarbij ze zich met haar campagnes met name richt op de rede en wilskracht van haar bevolking. De boodschap komt mondjesmaat over. Hetzelfde geldt voor het belang van bewegen en het schadelijke effect van (te veel) vet en suiker: het aantal mensen met overgewicht rijst de (koeken)pan uit (net als het aantal diëten en lifestylecoaches). Blijkbaar kunnen we onze impulsen maar moeilijk beheersen. De invloed van wilskracht – de derde stap bij besluitvorming – is beperkt.

Het belang van de eerste stap bij beslissen, waarneming, wordt veelal over het hoofd gezien. Van de drie fases lijkt waarneming de simpelste, maar in die eenvoud zit juist de complexiteit. De laatste weken heb je kennisgemaakt met de vertroebelende werking van gedachten en gevoelens op waarnemen en de ongelofelijke kracht van je automatische piloot. Maanden, jaren aan magische kwartseconden verstrijken zonder dat we bewust kiezen. Vaak zijn we ons er achteraf wél bewust van. Dan zijn de 'Had ik maar's en 'Ik wou dat ik toen's niet van de lucht.

De uitdaging is dan ook om alert te zijn op die kwartseconde, helder te zijn precies op dat moment. Hoe doe je dat? Je raadt het al. Als we de wereld met open aandacht tegemoet treden, oordeel van waarneming onderscheiden, zijn we beter in staat om onze impulsen te 'vangen' (de zijnmodus) en daarna te besluiten of we er niet (of wel) naar luisteren (de actiemodus). Denk nog even aan de K van DANK: die richt zich op 'wat heb ik nodig' en 'wat heeft de situatie nodig'.

> Zit stil en merk de eerste impulsen om te bewegen op zonder die te volgen. Een greep naar je voet om te krabben, naar de telefoon om te appen of naar je thee om een slok te nemen: pas als je erbij stilstaat, merk je je impulsen op en kom je erachter hoe gedachteloos je deze doorgaans volgt.
>
> SIT-UP

SELECTIEVE EN OPEN AANDACHT

Open aandacht is bij uitstek de techniek om in het moment zelf het begin van de impuls op te merken. Die impuls kan zich mentaal, fysiek en/of emotioneel uiten. Wat je wilt is er zo snel mogelijk bij zijn om ten volle de – toch al vrij beperkte – tijd van je kwartseconde te benutten.

Hier zien we dat selectieve en open aandacht nauw samenwerken. Door de selectieve-aandachttraining ben je nu in staat gedachten, gevoelens en fysieke signalen sneller op te pikken. Door open aandacht krijg je het overzicht waardoor je ze alle drie opmerkt. Focust selectieve aandacht als een cameraman op één punt, open aandacht is de regisseur die zicht heeft op alle camerabeelden en als vanzelf opmerkt welk scherm zijn aandacht trekt.

Open aandacht geeft je dus meer controle over je handelen. Je bent alert op de magische kwartseconde, stelt alle camera's op scherp en kiest vervolgens bewuster je gedrag. Er is meer ruimte tussen je impuls en je handeling, waardoor je bewuster keuzes kunt maken die samenvallen met jouw waarden. Is een van jouw waarden bijvoorbeeld 'pais en vree' (zonder oordeel of dit wel of geen juiste waarde is)? Dan is het fijn om die kwartseconde te kunnen gebruiken om de irritatie over je moeders opmerking in te slikken. Is jouw waarde juist 'eerlijk duurt het langst'? Gebruik die kwartseconde dan om er bewust voor te kiezen om je ergernis uit te spreken.

OPEN AANDACHT EN WAARDEN

Als een meer troebel is door zand en algen, kun je niet zien wat er op de bodem ligt. Probeer je het zand met je handen naar beneden te duwen, dan zal het water nog troebeler worden. Het wordt pas helder als je het zand rustig laat zinken.

Onze geest is als dat meer. Forceer je helderheid, bijvoorbeeld door die knoop in je maag te negeren, je gedachten te veroordelen of je emoties weg te duwen, dan zal het alleen maar onrustiger worden in je hoofd, hart en lijf. En zul je niet zien wat er op de bodem van het meer ligt, oftewel wat jouw diepere waarden zijn. Zet je je aandacht open, dan zal de onrust zinken en helderheid verschijnen. Je ziet wat er op de bodem ligt en maakt connectie met wat werkelijk belangrijk voor je is.

Uit tal van onderzoeken blijkt dat aandachttraining en open aandacht je meer duidelijkheid geven over wat je waarden zijn. En tegelijk vergroot je, dankzij je sterkere impulsbeheersing, je vermogen om te handelen naar die waarden.[30]

WARMING-UP AANDACHT BIJ COMMUNICATIE

Gemiddeld besteden we 70 tot 80 procent van onze wakkere uren aan een vorm van communicatie. Van die tijd gaat 9 procent naar schrijven, 16 procent naar lezen, 30 procent naar spreken en het grootste deel, 45 procent, gaat naar luisteren.[31] Op het gebied van communicatie is er dus genoeg winst te behalen met aandachttraining.

'Think twice before you speak, because your words and influence will plant the seed of either success or failure in the mind of another.'

NAPOLEON HILL

STOPWOORDJES SPOTTEN

Weet je, als er ergens eigenlijk veel automatismen zijn eh... ingeslopen, dan eh... is het wel in – zeg maar – praten. Stopwoordjes als 'eh', 'weet je' en 'zeg maar' of stopzinnen als 'dan heb ik zoiets van...' geven bloot hoe automatisch ons spreken is. We zetten deze opvullers in om de luisteraar duidelijk te maken dat we nog aan het woord zijn. Maar vaak relativeren ze hetgeen we zeggen en maken ze het minder belangrijk. Heb je oud-president van de Verenigde Staten en begenadigd speecher Obama, naast natuurlijk zijn mantra 'Yes, we can!', ooit stopwoordjes horen gebruiken? Het voordeel van het weglaten van dit soort automatismen is dat de impact van je boodschap groter is; het maakt je verhaal sterker en geloofwaardiger.

SIT-UP

Let vandaag op al je stopwoordjes – zonder oordeel! Als je serieus werk wilt maken van stopwoordjes, vraag dan je kind, vriend of collega om elke keer tot het irritante toe de hand op te steken als je je stopwoordje gebruikt. Meestal hoor je zelf niet dat je het in de mond neemt.

Stopwoordjes spotten is buitengewoon nuttig om onze aandacht te slijpen. Er is zeg maar discipline, vriendelijkheid en dagelijkse oefening voor nodig. Weet je wel? Er zit ook automatisme in het soort woorden dat we gebruiken. De een houdt vast aan twijfelwoorden als 'misschien', 'eigenlijk' en 'een beetje', de ander gebruikt vaak woorden met een negatieve connotatie, zoals 'nee, 'maar' en 'echter', een derde is positiever en gebruikt vaker 'en', 'leuk' en 'graag'. Je woordgebruik heeft een groot effect. Woorden die je vaak zegt ga je ook vaker denken en daardoor ook weer vaker zeggen, en je gaat je ernaar gedragen: je wordt je woorden. Zo kweek je bijvoorbeeld gemakkelijk een 'ja maar'-houding.

EYEOPENER

Uit onderzoek blijkt dat het uitspreken van negatieve woorden niet alleen een stressreactie bij de spreker veroorzaakt maar ook bij degene die luistert. Bij hem wordt meer angst en irritatie geconstateerd, wat vertrouwen en eventuele samenwerking ondermijnt.[32] In deel 2, over compassie, komt de kracht van woorden terug.

THINK!

Hoe spreek je dan bewuster? Hoe kies je je woorden in plaats van dat ze je overvallen? De ezelsbrug is: THINK. Pauzeer. Stop de impuls om te willen spreken, ga met je aandacht naar je adem en lichamelijke sensaties. En vraag je af wat je wilt zeggen. Is dat:

True
Helpful
Inspiring
Necessary
Kind

Ruzie met je geliefde? THINK! Boos op een klantenservice? THINK! Teleurgesteld in je puberdochter? THINK! Bang voor de reactie van je baas? THINK. THINK lukt alleen met een sterke aandachtspier, omdat je daarmee de ruimte kunt vergroten tussen je impuls en je actie, in dit geval praten. Je gebruikt de magische kwartseconde om effectiever te communiceren. Dit betekent niet dat je emotie zoals angst of boosheid afwezig dient te zijn, maar dat je vanuit een breder perspectief kunt communiceren dan die emotie alleen. Op die manier kun je de ander begrijpen en jezelf beter begrijpelijk maken. Met open aandacht creëer je een heldere geest en kun je duidelijk je behoeften kenbaar maken, je standpunt verwoorden en je grenzen stellen – met respect voor de ander.

LUISTEREN

Communicatie bestaat uit spreken en luisteren, zowel verbaal als non-verbaal. De stem krijgt echter veel meer aandacht dan het oor. Er zijn talloze presentatietrainingen op de markt, maar hoe vaak hoor je dat mensen een luistertraining gaan volgen? Hoewel we het grootste gedeelte van de dag aan het luisteren zijn – uitzonderingen als Donald Trump daargelaten – krijgt deze activiteit maar weinig aandacht. Er is geen vak 'luisteren' op school, universiteiten besteden geen aandacht aan luisterinstructies en zelfs de gemiddelde communicatietraining bestaat voor maar 7 procent uit het onderwerp luisteren.[33] Niet gek dus dat we vrij slecht zijn in onthouden, de stap na luisteren.

Tijdens een experiment om het luistergeheugen te testen, bleken deelnemers vlak na het bekijken van het journaal slechts 17,2 procent van de inhoud ervan te kunnen reproduceren. Zelfs met hints door de onderzoekers kwamen de meesten niet boven de 25 procent.[34] Een gemiddelde luisteraar heeft net na een tienminutenpresentatie slechts 50 procent gehoord, begrepen en onthouden. Binnen 48 uur blijkt er zelfs nog maar de helft hiervan in het geheugen te zitten. Kun je nagaan hoe weinig dat na een week moet zijn.[35]

Een verklaring voor waarom we slechte luisteraars zijn, is dat een spreker gemiddeld 125 tot 175 woorden per minuut spreekt, terwijl de toehoorder het vermogen heeft om naar 450 woorden per minuut te luisteren. Door het verschil tussen spreek- en denksnelheid heeft de monkeymind van de luisteraar alle mogelijkheid om afgeleid te raken.[36]

Kortom, er is genoeg ruimte voor verbetering, want naar elkaar luisteren is tenslotte het middel om te verbinden én om invloed uit te oefenen. Denk aan een tegeltje voor op de wc met de tekst WIL JE GEHOORD WORDEN? DAN MOET JE LUISTEREN.

LUISTERSTIJLEN

Om jouw luisteraandacht op te schroeven is het belangrijk om te checken wat jouw luisterstijl is. Ben je meestal alleen met jezelf bezig? Of juist met de ander? Of wellicht focus jij je vaak op beide partijen. Grofweg zijn er vier verschillende stijlen van luisteren, die je ook hiërarchisch zou kunnen bezien.[37]

1. Automatisch luisteren. Je luistert op de automatische piloot en bent voornamelijk op zoek naar bevestiging van wat je al weet of denkt te weten. De communicatie die hierbij hoort, is oppervlakkig kletsen.
2. Onderscheidend luisteren. Je kijkt of de informatie klopt met je eigen wereldbeeld en luistert vooral naar wat er afwijkt. De focus ligt meestal op wat niet klopt of wat ontbreekt. Advocaten gebruiken vooral deze vorm van luisteren in hun voordeel. De bijbehorende communicatievorm is het debat, de discussie.
3. Empathisch luisteren. Je verplaatst je in het perspectief en de gevoelens van de ander, zonder daar een oordeel over te geven. De passende communicatievorm is de dialoog.

4. Generatief luisteren. Bij de andere luisterstijlen ben je ofwel met jezelf bezig, ofwel alleen met de ander. Bij generatief luisteren zet je open aandacht in. Er is ruimte voor het perspectief van jezelf en dat van de ander, en voor het grote perspectief. Je combineert de voorgaande luistervaardigheden optimaal. Je voelt de sfeer, luistert ook tussen de regels door en naar de werkelijke boodschap die achter de woorden ligt. Je staat open voor wat er opkomt, zonder te oordelen. Vaak volgt uit deze vorm van luisteren een gezamenlijk perspectief en samenwerking.

'Waar het oordeel begint, eindigt de waarneming.'

DAVID DEWULF

Wees je dus bewust van welke luisterstijl je inzet. Is het automatisch luisteren? Probeer eens te schakelen naar het tweede luisterniveau. En een stap verder: leef je in in de ander, houd je eigen standpunt even voor je. Neem je weer een stap, naar het generatieve luisteren, dan betekent dat dat je gaat schakelen tussen de eerste drie luisterniveaus. Een tikkie terug is meestal vrij gemakkelijk, maar elke stap vooruit vergt het bewust inzetten van je aandacht. Dus als je merkt dat je onderscheidend luistert, oefen dan eens met schakelen naar empathisch of generatief luisteren.

SIT-UP

Luister vandaag naar andere mensen als een spons; zuig alles op wat er gezegd wordt zonder er direct op te reageren of er iets van te vinden. Formuleer pas een antwoord in je hoofd als dat van je gevraagd wordt of nodig is. Probeer te schakelen tussen de verschillende niveaus. Merk op welke luisterstijl jij meestal geneigd bent in te zetten. Merk ook op hoe lastig het is om zonder oordeel te luisteren.

EFFECTIEF LEREN LUISTEREN

De sleutel van effectief leren luisteren is het loslaten van je eigen gelijk en meningen. Denkbeelden en oordelen zijn nuttig, maar er ontstaat een probleem als we ons eraan vastklampen, of ze nou positief of negatief zijn. Merk eens op hoe snel je met je innerlijke stem iets of iemand in een hokje plaatst: mooi of lelijk, interessant of oninteressant, goed of slecht, eens of oneens.

We luisteren dan niet over de rand van onze eigen standpunten heen. En dat terwijl een standpunt veranderlijk is, hoe vast het ook kan lijken. Ieder van ons komt weleens op een standpunt terug: de voormalige poezenhater die nu verliefd is op zijn lapjeskat Fluffy, de hardcore VVD'er die in zijn jonge jaren links stemde, je zusje dat ooit tattoos hekelde maar nu van boven tot onder vol is getekend, enzovoort. Kortom, standpunten – hoe statisch het woord ook klinkt – staan niet vast. Laat ze dan ook eens wat vaker los en probeer volledig open te luisteren naar andermans verhaal.

TRAINING

Deze week gaan we aan de slag met open aandacht. Waarschijnlijk herinner je je nog het einde van de warming-up van vorige week: je hebt de K van DANK nog van me tegoed. Maar misschien heb je de connectie met de openaandachttraining en het bewust in actie komen al wel gelegd?

LIGHT
OEFENING 1: ADEMPAUZE MET ACTIESTAP

Als er voor je neus een deur wordt dichtgesmeten, blijf je naar die dichte deur staren of probeer je uit alle macht de deur open te sjorren. Je hebt er geen oog voor dat er links en rechts deuren openstaan. Een ademruimte met actiestap zorgt ervoor dat je die mogelijkheden wel ziet. Je doet deze week dezelfde oefening als in week 3, met een extraatje: de 'actiestap'. Het is de K van DANK, de K van kalmeren.

Stop een paar keer per dag met waar je mee bezig bent, haal bewust adem en merk vervolgens je gedachten op. Als je een of meerdere gedachten gewaarwordt, benoem je dat intern als 'denken'. Ga vervolgens niet mee in de stroom van gedachten. Richt je aandacht op eventuele gevoelens en volg de eerste drie stappen van DANK: duiden ('Ik voel jaloezie/verbazing/et cetera'), accepterend onderzoeken (duw je boosheid/verdriet/walging niet weg, maar laat het toe en veroordeel het niet) en niet identificeren met je gevoel ('Ik heb gevoelens, maar ik ben mijn gevoelens niet'). Kalmeer jezelf door je af te vragen: wat heb ik of wat heeft de situatie nodig? Wat is wijs?

Zonder aandachttraining schiet je meteen naar de laatste stap, de actie. Maar met het doorlopen van de eerste drie stappen kun je effectiever en wijzer handelen bij de laatste stap: je vraagt je af wat de situatie nodig heeft en wat jij daarin nodig hebt. De truc is om bij de tweede vraag, wat wijs is, je 'slimme onbewuste' het werk te laten doen. Probeer de vraag niet te veel vanuit analyse te beantwoorden maar zonder oordeel open te staan voor het antwoord dat opkomt. Met andere woorden: zoek niet te krampachtig naar een juist antwoord. Je vindt je sleutels pas als je stopt met zoeken – dat idee. Als de omstandigheden het niet toelaten om hier de tijd voor te nemen, oefen dan tijdens je activiteiten. Wees je af en toe bewust van je adem, lichaam, gedachten en gevoelens.

OEFENING 2: OPEN AANDACHT GEDURENDE DE DAG

Pauzeer drie keer op een dag een paar minuten, waarin je eerst je aandacht op je adem richt om vervolgens de sturing van je aandacht los te laten en te registreren waar de aandacht naartoe reist (adem, lichaam, geluid, denken, voelen).

OEFENING 3: SPREEKOEFENING

Oefen dagelijks een paar keer '*think before you speak*'. Probeer je primaire reactie in te slikken en die magische kwartseconde te benutten. Geef jezelf niet op je kop als het mislukt.

OEFENING 4: LUISTEROEFENING

Probeer elke dag een paar keer te luisteren en je oordeel over (de boodschap van) de ander uit te stellen. Minstens zo waardevol is het oordeelvrij opmerken dat je oordeelt. Vang je oordelen met een subtiel innerlijk stemmetje: 'Ja! Ik zie je!'

MEDIUM

AANVULLEND OP LIGHT

OEFENING 1: OPENAANDACHTOEFENING

Wil je naast de lightversie je aandachtspier nog extra trainen? Doe dan deze week de dagelijkse openaandachtoefening. Je kunt deze oefening afwisselen door hem zonder geluidsopname te doen. Zet je wekkertje op 15 minuten, richt je aandacht de eerste paar minuten op je adem en je lichaam om vervolgens open aandacht te oefenen.

audiotrack 10. Openaandachtoefening (10 min).

OEFENING 2: AANDACHT IN COMMUNICATIE

Wees je daarnaast elke dag een paar keer bewust van het niveau (automatisch, onderscheidend, empathisch of generatief) waarop je luistert. Zoek je naar bevestiging (automatisch luisteren) of ben je meer aan het analyseren, luister je onderscheidend? Richt je je op de ander (empathisch luisteren) of kijk je ook naar de sfeer, belangen en luister je tussen de regels door (generatief luisteren)? Schakel bewust tussen deze vier.

INTENS

AANVULLEND OP LIGHT Heb je de smaak te pakken en kies je deze week voor de intensieve training? Dan kun je dagelijks een complete aandachtoefening doen. Hierin ligt de focus achtereenvolgens op adem, lichaam, geluid, denken, voelen en open aandacht. Let op: als je een traumatisch verleden hebt (te verwerken), is het zaak om de oefening zo voorzichtig mogelijk en in je eigen tempo te doen, met name vanwege het deel van de meditatie dat zich op emoties richt. Als je merkt dat gevoelens je overstelpen en het onveilig voor je voelt, is hulp van een begeleider met ervaring hiermee aan te raden.

audiotrack 11. Complete aandachtoefening (29 min).

Probeer aan het einde van de week deze aandachtoefening een paar keer zonder audiotrack (met wekkertje) te doen, waarbij je jezelf begeleidt langs de verschillende focuspunten, eindigend in open aandacht.

Doe daarnaast oefening 2: aandacht in communicatie, zoals beschreven bij de mediumtraining.

Je kunt de audiotracks downloaden op www.sportschoolvoorjegeest.nl.

COOLINGDOWN

Vast heel behulpzaam die aandachttraining, maar hoe prop ik die in mijn overvolle agenda? De kans is groot dat zo'n gedachte meerdere keren voorbij is gekomen bij het lezen en oefenen de afgelopen vier weken. Of misschien: ik heb de discipline van een weekdier, het lukt me niet om te oefenen. Belangrijk is om te bedenken dat aandachtig zijn een manier van leven is, iets wat je op elk moment van de dag kunt oefenen. Ken je nog die tekeningen van vroeger, waarbij je met een potlood puntjes aan elkaar moest verbinden en pas aan het einde zag je dat het een beer of een huis was geworden? Zo werkt het ook met aandacht trainen. Je begint met bewust de eerste hap van je lunch te nemen of met aandacht je haar te kammen, van daaruit breid je de bewuste momenten uit en uiteindelijk zul je merken dat het een levenswijze aan het worden is.

Als je je aandachtspier wilt blijven oefenen is de tip: houd je doelstelling realistisch en de drempel laag genoeg. Drie uur sporten op zondag is minder effectief of gezond dan elke dag een halfuur. Dit geldt ook bij mindgym: dagelijks vijf minuten is een betere training dan één keer per week een uur. Als je er dagelijks mee bezig bent, maak je namelijk gebruik van de kracht van je automatische piloot.

Is er een maximum aan de training? Dat is persoonlijk. Je aandachtspier overbelasten tot je er schoon genoeg van hebt, helpt niet om de volgende dag weer met frisse moed te beginnen. Als jouw valkuil juist overmatige discipline is, kan oefenen je gaan tegenstaan. Maak het niet te bont en geef jezelf ook eens vrij. Bedenk wel dat een beetje weerstand erbij hoort en langere oefeningen, zoals zitmeditaties van een kwartier en langer, waardevol zijn om met meer scherpte te zien wat er zich in jou afspeelt. Zo train je deze technieken in retraites een dag, een week of nog langer meerdere uren achter elkaar. Deze bootcamps voor de aandacht geven deelnemers vaak veel inzichten, of zelfs antwoorden op vraagstukken waar ze tot dan toe niet uit kwamen. Ze zijn vaak *life-changing*.

De aandachttechnieken die je de afgelopen vier weken hebt toegepast komen voor een groot deel overeen met de achtweekse mindfulnesstraining: Mindfulness Based Stress Reduction (MBSR). Wil je meer verdieping, dan is een dergelijke training zeker aan te raden. Het grote voordeel is dat je in een groep ervaringen kunt uitwisselen, maar ook een stok achter de deur hebt om te trainen. De begeleider kan je bovendien helpen met obstakels en blinde vlekken tijdens het oefenen. Er zijn veel goede mindfulnesstrainers. Als je zeker wilt zijn van voldoende kwalificatie, kun je de certificering checken bij de VMBN (Vereniging Mindfulness Based Trainers Nederland en Vlaanderen).

Ga voor jezelf eens na of je uit week 4 de volgende dingen hebt kunnen halen:

- Herken je open aandacht en kun je die toepassen in dagelijkse situaties?
- Lukt het je om minder te spreken vanuit een impuls of anderszins impulsief te reageren?
- Kun je je oordeel uitstellen als je naar een ander luistert?
- Schakel je bewust tussen de verschillende manieren van luisteren?

TOT SLOT

Blijf trainen en weet dat jij bepaalt of dat gebeurt. Dit zegt schrijver en meditatieleraar Cheri Huber: 'Wie zich een tennisser wil noemen, leent een racket en een paar ballen en gaat ergens een balletje slaan. Wie echt wil tennissen, koopt een racket, neemt een paar lessen en speelt als hij tijd heeft. Wie goed wil tennissen, zoekt een leraar, neemt les, oefent en speelt regelmatig. Hij maakt tijd. Wie een toptennisser wil zijn, zoekt een leraar, zuigt als een spons elk advies in zich op, oefent elk moment en wijdt zijn leven aan de training. Ons leven is zoals het is omdat we ervoor kiezen. We kunnen zeggen: "Ik heb geen tijd om stil te staan. Ik heb het te druk om bewust te zijn." Dat is prima. Je moet alleen weten wie de beslissingen neemt. Het leven ligt niet buiten je macht.'

DEEL 2

COMPASSIE KRACHT

'Als je wilt dat anderen gelukkig zijn, beoefen compassie; als je zelf gelukkig wilt zijn, beoefen compassie.'

DALAI LAMA

'Compassie is het diepe bewustzijn van het lijden van jezelf en anderen, gekoppeld aan de wens en inzet om dat te verlichten.' Zo luidt de definitie van compassie volgens hoogleraar in de psychiatrie Paul Gilbert. Met andere woorden: compassie betekent oog in oog staan met de moeilijkheden van het leven zonder omvergeblazen te worden én met de intentie om de ander of jezelf minder te laten lijden.

Een oude Tibetaan zit met zijn kleinzoon bij een kampvuur. De kleinzoon vraagt: 'Grootvader, zijn mensen van nature goed?' De man antwoordt: 'Binnen in me is een gevecht gaande tussen twee wolven. De grijze wolf is slecht; hij bestaat uit woede, jaloezie, wrok, hebzucht, verwaandheid, zelfmedelijden, minderwaardigheid, leugens, valse trots, superioriteit en ego. De bruine wolf is goed en staat voor vreugde, tevredenheid, liefde, hoop, kalmte, nederigheid, vriendelijkheid, sympathie, vrijgevigheid, waarheid en compassie. In ieder mens woedt dezelfde strijd. Ook in jou.' De kleinzoon staart in het vuur en vraagt dan: 'Welke wolf zal het gevecht winnen?'
De oude man glimlacht en antwoordt: 'De wolf die jij voedt.'

SIT-UP

Let vandaag eens op wanneer jij jouw grijze wolf voedt en met welke activiteiten, gedachten en emoties je je bruine wolf voedt. Welke wolf heeft het meest gesmikkeld?

In deel 2 van *Mindgym* bouwen we voort op de aandachttraining. Je hebt geleerd dat je met een sterke aandachtspier veel kunt bereiken: minder stress, een betere impulsbeheersing, effectiever communiceren en emoties laten zijn. Hiermee heb je een goede basisconditie opgebouwd, zodat je kunt gaan werken aan het versterken van je compassiekracht. Compassie zorgt voor een constructieve omgang met moeilijke fases en momenten, en de daarbij opkomende emoties. Door je compassiekracht te trainen ontwikkel je het diepe besef dat we allemaal nauw met elkaar verbonden zijn en dat ieder de verantwoordelijkheid heeft om de wereld een beetje beter te maken. Een compassievolle houding, tegenover jezelf en anderen, levert veerkracht en welzijn op.

Met compassie richt je je bewust op pijn en lijden. Weinig opbeurend, denk je misschien. Onder meer het volgende experiment bewijst het tegendeel. Aan de deelnemers werd gevraagd compassie op te wekken voor een aantal onbekende mensen die ze zagen op portretfoto's. Na een pauze kregen de deelnemers foto's van moderne kunstwerken te zien, met de vraag hun oordeel te geven. Bij sommige kunstdia's kregen zij vooraf een van de eerder getoonde portretfoto's te zien, echter te kort om ze bewust op te merken. Die methode heet 'priming'. Wat bleek? De deelnemers gaven een hogere waardering aan kunstwerken die na een portretfoto werden getoond dan aan werken die solo in beeld kwamen.[38]

Blessurewaarschuwing

Voor je verdergaat even een waarschuwing: in de komende vier weken zul je zo'n 6234 keer het woord compassie voorbij zien komen. Ja, dat is wat veel, en nee, het kan niet anders. Deze trainingsweken gaan nou eenmaal over het c-woord, en er is geen ander woord dat precies hetzelfde betekent. Bij het lezen geldt: voordat de compassie niet je hart maar je neus uit komt, neem even een pauze. Haal koffie, schreeuw het uit: 'Ik word gek van die compasssssiieieie!' – of een minder vriendelijke variant – en ga, eventueel later, weer verder.

WAT = COMPASSIE?

Tijdens de aandachttraining heb je je waarneming leren scheiden van je gedachten en interpretaties. Je weet nu die tweesprong in je hoofd op te merken en je slaat vervolgens niet zomaar een weg in, maar je kiest bewust voor links of rechts. Door stil te staan en afstand te nemen ben je in staat om behulpzame gedachten te volgen en onbehulpzame gedachten los te laten. Maar er is nog een derde weg. Die leg je eigenhandig aan door zelf gedachten op te wekken: de route van zelfgecreëerde compassie.

Compassie bestaat uit drie stappen,[39] die ik verduidelijk aan de hand van het voorbeeld van een bedelende zwerver. De eerste stap van compassie is het zien van zijn pijn. Je loopt niet aan de zwerver voorbij, maar ziet hem werkelijk, met open en oordeelvrije *aandacht*. Ten tweede besef je dat het jou ook had kunnen gebeuren: je ervaart *gedeelde menselijkheid* (ieder mens lijdt, en dit leed verbindt ons). Ten derde: je hebt de wens om zijn situatie te verlichten en onderneemt eventueel actie door iets constructiefs te doen. Je toont *vriendelijkheid*, bijvoorbeeld door het geven van aandacht, een glimlach of iets tastbaars, zoals geld of een boterham.

WAT ≠ COMPASSIE?

Compassie is niet hetzelfde als empathie. Waar compassie gericht is op (het *verlichten* van) lijden, richt empathie zich op álle gemoedstoestanden: de pijn van de zwerver, de prille verliefdheid van een vriend, de vreugde van de jarige kleuter. Waar compassie altijd gericht is op het verlichten van lijden, geldt dat niet persé voor empathie.

EYEOPENER

De empathische beul klinkt misschien als een paradox, maar hij doet zijn werk goed als hij zich in zijn slachtoffer verplaatst. Hij zegt niet: ‘Beken of ik geef je een klap’, maar: ‘Beken of ik doe je kind wat aan.’ De beul voelt aan waar hij je het meest kan raken en is zo beter in staat om te manipuleren.

Compassie is ook geen (zelf)medelijden. Medelijden is geboren uit eigenbelang. Bij medelijden is het: ik eerst; bij compassie: wij eerst. Medelijden is: o wat erg, ik hoop niet dat dit mij gaat overkomen. Of: vreselijk dat ik me zo voel bij het zien van die gehandicapte vrouw. Of soms zelfs verlekkerd relativeren: zij heeft maat 44, dan moet ik met mijn maat 40 niet zeuren. In medelijden zit vaak afstand en afkeer van lijden, zonder de wens er daadwerkelijk iets aan te doen.

Compassie is niet het najagen van prettige emoties. Het voelen van liefdevolle emoties is geen voorwaarde om in staat te zijn compassie te tonen. Compassie hangt sowieso niet samen met een specifieke emotie. Gevoelens komen en gaan, terwijl compassie altijd voorhanden is. Oprechte compassie is de inténtie om lijden te verlichten. Wel voelt compassie vaak bevredigend; het kan een goed gevoel geven als je de zwerver een kop koffie aanbiedt of samen huilt op een begrafenis. Dat we alleen maar compassie tonen puur omdat we dat goede gevoel terugverwachten – een soms gehoorde tegenwerping – is echter niet waar. Een fijn gevoel is hooguit een gunstig bijeffect.

> Welk gevoel en welke gedachten krijg jij bij het woord 'compassie'? Waar denk je aan als je het woord hoort? Vind je het passen bij mensen uit een bepaalde groep of met een bepaald beroep?
>
> SIT-UP

VOOROORDELEN

De kans is groot dat je vooroordelen hebt over (zelf)compassie. Die zijn namelijk vrij hardnekkig.

- Compassie is een soft skill en levert (daardoor) te weinig op.
- Compassie is vooral nodig bij beroepen in de zorg.
- Zelfcompassie is egoïstisch en maakt lui.
- Compassie is soms onrechtvaardig: sommige mensen zijn nou eenmaal eikels, zij verdienen geen compassie.

Hierin zit een element 'Het is te veel aaien' en misschien ook wel 'Zachte heelmeesters, stinkende wonden'. Kortom, de kans is groot dat je bij compassie denkt aan overmatige toegeeflijkheid jegens jezelf of de ander: het overslaan van de sportschool en berusten in je dikke buik, een ander niet aanspreken op zijn gedrag omdat je hem zielig vindt. Maar compassie betekent niet dat je niks hoeft van jezelf, anderen alleen maar pampert of continu opkomt voor de zwakkeren in de samenleving. Compassie is juist een sterke aanjager voor groei en ontwikkeling. Je kunt jezelf met compassie naar de sportschool schoppen, een ander met compassie negatieve feedback geven of jezelf met compassie benaderen als je verkeerde keuzes hebt gemaakt. Niet humor, blonde krullen of gedeelde interesses, maar in hoeverre hij of zij compassie toont is een van de belangrijkste eigenschappen van een (mogelijke) partner, zo blijkt uit onderzoek.[40]

VOORDELEN

De vooroordelen over compassie als soft, ineffectief en egoïstisch worden door de wetenschap tenietgedaan. Compassietraining blijkt juist meer kracht, effectiviteit, geluk en gezondheid op te leveren.[41] Uit meer dan tweehonderd artikelen en studies sinds 2003 komen onder meer deze resultaten van compassietraining naar voren:

- Veerkracht in moeilijke tijden
- Meer effectiviteit en proactiviteit
- Meer positieve emoties
- Minder angst voor afwijzing en het maken van fouten
- Meer zelfrespect
- Betere zelfzorg en een gezonder eetpatroon
- Een hogere emotionele intelligentie
- Meer sociale verbinding, minder eenzaamheid
- Een verbeterd immuunsysteem
- Meer verantwoordelijkheid nemen voor eigen gedrag
- Meer gevoel van zingeving
- Betere prestaties

EYEOPENER

Deelnemers aan compassietraining toonden aanzienlijk meer hersengolven in de gammafrequenties, wat erop wijst dat alle hersendelen nauw met elkaar samenwerken. Het gevolg is een verhoogde staat van bewustzijn, zeer alert functioneren en makkelijker topprestaties leveren.[42]

Je hoeft geen wetenschapper te zijn om het belang van compassie te begrijpen. We zijn als mensen sterk van elkaar afhankelijk. Alleen al voor het fabriceren van deze pagina zijn er tientallen individuen en minstens 35 landen betrokken.[43] De pagina zou er niet zijn zonder de drukker, de schrijvers, de redacteur, de verkoper, de bomen voor dit papier, de houthakker, de zon en regen voor de bomen, enzovoort.

> Al compassie-moe? Tijd voor koffie, een wandeling of een kattenfilmpje!
>
> SIT-UP

COMPASSIETRAINING

Als je een peuter in een vijver ziet vallen, wat doe je dan? Geen zin in natte sokken? Doorlopen naar die belangrijke afspraak? Natuurlijk niet. Vanuit instinctieve compassie spring je het water in om het kind te redden. Behalve de fight-flight-freeze-reactie zit er in het gevaarsysteem namelijk een vierde reactie besloten: *tend-and-befriend*.[44] Bij (gezamenlijk) gevaar zijn we bondgenoten en willen we voor elkaar zorgen.

Waar fight, flight en freeze vooral gepaard gaan met eigenbelang, richt tend-and-befriend zich vooral op het belang van de ander: je offert jezelf op.[45] Deze instinctieve reactie is een korte route naar compassie. Instinctieve compassie valt niet te trainen, maar gelukkig zit het bij de meeste mensen ingebakken. Dit is al op jonge leeftijd zichtbaar, zo zagen gedragsonderzoekers die dertig uur filmmateriaal verzamelden van een groepje spelende peuters. Ze registreerden hierin maar liefst 1200 keer samenwerkingsvormen, delen en/of troosten.[46]

> Ook apen tonen instinctief compassie. Wanneer het jong van een moederaap sterft, zorgt zij vaak nog dagen voor het dode aapje. Ze vlooit en aait het beestje, en andere apen in haar omgeving maken geluiden die wijzen op het meevoelen van pijn. Het is een geluid wat we allemaal kennen: 'Aahhh.' Het geluid is een gedeelde erfenis van onze gezamenlijke voorouders, en ook jij maakt het als je een kindje ziet vallen of als je vriend vertelt dat hij gezakt is voor zijn rijexamen.
>
> EYEOPENER

Het vermogen tot zowel compassie als egoïsme ligt verankerd in ons DNA. Maar hoe intelligenter dieren door evolutie worden, hoe sterker het zorg-en-kalmeringssysteem wordt en (daarmee) de neiging tot compassie. De grootste stap in de evolutie van de mens is niet vuur, de speer of de grottekening; het is compassie. Tot die conclusie komt Darwin in zijn boek *The descent of man*. Omdat het brein van de foetus zich steeds verder ontwikkelde en (dus) te groot werd om gebaard te worden, moest de mens als baby, onvolgroeid en onzelfstandig, ter wereld komen. Om zijn kinderen groot te brengen heeft de mens zichzelf daarom compassie aangeleerd: kwalitatieve voortplanting, oftewel liefkozen en opvoeden. Dit in tegenstelling tot de slang en de schildpad, die door hagelschieten hopen op zo veel mogelijk overlevenden van hun kroost. Compassie is uitgegroeid tot het sterkste instinct van de mens, en juist dit instinct zorgt ervoor dat de mens als soort overleeft. Darwins term '*survival of the fittest*' – die overigens door zijn tijdgenoot Herbert Spencer bedacht is – zou dus eigenlijk '*survival of the most compassionate*' moeten zijn. Want juist degene die compassie toont, die overleeft.

Naast instinctieve compassie is er bewuste, niet-instinctieve compassie. Deze wordt vooral aangedreven vanuit ons zorg-en-kalmeringssysteem. Die compassiekracht is wat je de komende weken gaat trainen. De basistraining heb je al gedaan: door de aandachttraining zul je leed sneller waarnemen, de eerste stap van compassie. De volgende twee stappen – gedeelde menselijkheid en het tonen van vriendelijkheid – komen in de volgende vier weken in de compassietraining voorbij.

'Als je me iets onderwijst, vergeet ik het;
als je me iets laat zien, zal ik het misschien onthouden;
als je me iets laat doen, maak ik het me eigen.'

CONFUCIUS

In de eerste twee weken (week 5 en 6) ligt de focus op zelfcompassie. Van daaruit ga je in de derde week (week 7) aan de slag met compassie voor anderen en in de laatste week (week 8) integreer je compassie in je dagelijks leven. Als je de behoefte voelt om langere tijd met week 5 of week 6 aan de slag te gaan, doe dit vooral. Compassie voor jezelf is de basis; ben je daar vaardig in, dan ben je er klaar voor om dit uit te breiden naar je omgeving.

Het trainen van compassie kan uitdagend zijn doordat er lastige patronen en (diep) leed aan de oppervlakte komen. Als je heel streng bent voor jezelf of een verleden hebt met trauma's, kan ondersteuning van een coach of begeleider extra houvast bieden. Een andere mogelijkheid is dat je een georganiseerde compassietraining volgt voor extra steun en inzicht. Een derde optie is om deze vier weken te trainen met een door jou zelf samengesteld groepje. Compassietraining vergt moed: je zult pijn en lijden tegemoet treden in plaats van je ervan af te wenden. Gelukkig werkt compassie als een positieve spiraal: compassie versterkt moed, waardoor de training gaandeweg steeds makkelijker wordt.

Onthoud: compassietraining is geen samengestelde pakketreis, zie het vooral als een avontuurlijke trip. Bij het eerste weet je precies waar je naartoe gaat, bij het avontuur van compassietraining sta je volledig open voor wat het je brengt en waar je belandt.

Compassie en egoïsme liggen dus verankerd in ons DNA. Hoe intelligenter dieren door evolutie worden, hoe groter en sterker het zorg-en-kalmeringssysteem en de neiging tot compassie. Hopelijk zal de volgende breinlaag die op ons oude 'nieuwe brein' wordt gestapeld ervoor zorgen dat we makkelijker het grote geheel zien en ervoor kiezen om daarvoor ons best te doen, in plaats van alleen maar voor ons nietige zelf. Voor nu is de vraag niet hoe compassievol je bent, maar hoe compassievol je wilt zijn. Zet als klein mens groot in op compassie. Vervang de gedachte 'een druppel op de gloeiende plaat' door 'alle beetjes helpen'. Wellicht boeit het grote geheel je niet en interesseert het je geen bal of de mens blijft voortbestaan. Stel jezelf dan de vraag: Wat vind je nu, voor jezelf, belangrijk? Wil je liever in een samenleving wonen waarin geweld de boventoon voert of vriendelijkheid?

WEEK

05

ZELFCOMPASSIE

DE BASICS

'De beste plek om een helpende hand te vinden, is aan het einde van je eigen arm.'

ZWEEDS SPREEKWOORD

De komende weken ga je je compassiekracht trainen, leren om meer te handelen vanuit het zorg-en-kalmeringssysteem. Dit zal je de kracht en moed geven die nodig zijn om overeind te blijven bij pijn en verdriet, van jezelf en anderen. Niet door die te verdringen of door te verdrinken, maar door er constructief mee om te gaan. Met compassie. Aan de basis van compassie ligt zelfcompassie. Je leert deze week waarom 'Kijk mij eens!' – oftewel zelfwaardering – juist geen vorm van zelfcompassie is, en je gaat aan de slag met tools die zelfcompassie versterken. Van zelfwaardering naar zelfcompassie.

WARMING-UP

Een bierbuik met een peuk in de mond die een bootcamptraining geeft? Vrij ongeloofwaardig. Zo werkt het ook bij compassie: geen compassie voor jezelf betekent geen compassie voor anderen. Als jij jezelf met compassie tegemoet treedt, wordt dat ook makkelijker richting anderen en zullen anderen jou ook vaker met compassie benaderen. Goed voorbeeld doet goed volgen, dat idee.

Zelfcompassie is ook belangrijk voor je zelfontplooiing. Het is vrijwel onmogelijk om zonder compassie voor jezelf de innerlijke motivatie te ontwikkelen om je best te doen in het leven. Een leidinggevende die om zijn medewerkers geeft, bekommert zich om hun geluk. Voor wie ben jij dé leidinggevende? Juist, voor jezelf. Zonder zelfcompassie kan het zijn dat je die verantwoordelijkheid niet neemt, omdat je weinig om jezelf geeft. Let wel: zelfcompassie is geen middel om een 'beter' (slanker, slimmer, rijker) mens te worden. Wél om jezelf (mollig, gemiddeld, Jan Modaal) onvoorwaardelijk te accepteren. Denk nog even aan het verschil tussen zelfcompassie en zelfmedelijden. Bij het laatste is het 'ik eerst' en blijf je hangen in de slachtofferrol; bij zelfcompassie is het 'wij eerst'.

> **SIT-UP**
>
> Pak pen en papier en denk terug aan een keer dat een goede vriend(in) het moeilijk had, gestrest was, gefaald had of zich niet goed genoeg voelde. Hoe reageerde jij daarop? Schrijf op welke woorden je gebruikte en welke woorden er nu in je opkomen over hem/haar en die situatie. Denk nu eens terug aan een situatie waarin jij het zelf moeilijk had, gestrest was, gefaald had of je niet goed genoeg voelde. Welke woorden komen er nu in je op? Schrijf ze op. Wat valt je op? Gebruik je andere woorden voor jezelf dan voor een ander? Waarin zit dat verschil?

WEINIG ZELFCOMPASSIE

In de praktijk blijkt dat mensen weinig zelfcompassie tonen.[47] Terwijl je toch alle reden hebt om jezelf met compassie te benaderen: je hebt er niet voor gekozen om geboren te worden, je had geen catalogus om een A-klasse genenpakket uit te kiezen of een etalage om geschikte ouders met bijbehorend rijk land uit te zoeken. Met de nodige moeite baan je je een weg door het leven, in een wereld waarin je worstelt met alles waar je niet voor gekozen hebt. Waarom beloon je dat niet met een beetje zelfcompassie?

'Be careful how you talk to yourself,
because someone is listening.'

ANONIEM

ERBIJ HOREN

Voor het antwoord daarop gaan we even terug in de tijd. Die goeie ouwe oertijd, welteverstaan. Een van de belangrijkste levensbehoeften van de oermens was erbij horen. Uitsluiting was een doodvonnis: zonder groep geen voeding, geen veiligheid en geen nakomelingen. Hoewel we inmiddels een stuk onafhankelijker van elkaar functioneren, is de wens om erbij te horen nog net zo sterk.

Elk emotieregulatiesysteem (het oeroude gevaarsysteem, het daarna ontwikkelde jaagsysteem en ten slotte het zorg-en-kalmeringssysteem) heeft zijn eigen methode om erbij te horen. Je zorg-en-kalmeringssysteem doet dit door het aangaan van een verbinding met andere groepsleden. Het systeem gebruikt hiervoor compassie en dus ook zelfcompassie; je kijkt met een accepterende houding naar jezelf. Helaas delft dit nieuwe systeem vaak het onderspit ten opzichte van de twee oudere broertjes. Je gevaarsysteem en jaagsysteem gebruiken allesbehalve (zelf)compassie als 'erbij hoor'-methode.

INNERLIJKE CRITICUS EN COMPETITIE

Het oeroude gevaarsysteem richt zich vooral op het voorkomen van uitsluiting door feedback van anderen te vermijden, je geleid door schaamte aan te passen aan de groep, met een beschuldigende vinger naar de situatie te wijzen of interne kritiek. Kortom, de innerlijke criticus haalt je zelfbeeld naar beneden. Zo waan je je veilig door je kop niet boven het maaiveld uit te steken. Je jaagsysteem gebruikt competitie als 'erbij hoor'-methode; het onderwijs, het bedrijfsleven, de hele maatschappij is hiervan doordrenkt. Als je sterker/mooier/slimmer bent, sta je vooraan in de rij voor eten of krijg je zelfs een extra schep, ben je populair of zelfs 'onmisbaar' voor de groep, et cetera. Je vergelijkt jezelf met anderen, jaagt op meer zelfwaardering en aan de hand daarvan poets je je zelfbeeld op.

DISBALANS OPHEFFEN

Je emotieregulatiesysteem kan dus op twee manieren uit balans zijn. Is het gevaarsysteem overactief, dan heeft je innerlijke criticus een te grote mond en is je zelfwaardering heel laag. Het kan ook zijn dat je een overmatig actief jaagsysteem hebt; dan verhul je overmatige zelfkritiek omdat de jacht op zelfwaardering centraal staat. Dit jaagsysteem heeft behoorlijk wat energie, maar er komt, afhankelijk van hoe hard het werkt, na een aantal jaar, maanden of zelfs weken een grote ERROR te staan. Het systeem is overwerkt en uitgeblust; het lukt je niet meer om jezelf voor te liegen of continu de schijn op te houden naar buiten toe. Op dat moment komt alsnog het gevaarsysteem in actie. Het slaat alarm: 'Ik heb het verpest, het is mijn eigen schuld, ik kan niks!'

Dat je brein geprogrammeerd is op (het ontwijken van) gevaar en jagen is niet jouw fout. Maar jij bent wel de enige die de drie systemen beter in balans kan brengen. Het vraagt echter compassiekracht om het zorgsysteem naar de voorgrond te loodsen. Volgende week leer je hoe je het gevaarsysteem terug kunt dringen; deze week is het jaagsysteem aan de beurt. Je zult zien hoe zelfwaardering uit de hand kan lopen en leren hoe je dit met zelfcompassie kunt voorkomen.

FOCUS OP ZELFWAARDERING

Het jaagsysteem zorgt er dus voor dat je je constant meet met anderen. Om erbij te horen wil je weten hoe je ervoor staat in vergelijking tot collega's, familie en buren. Het zal waarschijnlijk logisch klinken dat mensen met een lage zelfwaardering passief, weinig succesvol en vaker eenzaam zijn. Net als het tegenovergestelde, dat mensen met een hoge zelfwaardering vaak actief en opgewekt zijn en meer succes en vrienden hebben. Grofweg klopt dit beeld ook.

De denkfout die veel gemaakt wordt, is dat zelfwaardering daarvoor de voorwaarde zou zijn. Het is het gevolg: door het succes voel je je lekker en waardeer je jezelf. Er zijn meer dan 15.000 artikelen over zelfwaardering gepubliceerd waaruit blijkt dat een hoge zelfwaardering niet leidt tot betere prestaties op het werk, meer leidinggevende capaciteiten, betere communicatievaardigheden of een gezondere leefstijl, niet tot meer geluk en tot slot ook niet tot een betere impulsbeheersing om bijvoorbeeld van de fles af te blijven.[48]

Ondanks deze bergen aan bewijs blijven we in zelfwaardering geloven. Het neemt in onze maatschappij zelfs ziekelijke vormen aan in make-over-televisieprogramma's (van lelijk eendje tot zwaan), *be wonderful*-advertenties, leiderschapstrajecten, zelfhulpboeken, de jacht op Facebookvrienden en in de opvoeding.

NADELEN

Baat het niet dan schaadt het wél, die focus op zelfwaardering. Ten eerste is het dodelijk vermoeiend om je zelfbeeld te creëren op basis van zelfwaardering. Het is alsof je voortdurend auditeert voor een jury om te laten zien hoe goed en fantastisch je wel niet bent – waarbij je innerlijke criticus, behorend bij het gevaarsysteem, vanuit de coulissen toekijkt. Pas als een ander je positief beoordeelt ben je blij met jezelf, en bij een negatieve beoordeling voel je je waardeloos.

Een tweede nadeel is dat je – uit angst dat je eigen positieve zelfbeeld gaat wankelen – voorbijgaat aan talent en succes van anderen. Je waardeert alleen zaken die voor jou belangrijk zijn en die jij goed kunt. Zo kan een fijne tekenhand de taalvirtuoos gestolen worden en doet de topvioliste aanmatigend over een goed balgevoel. Dat is niet alleen zonde, het is onterecht en leidt tot onderwaardering van anderen. Het triggert roddelen om jezelf veilig te stellen op de sociale ladder door naar beneden te trappen. Je 'maakt' de ander minder dan jij, om zo hoger in de pikorde te komen: 'Die humorloze dwerg heeft promotie gekregen.' Naast roddelen stimuleert het ook vluchtgedrag. Je kunt de foto's met #happylife en #altijdsuccesvol niet meer aan, dus schrijf je je uit bij Facebook. Als vluchter zonder je je af van mensen die jou een onprettig gevoel geven vanwege hun succes. Je vermijdt hen digitaal en live, spreekt niet meer met hen af. Vluchten is het perfecte recept voor eenzaamheid en wrok. Daarbij mist het zijn doel: er is alsnog altijd wel iemand te vinden die in jouw ogen beter is dan jij.

Een derde nadeel van de focus op zelfwaardering is dat het een verkeerd, want beperkt, gevoel van saamhorigheid creëert. De mens is een kuddedier – in nog geen kwartseconde heb je bepaald of iemand lid is van 'jouw groep' of niet[49] – dat zelfwaarde onder meer van zijn 'lidmaatschap' laat afhangen. Als Feyenoord beter scoort dan Ajax, plakt dat succes aan elk lid van de Rotterdamse F-side. Met dat saamhorigheidsgevoel vergoelijken studentenverenigingen hun ontgroeningsrituelen vaak: samen afzien creëert een 'jaarband'. Dit klinkt mooi, maar met 99 procent van de samenleving voelen ze zich dus juist níet verbonden. Sterker nog: de kans is groot dat er een gevoel van verhevenheid ontstaat. Het is dit simpele principe dat veel dictators en sekteleiders gebruiken.

Een vierde nadeel is dat we onszelf overschatten. Door de bank genomen vinden mensen zichzelf beter, mooier, slimmer en gevoeliger dan gemiddeld. Zo denkt 90 procent van alle automobilisten dat ze beter rijden dan de gemiddelde bestuurder.[50] Ook denken de meeste mensen dat ze beter dan gemiddeld zijn in zelfreflectie en zelfinzicht. Maar we kunnen natuurlijk nooit allemaal bovengemiddeld zijn. (Nu denk jij vast dat jij, ja jij, écht bovengemiddeld scoort. Toch? Geef toe!) Als het niet té ver van de waarheid ligt, kan een milde vorm van zelfoverschatting – een klein ontbijtbordje voor je kop – goed zijn. Zonder blind te worden voor je valkuilen geeft het net dat extra beetje zelfvertrouwen. Maar het gaat mis als de overschatting structureel wordt, als het bord voor je kop de maten aanneemt van een abri. Als je de realiteit zo rigoureus fotoshopt, zie je je eigen gebreken niet onder ogen en zul je gemaakte fouten niet herstellen, omdat je ontkent dat je ze hebt gemaakt.

Tot slot misschien wel het grootste nadeel: zelfwaardering is grillig en wankel als een kaartenhuis. Natuurlijk mag – moet! – je genieten van een behaald succes, trots zijn op je prestaties of blij zijn dat je populair bent. Het wordt echter gevaarlijk als je alleen lekker in je vel zit bij succes. Als je eigenwaarde compleet afhangt van werkprestaties, je dikke auto en je grote huis, is een klein tikje – kritiek van een vriendin of een concurrent die je plots links inhaalt – al genoeg om je lamlendig te voelen. Bij een grotere klap stort het compleet in. Denk aan de gevierde wielrenner of hockeyer die na zijn sportcarrière in een zwart gat valt; zijn eigenwaarde hing volledig aan de roze trui of gouden plak.

VAN ZELFWAARDERING NAAR ZELFCOMPASSIE

Waar zelfwaardering zich richt op je cum laude afstuderen en je duizend Facebookvrienden, richt zelfcompassie zich enkel op het feit dat je bestaat. Hoe mooi – en simpel – is dat?! Met zelfcompassie vervloek je jezelf niet om je magere lijf of je eeuwige twijfelzucht, maar omarm je het of lach je er zelfs hartelijk om. Je geeft toe dat die commerciële baan niet bij je past in plaats van je over de kop te werken. Met zelfcompassie omarm je je sterktes, het gemiddelde en je zwaktes, zonder dat je de behoefte hebt om ze mooier te maken. Je kunt het besef toelaten dat er niks mis met je is en dat je er mag zijn zonder aan een voorwaarde te hoeven voldoen.

EYEOPENER

Hoogleraar psychologie Mark Leary onderzocht de effecten van zelfwaardering versus zelfcompassie op zelfreflectie.[51] Zijn proefpersonen kregen de opdracht om een kort filmpje te maken waarin ze zich voorstelden. Daarna werd de groep random in tweeën gesplitst, waarbij de ene helft een positieve beoordeling over zijn video kreeg en de andere helft neutraal werd beoordeeld. Wat bleek? Zelfcompassievolle deelnemers bleven relatief onaangedaan bij het horen van de feedback, en keken zo eerlijk mogelijk of de kritiek hout sneed, zowel bij de positieve als bij de neutrale versie. Mensen die hoog zaten op zelfwaardering werden kwaad om de neutrale beoordeling of achtten de beoordelaar onkundig. Leary liet zien dat waar zelfwaardering oogkleppen opzet voor de eigen mindere kwaliteiten, zelfcompassie een open blik creëert.

VOORDELEN VAN ZELFCOMPASSIE

Voor ik je twee tools geef waarmee je zelfcompassie kunt versterken, zet ik eerst de voordelen van zelfcompassie op een rij. Uit onderzoek blijkt dat je met zelfcompassie beter presteert. Waar zelfwaardering verlamt en opbrandt, werkt zelfcompassie juist motiverend. Je durft fouten te maken en hebt de veerkracht om ze te herstellen.[52] Bij een negatieve beoordeling van een ander kalmeer je jezelf in plaats van er nog een schepje bovenop te doen met bestraffende zelfverwijten.

> *'Wat zuurstof is voor onze longen, is vriendelijkheid voor onze hersenen.'*
>
> DANIEL SIEGEL

Een ander voordeel van zelfcompassie is dat je energie overhoudt. Je hebt minder de drang om jezelf te airbrushen of te verhipsteren. Hoe fijn is het als je geen teksten meer hoeft uit te kramen als: 'Ik word geregeld gehead-hunt' terwijl je gewoon prima tevreden bent met je saaie kantoorbaan waarbij de kroket het hoogtepunt van de dag is? De energie die je eerder stak in het oppoetsen van je zelfbeeld kun je nu steken in de zaken die echt belangrijk voor je zijn.

Ten slotte zorgt zelfcompassie voor verbinding. Niet met een select gezelschap van corpsstudenten, A-level bridgers of gevorderde kitesurfers, maar met iedereen. De meeste mensen zijn tenslotte gemiddeld; iedereen heeft een paar zwakheden, aspecten waarop hij of zij bovengemiddeld presteert, maar verder lijken we allemaal verrekt veel op onze buurman. 'Omarm het gemiddelde' is geen pleidooi voor het nastreven van middelmatigheid, maar voor een cultuur waarin ieder zijn of haar uiterste best doet voor zichzelf en elkaar, zonder opsmuk of façade.

SIT-UP

Schrijf vijf competenties of vaardigheden op waarin je beter bent dan 'de rest', vijf waarop je gemiddeld zou scoren en vijf waarvan je denkt dat je ze minder dan gemiddeld bezit of vertoont. Kortom, wat zijn je sterktes, zwaktes, waar ben je gemiddeld in? Kun je vrede hebben met alle facetten van je persoonlijkheid, ook met de 'slechte'? Kun je erkennen dat je in vele eigenschappen gemiddeld zult zijn? Zelfcompassie gaat uit van een eerlijke, vriendelijke ontmoeting met jezelf; het gaat om zonder angst in de spiegel kijken.

TOOLS VOOR ZELFCOMPASSIE

Straks in de training krijg je een aantal oefeningen om je zelfcompassiekracht te verstevigen. Daarin spelen het voorstellingsvermogen en aanraken een belangrijke rol. Voor je gaat oefenen, volgt hieronder iets meer achtergrondinformatie over waarom dit effectieve instrumenten voor zelfcompassie zijn.

SIT-UP

Neem levendig een eigenschap in gedachten waar je je voor schaamt of waar je flink van baalt. Pauzeer even en denk vervolgens eens aan een fijne plek, een mentor, een geliefde of die laatste vrijpartij. Wat voor effect merk je op je gemoed en je lichaam? En merk je een verschil na de pauze?

Je voorstellingsvermogen is enorm krachtig. Het kan je opwinden, ontroeren, doen huiveren en laten kwijlen. Je denkt aan seks, een mooi gesprek, het eten van een zuur snoepje en die gênante opmerking die je onlangs maakte, en genoemde (lichamelijke) reacties volgen. Hoe meer zintuigen je inzet, hoe krachtiger je voorstelling is. Bijvoorbeeld de vrijpartij: alleen het voor je zien van de borsten of billen van je partner zal prettig zijn, maar denk ook aan de geur, stem en hoe je partner voelt – de fantasie is direct een stuk sterker, levendiger en voelbaar in je lijf.

EYEOPENER

Het voorstellingsvermogen helpt bij impulsbeheersing,[53] maar werkt ook verdovend. In de Verenigde Staten wordt het voorstellingsvermogen hierom in meer dan drieduizend ziekenhuizen opgenomen in de behandeling.[54] Bij patiënten leidt het 'afreizen' naar een fijne plek namelijk tot minder angst, minder pijn en daardoor minder behoefte aan pijnstillers.[55]

ZELFKALMEREND VOORSTELLINGSVERMOGEN

Helaas is je voorstellingsvermogen van nature geprogrammeerd om gevaar te herkennen: je maakt liever de fout een tak voor een slang aan te zien dan andersom. Hoewel er (bij ons) tegenwoordig weinig slangen zijn, zijn we nog steeds kampioen gevaar zien. Je ligt makkelijk een halve nacht te piekeren over een presentatie of de ontmoeting met je nieuwe schoonouders.

EYEOPENER

Uit een onderzoek aan de Università degli Studi di Firenze bleek dat van de mannen die een haargroeimiddel namen waarbij zij werden gewezen op impotentie als mogelijke bijwerking, 44 procent ook daadwerkelijk dergelijke klachten kreeg. Van de mannen die er niet op werden gewezen (en die hetzelfde middel namen), ontwikkelde slechts 15 procent impotentieklachten.[56]

Waarschijnlijk gebruik ook jij de positieve kant veel te weinig, de zelftroostende en zelfkalmerende kant van het voorstellingsvermogen, zoals beschreven in het voorbeeld van de Amerikaanse patiënten.

De kans is groot dat je je – al is het maar heel kort – prettiger voelde na de pauze van de oefening, na het inzetten van je voorstellingsvermogen. Of misschien riep dit oefenen weerstand bij je op en vond je het zweverig, kinderlijk gedoe of kwakzalverij. Houd dan in gedachten dat wat je je allemaal voorstelt weliswaar schijn is, maar dat de effecten echt zijn. Daarbij doe je het eigenlijk al de hele dag door. Zo denk je terug aan de ruzie van vanochtend, stel je je voor hoe je moeder zal reageren op de surpriseparty of hoe je straks zult moeten rennen voor de trein.

Verbeelding kan zelfs 'slimmer' maken. In een gecontroleerd experiment kreeg een groep proefpersonen de opdracht om vijf minuten te denken aan professoren. De andere groep kreeg dezelfde taak, maar met voetbalhooligans als mikpunt van de gedachten. Na afloop kregen de deelnemers moeilijke triviantachtige vragen. Je voelt hem al: de 'professoren' hadden significant meer vragen goed dan de 'hooligans'.[57] Dus als je gaat trivianten, denk dan niet aan PSV- of Feyenoord-hooligans, wel aan Stephen Hawking.

AANRAKING

Voordat de mens kon praten, was aanraking dé manier om contact te maken. Door te stoeien en te vlooien wisten we met wie we konden samenwerken en wie niet te vertrouwen was. Maar ook vandaag de dag speelt aanraken een belangrijke rol bij het communiceren: de handdruk, de aai over de bol en de letterlijke schouderklop. Aanraking is een sociaal bindmiddel tussen vrienden, partners, ouders en kinderen.

In het begin van de vorige eeuw was het protocol in (Europese) weeshuizen om kinderen zo min mogelijk aan te raken. Het sterftecijfer in weeshuizen lag – ook vanwege andere abominabele omstandigheden zoals ondervoeding en weinig beweging – gemiddeld op een schrikbarende 75 procent. Een weeshuis van een Duitse vrouw hield er een eigen visie en methode op na: haar medewerkers knuffelden wel met de bewonertjes. De kinderen kregen gewoon die aai bij het slapengaan of werden omhelsd als ze waren gevallen. Het is geen toeval dat het sterftecijfer in dit weeshuis vele malen lager lag.[58, 59]

Onze behoefte aan aanraking is op volwassen leeftijd nog net zo belangrijk, zo bleek uit een onderzoek naar aanraking bij NBA-basketbalteams. In het kort: teams waarvan de leden elkaar trakteerden op af en toe een vriendschappelijk tikje of omhelzing, waren succesvoller dan de minder 'gulle' clubs.[60] Dit effect van betere prestaties door aanraking valt door te trekken naar 'gewone' organisaties.[61]

ZELFKALMERENDE AANRAKING

Aanraking is onontbeerlijk en geeft steun. Of het nou een vriendelijke kneep, een 'boks', een knuffel of een aai is, aanraking is de effectiefste manier om iemand te troosten.[62] Aanraking geeft je zorg-en-kalmeringssyteem een boost[63] en je activeert en ontwikkelt er meer (zelf)compassie door. De toevoeging van 'zelf' staat hier niet voor niks. Want als je niemand voorhanden hebt om je te omhelzen of een aai over je wang te geven, kun je het gewoon zelf doen!

Als je gespannen bent of merkt dat je vol zelfkritiek zit, kun je jezelf aanraken. Leg eenvoudig en liefdevol een hand op je hart of omhels jezelf. Als dat in het begin misschien een beetje raar voelt, of zelfs gênant, schakel dan je voorstellingsvermogen in. Doe alsof je niet je eigen arm maar de arm van je zus of een goede vriend aanraakt.

SIT-UP

Probeer jezelf gerust te stellen met een aanraking. Bijvoorbeeld door een hand op je hart te leggen of op je buik, je wang te aaien, licht in je arm te knijpen of jezelf te omarmen, zacht te wrijven over je buik- of borstgebied of met je ene hand je andere vast te pakken. Iedereen heeft zijn eigen voorkeur, kijk wat voor jou het prettigst voelt.

Ook voor jou is zelfaanraking misschien nieuw. En wellicht vind je het gênant of maar gek gedoe. Dat is prima, maar als je straks gaat oefenen zul je merken dat je huid niet oordeelt. Je huid zal net zo positief reageren als toen je als kind van je moeder een aai over je wang kreeg. Je lichaam voelt namelijk nauwelijks verschil tussen een aanraking van jezelf of die van een ander. Je bloeddruk gaat omlaag, dezelfde heilzame stoffen komen vrij (onder meer het knuffelhormoon oxytocine, dat empathie en compassie triggert) en al met al zul je kalmer worden. Geef daarvoor de aanraking een duidelijke, vriendelijke intentie mee, zoals wanneer je een goede vriend omhelst bij liefdesverdriet of een kleuter troostend knuffelt als ze haar beer kwijt is.

ZWEVERIG GEDOE

Tycho, een ambitieuze ondernemer, volgde een compassietraining. In eerste instantie had hij de nodige schroom: 'Ik ben een nuchtere vent, ik houd niet van zweverig gedoe.' Maar hij deed de training vanuit het besef dat er toch echt iets moest veranderen. Hoewel hij in maatschappelijke zin succesvol was, was Tycho nooit tevreden met zichzelf. Zijn jaagsysteem ging continu met hem aan de haal; zijn overtuiging was dat hij altijd voor tweehonderd procent moest presteren voordat hij zich goed mocht voelen over zichzelf. Tijdens de compassietraining leerde hij over de geruststellende werking van zelfaanraking. Maar de man was sceptisch: 'Ja hallo, ik ga mezelf een potje zitten aaien.' Een ouderwetse 'baat het niet dan schaadt het niet' trok hem uiteindelijk over de streep om te gaan oefenen. Tycho was niet direct overtuigd, maar toen hij een welwillende intentie in de oefening legde – 'Dit is niet raar, ik mag mezelf troosten' – begon hij het effect van aanraking te voelen. Een halfjaar na de training is hij nog steeds verbijsterd over de kracht van zoiets eenvoudigs. Zijn overtuiging 'Ik moet nog harder werken, mijn prestaties moeten perfect zijn' kan hij nu, dankzij momenten van aanraking, makkelijker loslaten. Hij ervaart vaker dankbaarheid voor wat hij heeft in het leven. En het kalmerend aanraken gaat hem inmiddels makkelijk af; door het vele trainen is het een tweede natuur geworden.

TRAINING

Als je compassie traint, houd dan in de gaten dat je vanuit het zorg-en-kalmeringssysteem oefent. De intentie is van belang. Het gevaarsysteem herken je aan dit soort zinnen: ik moet oefenen, ik mag het niet overslaan, ik ben het aan mezelf verplicht. Vaak zijn die zinnen vermengd met zorgen, angst, twijfel of gevoelens van boosheid. Je herkent het jaagsysteem (competitie als tool om erbij te horen) als je merkt dat je streeft naar beloning, naar je lekker voelen en het gebruik van woorden als 'willen', 'streven' en 'verlangen'. Die focus op plezier kan je in de weg gaan zitten als je compassievol wilt omgaan met het onplezierige. Compassietraining begint juist bij erkennen dat er pijn en moeilijkheden zijn.

Neem je voor om compassie te trainen vanuit het zorg-en-kalmeringssysteem. Dat is te herkennen aan zinnen als 'Ik gun mezelf compassie', 'Ik hoef niks te bereiken of te ontvluchten', 'Moge ik mezelf met compassie behandelen' en 'Ik wens mezelf geluk toe', of andere woorden die voor jou werken. Merk mogelijke weerstand (zoals irritatie, twijfel, kritiek op jezelf of op de oefeningen, de neiging tot opgeven) zonder oordeel op, accepteer het en zie het als oefenmateriaal om compassie te trainen. Paradoxaal genoeg brengt acceptatie juist meer verlichting en prettige emoties. Kies weer het trainingsniveau dat op dit moment bij je past. Geef de oefeningen een eerlijke kans. Probeer ze niet te zien als huiswerk, maar als suggesties om meer uit je leven te halen.

LIGHT

Kies in deze eerste week van het deel compassiekracht elke dag voor een van de volgende vier oefeningen. Wissel ze af.

OEFENING 1: ADEMPAUZE

Deze oefening borduurt voort op deel 1, waarin je leerde om je adem te registreren zonder deze te willen beïnvloeden. Vanuit deze basis kun je de adem sturen, uiteraard zonder jezelf te forceren tot hyperventilatie. Hoe? Door je uitademing net iets langer te maken dan je inademing. Bij een inademing loopt je hartslag op; bij een uitademing gaat je hartslag juist omlaag. Als je je wilt ontspannen, maak je je uitademing dus net een paar seconden langer dan je inademing. Let op: het idee hierachter is niet dat je je gevoelens kunt 'wegademen'. De intentie bij het ademen is juist het toelaten van je gedachten en gevoelens (DAN) en jezelf kalmeren (K).

TIP VAN DE TRAINER

Let erop dat je niet benauwd wordt of je juist gestrester voelt. Als dit wel zo is, doe je misschien te veel je best. Zie het niet als een competitie om zo lang mogelijk uit te ademen.

OEFENING 2: ZELFCOMPASSIEPAUZE

Je kunt eventueel een paar keer oefenen met audiotrack 12. Zelfcompassie (7 min). Een krachtige oefening is de zelfcompassiepauze van compassiewetenschapper Kristin Neff, die je op elk moment dat je lijdt kunt uitvoeren. De oefening is gestoeld op de drie stappen van compassie: open aandacht, gedeelde menselijkheid en de wens en inzet om dat lijden te verlichten.

Stel je levendig een knelpunt of moeilijkheid in je leven voor, maar een die hanteerbaar is om mee te oefenen. Maak vooral contact met het ongemak in je lichaam. Als je niks voelt, kies dan een iets zwaarder probleem. Zeg dan intern of fluisterend tegen jezelf: 'Dit doet pijn.' Dit is het aspect van open aandacht: het registreren dat er lijden is. Varianten hierop die misschien beter voor je werken, zijn: 'Au', of: 'Dit is pijnlijk.' Vervolgens zeg je intern of fluisterend: 'Iedereen worstelt.' Dit is het aspect van gedeelde menselijkheid. Varianten hierop zijn: 'We zitten allemaal in hetzelfde schuitje', 'Lijden hoort bij ieders leven', of: 'Ik ben niet alleen.' Stel jezelf nu gerust met een aanraking, een hand op je hart of buik. Sluit af door jezelf iets ondersteunends toe te wensen: 'Dat ik vriendelijk voor mezelf mag zijn.'* Dit is het aspect van de wens en inzet om lijden te verlichten. Varianten hierop zijn: 'Moge ik mezelf accepteren', 'Ik gun mezelf kracht', 'Dat ik mezelf mag vergeven', of: 'Ik wens dat ik mag leren vriendelijk voor mezelf te zijn.' Het meeste effect bereik je met woorden die je raken. 'Moge ik mezelf accepteren' is voor de een passend, terwijl het voor de ander te zweverig is of riekt naar een kerkdienst. 'Hé, ik ben oké!' mag ook. Schrijf vóór de oefening alvast 'jouw' woorden op; dan komen ze tijdens de compassiepauze sneller en natuurlijker in je op.

---

* Als je je richting jezelf meer op je gemak voelt met meedogenloosheid dan met mededogen, bedenk dan wat een geliefde, goede vriend of vriendin of ander vriendelijk persoon in je leven tegen jou zou zeggen.

OEFENING 3: DE KRACHT VAN HET VOORSTELLINGSVERMOGEN

Kies een moment om bewust je voorstellingvermogen in te zetten om veiligheid en tevredenheid aan te wakkeren. Stop met wat je aan het doen bent. Adem dan een paar keer iets dieper in en uit en ga zo ontspannen mogelijk zitten of staan. Denk vervolgens een paar minuten aan een situatie of persoon die jou steunt, op wat voor manier dan ook. Dit kan een fijne plek zijn (strand, bos, misschien juist een drukke stad, een vakantiehuisje) of een compassievolle coach (een goede vriend, een ouder, coach of een inspirerend voorbeeld zoals je favoriete leraar of Barack Obama), als je je maar veilig en gesteund voelt. Je voorstelling is grenzeloos, je bent zelf de baas van het plaatje in je hoofd. Dus als jij je prettig voelt bij het idee *Kuifje* te lezen met je voeten in de Trevifontein, ga dan vooral naar dit beeld toe. Er zijn geen regels. Gebruik de zintuigen die op dat moment voor je werken (de geur van vers brood, het ruisen van de zee, enzovoort).

TIP VAN DE TRAINER

Denk je dat je niet genoeg fantasie hebt voor deze oefening? Begin eens met iets eenvoudigs als een banaan. Kun je je die voorstellen? De zoete geur, zachte structuur, de geel en bruine kleur van de schil. Niet heel moeilijk, toch?

Experimenteer ermee op verschillende momenten: wanneer je je prettig, onprettig of neutraal voelt. Hoe vaker je de oefening doet, hoe makkelijker het op een gegeven moment wordt om automatisch dit soort effectieve voorstellingen op te wekken.

OEFENING 4: DE KRACHT VAN AANRAKING

Experimenteer met aanraking. Dat mag op nare momenten (na dat vervelende telefoontje met een klant) maar ook op neutrale momenten, gewoon tijdens het koken. Let op de intentie: je gunt het jezelf. Doe het niet vanuit het jaagsysteem ('Ik wil me lekker voelen') of het gevaarsysteem ('Ik wil af van dit rotgevoel'), maar vanuit het zorg-en-kalmeringssysteem. Zoals je een kind troostend aanraakt als het ziek is: de griep gaat er niet van over, maar je kunt het kind wél kalmeren.

Ga door met het onderzoek uit de sit-up van pagina 115. Kijk welke aanrakingen voor jou werken. Als je het tegenover je collega of in de kassarij wat vreemd vindt om jezelf te omhelzen of een aai over de wang te geven

– heel begrijpelijk – trek je dan even terug of doe het stiekem. Raak bijvoorbeeld met de ene hand de andere aan of doe de oefening in gedachten, gebruik de kracht van je voorstellingsvermogen.

OEFENING 5: ENERGIEREPEN VOOR JE ZORG-EN-KALMERINGSSYSTEEM

Behalve met de vorige vier oefeningen kun je je zorg-en-kalmeringssysteem een boost geven met externe factoren:

- Muziek. Welke muziek troost of steunt jou? Het hoeven geen heftige requiems of tranentrekkende smartlappen te zijn. Als een eenvoudig deuntje van Justin Bieber jou raakt en troost, prima! Luister, zing mee of waag zelfs een dansje.
- Geur of smaak. Net gemaaid gras, eucalyptus, een dennenbos, de appeltaart van je oma of misschien wel de niet al te frisse geur van een paardenstal: geur wekt het meest je verbeelding en herinneringen en gaat direct naar je hart. Heb je de geur niet voorhanden, roep hem dan op in je verbeelding.
- Voorwerpen. Een foto van je kind, een beeldje, quotes en citaten, een sleutelhanger: gebruik wat bij jou rust en warmte oproept. Alleen al door ernaar te kijken train je zelfcompassie.

Kan je humeur niet meer stuk of heb je een enorme baaldag? Neem elke dag hoe dan ook een moment om je zorg-en-kalmeringssysteem te activeren. Je kunt het ook zoeken in combinaties. Begin bijvoorbeeld met de ademhalingsoefening, ga dan over naar een troostende voorstelling, luister naar een troostend nummer en sluit af met een hand op je hart. Welke oefeningen je kiest en in welke volgorde je ze doet, maakt niet uit. Al doe je het een minuut per dag, dat is al winst. Doe deze oefening de hele week door.

OEFENING 6: OMARM JE GRIJZE MUIS

Let deze week op de momenten waarop je bezig bent met het oppoetsen van je imago. Van een extra filter op Instagram tot het aandikken van je salaris, sportprestaties of die middelmatige vakantie op Mallorca. Veroordeel jezelf niet om het verfraaien. Probeer het saaie, zwakke gemiddelde in jezelf te omarmen en jezelf te accepteren in al je facetten. Doe dit eventueel met behulp van de zelfcompassiepauze.

MEDIUM

AANVULLEND OP LIGHT Als extra training kun je deze week elke dag kiezen tussen de onderstaande autiotracks.

audiotrack 13. Veilige plek (10 min).
audiotrack 14. Compassievolle vriend (13 min).

Blessurewaarschuwing
Het kan zijn dat het afreizen naar jouw veilige plek een manier is om je af te schermen voor aanwezig gevaar. Dat ontstaat vanuit het gevaarsysteem; de veilige plek is een soort bunker die functioneert als vluchtplek. Dit is niet de bedoeling. Met het voorstellen van een vluchtplek versterk je het gevaarsysteem in plaats van het zorg-en-kalmeringssysteem, dat we met de veilige plek willen stimuleren. Als je inderdaad in je hoofd een vluchtplek hebt gecreëerd, merk dit dan op. Experimenteer vervolgens met het je voorstellen van een andere fijne plek, een veilige haven waar je helemaal jezelf kunt zijn, zonder dat je op de vlucht bent voor mogelijk gevaar.

TIP VAN DE TRAINER

In dit deel over compassie maak je een beweging naar het lijden toe. Het gevaar is dat je de hele dag focust op ellende. Dat is natuurlijk niet de bedoeling. Je hoeft geen lijden te creëren, je hoeft het enkel te registreren als zich iets moeilijks voordoet.

Door je sterkere aandachtspier ben je nu juist in staat om je aandacht ook te richten op dingen die je vreugde schenken. Om veerkrachtig met je knelpunten om te gaan is het van belang dat je je actief bewust blijft van alle prettige momenten. Gun jezelf de komende weken (en je hele leven) daarom plezierige activiteiten: een wandelingetje voor de lol, luisteren naar je favoriete muziek, jezelf herinneren aan belangrijke prestaties die je hebt geleverd – ja, je mag genieten van succes, zolang je eigenwaarde er maar niet van afhangt – of ga iets leuks doen met een goede vriend(in).

INTENS

AANVULLEND OP LIGHT EN MEDIUM Je kunt je compassiekracht intensiever trainen door een dagboek bij te houden over je ervaringen. Wat hielp je, wat waren je inzichten, je obstakels? Welke oefeningen vond je lastig, welke brachten je veel? Schrijf speels en met een compassievolle intentie. Probeer niet mooi te schrijven; niemand anders dan jijzelf hoeft het te lezen. En zelfs dat niet: als je dat prettig vindt, gooi je je schrijfsels meteen erna in de prullenbak.

Je kunt de audiotracks downloaden op www.sportschoolvoorjegeest.nl.

COOLINGDOWN

Hoe ging het in deze eerste week? Misschien heb je gemerkt dat je zorg-en-kalmeringssysteem door de oefeningen sterker is geworden. Bijvoorbeeld doordat je kalmer blijft in stressvolle situaties of doordat je minder impulsief handelt. Maar het is ook goed mogelijk dat je nog niet veel merkt, of dat je zelfs irritatie en ongemak voelt. Dat is heel normaal: je jaag- en je gevaarsysteem (waarop we ons volgende week richten) protesteren tegen het sterker worden van het zorg-en-kalmeringssysteem.

Ga voor jezelf eens na of je uit week 5 de volgende dingen hebt kunnen halen:

- Ben je je bewust van de valkuil van sociaal vergelijken en de momenten dat je erin trapt?
- Kun je de zelfcompassiepauze toepassen op moeilijke momenten?
- Lukt het je om je zorg-en-kalmeringssysteem te activeren door middel van aanraking, je adem of je voorstellingsvermogen?

'Ring the bells that still can ring
Forget your perfect offering,
There is a crack in everything
That's how the light gets in.'

LEONARD COHEN

WEEK

06

TEM JE INNERLIJKE CRITICUS

Het leven is hard. Hoe kunnen we iets anders dan vriendelijk zijn?'

JACK KORNFIELD

Kritiek van je baas, moeder of partner: het hakt erin. De grootste criticaster is echter niet de ander, dat ben je zelf. De innerlijke criticus (het gevaarsysteem) is – net als zelfwaardering (het jaagsysteem) – een hindernis op weg naar meer compassiekracht. Maar je kunt jezelf trainen om die hindernissen te nemen! Deze zesde week lees je hoe die innerlijke criticus ontstaat en leer je hoe je een vriendelijk antwoord kunt geven op die overmatig strenge stem: door je zorg-en-kalmeringssysteem te activeren met je taal- en stemgebruik. Van zelfkritiek naar zelfcompassie.

WARMING-UP

Mats is bijna vier, tijd voor de schoolkeuze. Ter oriëntatie bezoeken zijn ouders De Uitblinker, waar het uiterste uit kinderen halen vooropstaat. Op de open dag oreert de directrice over 'keihard werken', 'maximale prestatie' en 'wonderkinderen'. Op deze school is geen plaats voor zwakte, zij gelooft vooral in straffen en belonen – 'Dit laatste alleen bij uitzonderlijke prestaties!' Geschrokken verlaten Mats' ouders De Uitblinker en ze bezoeken Het Doffertje, de school ertegenover. Deze directrice leidt hen langs de klassen en vertelt bevlogen haar verhaal. Ze gebruikt woorden als 'spelen', 'hulp vragen', 'samenwerken' en 'ontwikkeling'. Ze benadrukt dat het maken van fouten wordt aangemoedigd, omdat dit de beste manier is om te leren. Blij verrast lopen Mats' ouders terug naar huis. In hun hoofd hebben ze Het Doffertje al aangevinkt.

Welke school zou jij kiezen voor Mats? Dit is wellicht een retorische vraag. Maar niet als je de vraag doortrekt naar jezelf: als het hemzelf aangaat, is de mens vaak even streng als De Uitblinker. De mens is over het algemeen heel streng voor zichzelf. Ook degenen die alles voor elkaar lijken te hebben, zoals je succesvolle collega die 'Mr. Promotie' als bijnaam heeft, kraken zichzelf (vaak onbewust) af. Uit onderzoek blijkt dat 80 procent van de mensen een ander milder tegemoet treedt dan zichzelf.[64] Raar eigenlijk.

Als een goede vriend tegen je zou zeggen: 'Je kunt ook niks', 'Je krijgt nooit meer een baan' of 'Wat een vieze pukkels', hoelang zou je dan nog bevriend blijven?

SIT-UP

Turf wanneer je alleen bent, tijdens een dagelijkse handeling als koken, sporten of opruimen, hoeveel zelfveroordelende gedachten je hebt, van klein ('Hè, wat onhandig van me') tot groot ('Ik kan ook niks!'). Als hulpmiddel kun je per kwartier een wekker instellen, waarna je telt hoeveel je er hebt gehad. Verlies je niet in de inhoud van de veroordelingen, merk ze op zonder oordeel en blijf gewoon tellen. Hoeveel keer heb je jezelf afgekraakt, veroordeeld of bekritiseerd? Vind je dit veel of weinig? Schrik je van dit aantal?

Het gevaarlijke is dat de overkritische stem vaak fluistert, waardoor je hem niet bewust opmerkt. Hij is dan ook een stuk vaker aan het woord dan jij doorhebt.

ERBIJ HOREN DOOR ZELFKRITIEK

In week 5 legde ik al uit dat een overactieve innerlijke criticus werkt onder de bezielende leiding van het gevaarsysteem en voortkomt uit de wens om erbij te horen. Als uitsluiting dreigt, zul je in extreme zelfkritiek of kritiek op anderen vervallen (het psychische equivalent van het lichamelijke fight), jezelf isoleren (flight) en vooral stilstaan bij het eigen lijden (freeze).

EYEOPENER

Het pubermeisje dat zichzelf vertelt: 'Je bent te dik, je moet afvallen', in de hoop dat ze opgenomen wordt in de populaire groep, gebruikt zelfkritiek als (averechts werkende) methode om erbij te horen en uitsluiting te voorkomen. Haar zelfkritiek is een fight-flight-freeze-reactie, niet gericht op externe bedreigingen als een naderende tram maar op zichzelf. Zo scheldt ze zichzelf uit voor dikzak (fight), isoleert ze zich door alleen en stiekem (niet) te eten (flight) en focust ze krampachtig op haar eigen lijf (freeze).

Een overactief gevaarsysteem komt óf door een uitgeput jaagsysteem (door te hard te streven naar zelfwaardering) óf het gevaarsysteem is van meet af aan al hard aan het werk. In het laatste geval is er vaak sprake van een geïnternaliseerde kritische stem van vroeger. Soms klinkt die innerlijke stem zelfs als je strenge opa, je veeleisende pianoleraar of je kritische moeder. Zo gaat het ook bij de dertiger Jacob, wiens vader altijd hard heeft geoordeeld over zijn matige intelligentie. Zijn vaders opmerkingen als 'Daar heb je de hersenen niet voor' heeft hij geïnternaliseerd. Jacobs vader ligt daarom – ook als hij niet in de buurt is – altijd op de loer in de vorm van een innerlijke criticus. 'Je bent dom' kan altijd aanbellen of achteromlopen, als een ongenode gast.

Hoe graag Jacob – of jij – dit soms ook wil, het heeft geen zin om oordoppen in te doen of een hekel aan de kritische stem te krijgen. Je innerlijke criticus te lijf gaan met je innerlijke criticus geeft een sneeuwbaleffect: de stem wordt sterker. De uitdaging voor jou is om te begrijpen dat de innerlijke criticus je (op een ongelukkige manier) probeert te helpen, zoals een panische, overbezorgde moeder die haar kind het liefst in helm, handschoenen en kniebeschermers verpakt en om de haverklap schreeuwt: 'Pas op!' De criticus doet dat met de beste intenties, maar het is beter om hem vriendelijk te negeren dan het gevecht aan te gaan.

BEHOEFTE AAN STABILITEIT

Ook de behoefte aan zekerheid en stabiliteit kan de kritische stem versterken, of hem ten minste in stand houden. Afwasser Jeffrey staat al zijn leven lang laag op de maatschappelijke ladder. Hij vindt zichzelf niet veel waard. Stiekem droomt hij van een carrière als jurist, maar hij laat zich liever piepelen door zijn baas en zijn collega's dan dat hij een klim waagt met de kans dat hij van de ladder kukelt. Zijn baan in de spoelkeuken is tenminste voorspelbaar en hij weet hoe anderen met hem omgaan, al is dat slecht. Maar dat past wel bij hoe hij zichzelf ziet.

EYEOPENER

Depressieve mensen blijken de voorkeur te geven aan partners en vrienden die hen slecht behandelen, zo blijkt uit een onderzoek aan de University of Texas. Ook tijdens het onderzoek gaven ze de voorkeur aan interactie met een (opzettelijk) negatief ingestelde onderzoeker. Ze beoordeelden hen positiever dan de met opzet positief ingestelde onderzoekers.[55]

Jeffrey hangt onbewust de zelfverificatietheorie aan:[66] of het zelfbeeld nou dat van een held of een slappeling is, het liefst ziet hij het regelmatig bevestigd. Dus gaat hij bij zichzelf en anderen op zoek naar onderschrijvende informatie. Misschien denk je dat die negatieve zelfverificatie alleen geldt voor Jeffrey, voor dat onzekere musje dat ooit bij jou in groep 7 zat of voor die man van de schildercursus die al beefde als de docent naar hem keek. Maar uiteindelijk heeft ieder mens er, in meer of mindere mate, een (trillend) handje van.

ZO WERKT ZELFKRITIEK

Bij zelfkritiek zijn er in jezelf twee perspectieven: de criticaster en de bekritiseerde. Vanuit het perspectief van de criticaster heb je controle over het zelf dat je bekritiseert. Je bent boos op je eigen falen en geeft jezelf een 'psychisch pak rammel': wat ben ik toch een &^%$*. Het feit dat je inziet dat je een sukkel/eikel/angsthaas bent, bezorgt je kort een lekker gevoel. *Zo ben ik toch nog een goed mens*. Maar op deze manier distantieer je je van je eigen zwakheden in plaats van dat je eraan werkt of dat je je er écht mee verzoent. En vervolgens schakel je voor lange tijd terug naar de rol van de bekritiseerde sukkel, waardoor je je nog waardelozer voelt.

De beste beschrijving komt uit een boek uit 1974, *The inner games of tennis* van Timothy Gallwey. Ieder mens bevat een 'zegger' en een 'doener'. De problemen ontstaan als de zegger niet de doener dirigeert, maar uitkaffert en achternazit. Daardoor wordt de doener een pruilerige rebel, of een nerveus kind.

ANTIBOOST

> Stel je voor dat je innerlijke criticus smelt als sneeuw voor de zon. Je schaamt je niet meer, geeft jezelf niet meer op je kop, bent niet meer boos op jezelf. Wat voel je? De kans is groot dat je geen opluchting maar angst voelt. Een veelvoorkomende angst is namelijk dat je zonder een kritisch geluid niet meer presteert.
>
> SIT-UP

In onze westerse maatschappij leeft de diep verankerde overtuiging dat we zonder strenge zelfkritische stem geen stap vooruit zullen zetten of dromen kunnen verwezenlijken. Het tegendeel is echter waar: ontelbare onderzoeken wijzen uit dat die zweep van zelfkritiek (net als de wortel die zelfwaardering ons voorhoudt) juist nadelig is voor je prestaties.[67]

Zelfkritiek demotiveert en overmatige zelfkritiek verzwakt je geloof in je eigen talent en de overtuiging dat je het kunt (*self-efficacy*),[68] wat juist voorwaarden zijn om te presteren.[69] Zo is wetenschappelijk bewezen dat zelfkritische mensen minder gemotiveerd zijn, waardoor ze eerder afhaken bij tegenslag.[70] De zweep die je over je eigen rug haalt – 'Weer niet/maar een halfuur gesport, wat ben ik toch een zwakkeling!' – is een soort masochistische drug. Het geeft je een verslavende antiboost die er vervolgens voor zorgt dat je het sporten voor die maand maar helemaal afzweert. Of je probeert de zweep voor te zijn door falen in de hand te werken. Dit laatste is de 'oplossing' van de *self-handicapper*: je maakt jezelf dommer, luier of zwakker dan je bent. 'Natuurlijk heb ik een onvoldoende voor dat tentamen, ik ben pas twee dagen geleden begonnen met studeren.' Door niet je best te doen of je werk uit te stellen kun je jouw falen wijten aan te weinig inzet of tijdgebrek in plaats van aan persoonlijke onbekwaamheid.

VERHARDING

De belangrijkste drijfveer van je innerlijke criticus is angst. Enerzijds ben je bang dat je je levensdoelen niet zult bereiken en dan dus niks voorstelt, anderzijds dat je egoïstisch en ijdel zou kunnen zijn en dat anderen je (daarom) niet meer aardig vinden. Maar je verwezenlijkt niet je dromen. En het is de overmatige zelfcriticus die mensen niet leuk vinden, want deze is meestal ook hard en kritisch richting anderen. Hierdoor mijden mensen een criticaster vaker en zo ligt de eenzaamheid die je niet wenste juist op de loer. Die blijkt weer een sterke stimulans voor zelfkritiek.[71] Als een dergelijke vicieuze cirkel maanden of jaren draait, kan dit leiden tot depressie.

SIT-UP

Oefen vandaag in het volledig ontvangen van positieve feedback, compassie en aandacht of denk terug aan een keer dat je positieve feedback kreeg. Wat ging er door je heen? Welke emoties (gêne, trots, blijdschap) voelde je? Hoe ontving je het compliment? Vond je het moeilijk om de feedback te krijgen? Zo ja, waarom was dat? Als je complimenten als 'Mooi werk' en 'Knap gedaan!' moeilijk laat binnenkomen, is het vaak omdat het niet overeenkomt met je (negatieve) zelfbeeld.

Begrijp me niet verkeerd: ik heb niets tegen gezonde zelfreflectie en -correctie, waarbij je kijkt naar je eigen aandeel in een ruzie of mislukt werkproject. Dat is nodig en je leert ervan, als je het maar vanuit het zorg-en-kalmeringssysteem doet.

VAN ZELFKRITIEK NAAR ZELFCOMPASSIE

Bij zelfkritiek stel je jezelf de vraag of je wel goed genoeg bent; bij zelfcompassie stel je de vraag wat goed is voor jou en of je eruit haalt wat erin zit. Dit zegt compassiewetenschapper Kristin Neff. Onderzoek onder gezakte studenten onderstreept haar stelling: het deel dat zichzelf met compassie tegemoet trad, zag het eigen falen als een kans om te groeien. Bij de zelfkritische studenten haalde het zakken de eigenwaarde juist onderuit. Zij zagen de toekomst somberder in.[72]

In tegenstelling tot zelfkritiek heeft zelfcompassie een positief effect op self-efficacy en je intrinsieke motivatie. Met zelfcompassie voel je je – ook in stressvolle situaties – kalmer, veiliger en gelukkiger. Met zo'n gemoed is het makkelijker om ergens voor te gaan. Je handelt vanuit de wil om te groeien, niet uit vermijdingsdrift of vanuit de angst voor imagoschade. Je durft kwetsbaar te zijn en de eventuele angst die je voor een mogelijke uitglijer voelt, werkt zelfs bevrijdend. En als je inderdaad plat op je gezicht ligt accepteer je de val, waarna je met moed en veerkracht weer opstaat. Ter illustratie volgt het voorbeeld van een compassievolle versus een zelfkritische student die beiden last hebben van uitstelgedrag. Door zichzelf te benaderen met zelfcompassie blijft de eerste overeind.

SIT-UP

Waarop heb jij zware zelfkritiek? Bedenk iets wat in principe veranderlijk is, dus niet je lengte of je afkomst, maar je gewicht, een verslaving of een karaktertrek als humeurigheid. Kom in contact met de pijnlijke gevoelens die hiermee gepaard gaan aan de hand van de DANK-methode. Maak contact met je compassievolle stem aan de hand van de technieken uit week 5. Hoe zou een steunende vriend je bemoedigen? Zou hij zeggen dat jouw kritiek helpt of juist ontmoedigt? Zou hij aangeven dat er andere oplossingen zijn? Laat de woorden die stroken met je wens om gelukkig en gezond te zijn bezinken. Mocht je innerlijke criticus erdoorheen tetteren, merk hem vriendelijk op en keer weer terug naar je compassievolle stem.

Situatie: student heeft last van uitstelgedrag	
ZELFCORRECTIE VANUIT DE COMPASSIEMODUS	ZELFKRITIEK VANUIT DE INNERLIJKE PESTKOP
Focus op groei en verbetering: 'Hoe zorg ik ervoor dat ik wel dat boek pak?'	Focus op fouten en straffen: 'Wat een slechte eigenschap is dit van mij.'
Gericht op de toekomst ('Wat is er mogelijk?'): 'Wat bereik ik als ik wel mijn boek erbij pak?'	Gericht op het verleden ('Wat ging er mis'?): 'Waarom ben ik weer zo laat begonnen?'
Zijn houding is vriendelijk, steunend en bemoedigend	Zijn houding is streng, ongeduldig en kleinerend
Bouwt voort op wat er al goed is ('glas is halfvol')	***Valt aan wat er niet deugt ('glas is halfleeg')***
Focus op kwaliteiten: 'Ik lees gelukkig wel snel.'	Focus op zwaktes: 'Ik ben snel afgeleid.'
Gericht op hoop op succes: 'Als ik eraan trek, haal ik het vast.'	Gericht op dreiging van mislukking: 'Ik ga het nooit meer redden.'
Wanneer het toch misgaat (tentamen niet gehaald)	***Wanneer het toch misgaat (tentamen niet gehaald)***
Kijkt naar eigen aandeel: 'Ik had het zeker kunnen halen, maar ik ben te laat begonnen.'	Voelt schaamte en is bang voor afwijzing: 'Ik schaam me rot, mijn studiegenoten vinden mij vast dom.'
Voelt berouw en bezorgdheid om gevolgen voor een ander en zichzelf: 'Ik baal ervan en zal mijn ouders geruststellen. Ik wil de volgende keer eerder beginnen.'	Zakt door de grond, piekert over de gevolgen voor zichzelf: 'Mijn ouders zullen woest zijn. Het zal de volgende keer vast weer gebeuren.'
Metafoor: vriendelijke, geduldige leraar die een kind met leerproblemen helpt en steunt	***Metafoor: kritische, ongeduldige leraar die een kind met leerproblemen beschaamt en bestraft***

Deze tabel is een aangepaste versie van het zelfcompassiemodel van Frits Koster en Erik van den Brink.

JE COMPASSIEVOLLE ZELF

'Blijf dicht bij jezelf.' Het is nog steeds een populair advies van een ouder aan een kind of van een coach aan een cliënt. Maar wat is dat 'zelf' dan? Je praat waarschijnlijk anders met een medewerker dan met een klant. Op je werk ben je misschien een muurbloempje, terwijl je bij vrienden graag op de tafel danst. Je bestaat uit tal van personages, wisselend per situatie, ontmoeting en levensfase. En zelfs in dezelfde situatie kunnen er verschillende zelven voorbijkomen – denk aan de verlegen en verleidende zelf die zich om en om manifesteren wanneer je flirt.

SIT-UP

Kijk eens naar je omgeving. Dit doe je eerst in de rol van brandweerman; waar let je op? En nu als kind, hoe kijk je? En nu als jezelf. Vanuit welke rol kijk je? Kijk je als vader, als vrouw, als klant? Als gekwetst persoon, als succesvolle zakenvrouw, als competitief mens? Naar aanleiding van de rol die je aanneemt, interpreteer en selecteer je gegevens. De brandweerman in jou zag waarschijnlijk heel andere dingen (mogelijke vluchtroutes en brandgevaarlijke dekens) dan het kind (goeie verstopplekken en materiaal om hutten mee te bouwen).

'Een mens heeft net zoveel sociale zelven als er individuen zijn die hem herkennen en een beeld van hem meedragen in hun geest.'

WILLIAM JAMES

Ook jij bent misschien geneigd vast te houden aan één zelf of één zelfbeeld (zoals afwasser Jeffrey); je zelfbeeld is je reddingsboei. Maar de boei zal je nergens brengen. Hoe verstandig een drenkeling ook is als hij zich eraan vastklampt, het is onverstandig als hij dat blijft doen en daardoor de boot mist. 'Loskomen van het vasthouden' begint met open aandacht: je registreert dat je het doet. Daarna probeer je de niet-behulpzame 'ik ben gewoon zo traag/pessimistisch/dominant'-gedachten los te laten en je te richten op bemoedigende gedachten die je wél helpen. Compassietraining leert je, naast opmerken en loslaten, in contact te komen met een van je vele zelven: het zelf dat reeds compassievol is.

SIT-UP

Neem een vel papier en verdeel het in vier vlakken. Schrijf in elk vierkant 'Gedachten', 'Emoties', 'Lichamelijke sensaties' en 'Gedrag'. Houd ruimte open om je eigen woorden erbij te zetten. Neem een moment pauze en laat een kalmerend ademritme ontstaan. Denk vervolgens aan een (voormalig) conflict met iemand van wie je houdt. Stel je dit levendig voor. Focus je vervolgens op je boze zelf. Pas eventueel je houding en/of mimiek aan. Schrijf daarna zonder je voorstelling te verliezen, op wat je boze zelf denkt, welke gedachten en emoties er opkomen. Merk op of er herinneringen opkomen en zo ja, welke. Bijvoorbeeld de ruzie op de basisschool die je in dit conflict hebt 'meegenomen' (herinneringen sturen het heden). Schrijf ook op wat je lichamelijk voelt. Stel je dan voor dat de boosheid toe zou nemen: hoe voelt dat? Het boze zelf heeft nu de controle over je gedrag en houdt geen rekening met de gevolgen. Wat zou het nu doen? Schrijf dit op bij 'Gedrag'. Richt je weer op een kalmerend ademritme en laat je boze zelf van het podium stappen. Vergeet hem niet te bedanken of zelfs een klein applaus te geven. Herhaal de oefening met je angstige zelf en je verdrietige zelf.[73]

Je zult merken dat je verschillende zelven verschillend denken, voelen en reageren. En dat er verschillend gedrag bij ze naar boven komt: je boze zelf wil vechten, je verdrietige zelf trekt zich terug en je angstige zelf maakt zich zorgen. Alle zelven reageren op de automatische piloot, waarbij ze vaak met elkaar in conflict zijn. Ze proberen elkaar onder de duim te houden, maar meestal is er één dominant. Hoe geef je tegenwicht aan deze angstige, verdrietige of misschien boze zelf? Geef ruimte aan je compassievolle zelf.

SIT-UP

Neem de tijd om je het conflict uit de vorige sit-up weer voor de geest te halen. Probeer dan je compassievolle zelf naar boven te halen. Herinner jezelf aan je eigen wijsheid, warmte, kalmte, moed en aan je wil om behulpzaam te zijn, ook richting jezelf. Schrijf op hoe dit voelt in je lichaam. Welke compassievolle gedachten krijg je? Denk niet te veel na, kijk wat er in je opkomt. Wat voel je als je je voorstelt dat de compassie intenser wordt? Hoe zou je willen handelen? Het nieuwe aan deze sit-up is dat de ingebeelde wijsheid uit je compassievolle zelf komt. Je oefent niet met de voorstelling van een compassievolle vriend of een fijne plek, maar belichaamt in gedachten zélf de compassie.

Het angstige, het boze en het verdrietige zelf zijn egocentrisch. Je compassievolle zelf is vriendelijk en empathisch, als de wijze grote broer die het jonge grut van het gezin helpt een onderlinge ruzie op te lossen. Niet (alleen) door te sussen, maar door zich constructief op te stellen. En misschien nog wel het belangrijkste: je compassievolle zelf gaat niet het gevecht aan met de andere drie, maar bekijkt ze van een afstand en probeert ze te begrijpen. Het stelt vragen als: 'Wat motiveert het angstige/boze/verdrietige zelf?' In het trainingsdeel van deze week ga je aan de slag met een techniek om vanuit je compassievolle zelf in gesprek te gaan met je andere zelven, onder andere met de tool van deze week: taal.

TAALKRACHT

In de film *Arrival* probeert een linguïst de taal van buitenaardse wezens te ontrafelen. Bij deze poging komt de Sapir-Whorf-hypothese[74] naar voren: het idee dat elke taal een eigen kijk op de wereld heeft en taal dus meer functies heeft dan alleen informatieoverdracht. Deze hypothese kun je ook 'aards' toepassen. Zo beleven we tijd in het Westen horizontaal, terwijl de Chinezen – die verticaal lezen – tijd zien als een opgaande beweging. Of neem deze 'gekleurde' illustratie: de Russische taal heeft veel meer woorden voor blauwtinten dan bijvoorbeeld het Engels. Uit onderzoek blijkt dat Russischsprekenden hierdoor beter en sneller zijn in het onderscheiden van die kleuren dan Engelssprekenden.[75]

Ook op microniveau geldt de kracht van taal. Heb je weleens spijkerharde kritiek ontvangen? Misschien ben je een keer uit het niets uitgescholden? De verbazing, woede of pijn komt terug zodra je aan de situatie terugdenkt, ook al is het jaren geleden gebeurd. De kracht van woorden is immens, en ze komen vaak harder aan dan een klap in je gezicht.

MEER COMPASSIE IN JE TAAL

Hoe destructief taal soms is, hij kan ook helend zijn, voor anderen én jezelf. Je woordgebruik zegt veel over hoe je met jezelf omgaat en beïnvloedt ook je eigen gevoel; je wordt de woorden die je gebruikt. Om compassie te bevorderen loont het dus om zowel in denken als spreken woorden te gebruiken die compassie bevorderen.

Een handig hulpmiddel hierbij is de onderverdeling van woorden aan de hand van de drie emotieregulatiesystemen, die al eerder besproken zijn. Hiermee betrap je jezelf er makkelijker op wanneer je automatisch in het jaag- of gevaarsysteem schiet en kun je schakelen naar het zorgsysteem: van moeten naar mogen, van vermijden naar verzorgen, van streven naar geven. Deze woorden verraden de emotieregulatiesystemen:

- Moeten, behoren, dienen, eisen, vermijden, afhouden, dreigen: gevaarsyteem
- Willen, bereiken, verwachten, streven, verlangen, snakken, presteren, consumeren: jaagsysteem
- Hoeven, gunnen, toestaan, geven, bieden, rusten, verzorgen, helpen, aanvaarden, veroorloven: zorg-en-kalmeringssyteem

SIT-UP

Let vandaag aandachtig op welke werkwoorden je gebruikt. Merk je dat de taal van het gevaar- of het jaagsysteem de overhand heeft? Vervang die dan met woorden uit het zorg-en-kalmeringssysteem. Richt je op de onderliggende intentie en betekenis. Denk niet: ik moet straks mijn oma bellen, maar: ik bel straks mijn oma, of zelfs: ik help straks mijn oma door haar te bellen.

MEER COMPASSIE IN JE TOON

C'est le ton qui fait la musique: ook toon en volume van de stem bepalen het effect. 'Kom eens hier' kan zowel dreigend, seksueel als terloops klinken, afhankelijk van hoe (hard) je het zegt. In contact met anderen ben je je hier vaker van bewust dan bij interne dialogen, maar realiseer je dat ook in jezelf de invloed van de toon op je gemoed erg sterk is.

> **SIT-UP**
>
> Maak een *aaa*-geluid terwijl je je kaken op elkaar klemt en je spieren aanspant. Maak nu een *aaa*-geluid terwijl je je gezichtsspieren loslaat, alsof je een zucht van verlichting slaakt na een lange werkdag. De gevoelstoon die bij compassie hoort, is die van de laatste *aaa*. Probeer vandaag de toon van je innerlijke monoloog op te merken. Merk het zonder oordeel op als deze hard, kil en streng klinkt of 'neutraal'. Experimenteer dan met een warmere, vriendelijkere, meer steunende toon richting jezelf.

VRAGEN STELLEN

Vragen blijven hangen in je hoofd, terwijl antwoorden vervliegen. Vragen beïnvloeden je onderbewustzijn dan ook veel meer dan antwoorden. En dit stuurt weer je gedrag. Een manier om compassie te creëren is compassievolle vragen stellen. Hoe vaker je deze stelt, hoe meer impact het zal hebben.

> *'Sommige vragen zijn zo goed dat het zonde zou zijn om ze met een antwoord te verknoeien.'*
>
> HARRY MULISCH

> **EYEOPENER**
>
> Compassievolle vragen die je jezelf geregeld kunt stellen:
>
> - Wat heb ik nu nodig?
> - Wat levert vriendelijkheid mij op?
> - Hoe zou het zijn als ik mijn pijn volledig mag accepteren?
> - Wat als ik genoeg ben zonder iets te hoeven presteren?
> - Wat als ik hetgeen dat ik denk nodig te hebben allang heb?
> - Hoe zou het zijn om mezelf te accepteren?
> - Hoe zou het zijn als ik van mezelf niet alles hoef te begrijpen?

MEDITEREN MET WOORDEN

Je kunt je dagelijkse taalgebruik inzetten voor compassie, en ook bij meditatie is taal daarvoor een krachtig middel. Een vorm die daarvoor gebruikt wordt is intentietraining of vriendelijkheidstraining. Hierbij herhaal je wenszinnen voor jezelf of een ander. De standaardwensen zijn: 'Moge ik gelukkig zijn', 'Moge ik gezond zijn', 'Moge ik vrij zijn van pijn en lijden', 'Moge ik het leven/mezelf accepteren zoals het is/ik ben', maar gebruik vooral jouw eigen woorden – als ze maar compassie opwekken. Voorbeelden zijn: 'Ik wens van mezelf vertrouwen', 'Ik gun mezelf acceptatie', enzovoort.

SIT-UP

Probeer een vriendelijkheidsmeditatie uit. Wees je een minuut bewust van je adem, zeg dan gedurende een paar minuten in jezelf zinnen als: 'Moge ik gelukkig zijn', en: 'Ik wens mezelf kracht.' Of kies één enkel woord als 'vertrouwen' of 'gezondheid'. Als het maar geen gewijde taal voor je is; kies voor een boodschap en woorden die nu op dit moment bij je passen.

De oefening lijkt eenvoudig, maar schijn bedriegt. Misschien vond je het lastig om jezelf iets toe te wensen? Of om iets te voelen? Probeer het dan eerst voor een geliefde. Het is vaak makkelijker om de zinnen uit te spreken of te denken voor een dierbaar persoon, omdat je die van nature al het beste toewenst. Vervolgens kun je de stap naar jezelf maken (en uiteindelijk ook naar mensen die verder van je af staan; dat behandelen we in week 7 en 8).

Blessurewaarschuwing

Intentietraining is geen techniek om van je pijn af te komen of om een lekker gevoel te krijgen, wel om een welwillende intentie richting jezelf (en anderen) te versterken. Zoals je in deel 1 kon lezen, zorgt weerstand, wegduwen of vermijden voor nog meer lijden. Tijdens dit soort oefeningen is het belangrijk dat je je verwachting loslaat. Verwar de wenszinnen dan ook niet met positieve affirmaties of mentale borstklopperij. Hiermee bedoel ik dat je voor een date, sollicitatie of '*meet the parents*' knetternerveus tegen jezelf roept: 'Ik ben de beste/leukste/slimste!', omdat je hoopt dit vervolgens ook zo te voelen en de bewondering bij de ander te bereiken.

Positieve affirmaties werken alleen als je je al goed voelt over jezelf. Als jij op een onzeker moment 'Ik heb zelfvertrouwen' herhaalt, werkt het zelfs averechts. Je weet namelijk donders goed dat dit ver te zoeken is, en die discrepantie voelt vervelend. Zo lijd je meer door de affirmaties dan dat ze verlichten.[76] De compassievariant kan zijn: 'Moge ik mezelf accepteren zoals ik ben, al lukt dat misschien nu even niet.' Je wenst iets zonder resultaat op te eisen.

Dat intentietraining ook helpt bij lichamelijke pijn, blijkt uit een onderzoek van de Duke University School of Medicine in Durham, North Carolina. Een groep patiënten met ernstige rugklachten onderging een behandeling die onder meer bestond uit intentietraining. Het pijnniveau van die patiënten was na acht weken significant lager dan dat van de controlegroep. Bovendien hadden deze deelnemers minder last van frustrerende emoties als boosheid en angst.[77] Bij intentietraining komen soms twijfels naar boven: de woorden zeggen je niks, je voelt irritatie of een ander onrustig gevoel. Merk het zonder oordeel op en ga dan toch door, en herinner jezelf aan het verhaal hieronder.

Een zenleerling vraagt aan zijn meester: 'Waarom vraagt u ons in uw gedicht om de liefdevolle woorden óp ons hart te plaatsen, waarom vraagt u ons niet om ze ín ons hart te plaatsen?' De meester antwoordt: 'Zoals we nu zijn, zijn onze harten gesloten en kunnen we steunende woorden niet in ons hart plaatsen. Daarom leggen we ze op ons hart. Tot op een dag het hart breekt en de woorden erin vallen.'	EYEOPENER

HET GESCHREVEN WOORD

Schrijven spreekt andere hersendelen aan dan praten en intern reflecteren – niet voor niks heb ik in de sit-ups en trainingen veel schrijfoefeningen verwerkt. Uit een onderzoek van de University of Missouri bleek dat het positieve effect op het gemoed van drie dagen achter elkaar (slechts) twintig minuten schrijven over een emotioneel onderwerp na drie maanden nog merkbaar was. En dat terwijl de controlegroep die over koetjes en kalfjes schreef geen verschil merkte. Ook hadden de emo-schrijvers betere fysieke scores, zoals een lagere bloeddruk.[78] En zelfs het vervolgexperiment dat slechts twee dagen twee minuten schrijven behelsde, liet na zes weken nog steeds een positief effect na. Het onderzoek kreeg als bijnaam *The two-minute miracle.*[79] Naast dit onderzoek zijn er nog meer onderzoeken die bevestigen dat schrijven over je gevoelens, sterktes, zwaktes en moeilijkheden een positief effect hebben. Dus heb je ruzie met je moeder? Schrijf. Ben je onzeker over je lijf? Typ het van je af. Geen idee wat je wilt in je werk, in de liefde of het leven? Pak de pen.

TRAINING

Als er lange tijd weinig (zelf)compassie naar je is gestroomd of als je warmte en compassie hebt gemist in je jeugd, kan het zijn dat de compassietraining weerstand oproept. Compassiewetenschapper Christopher Germer noemt dit 'backdraft', een term geleend van de brandweer. Dit betekent dat wanneer een kamer in een brandend huis wordt opengegooid en er daarmee een plotse stoot aan zuurstof binnenkomt, de ruimte binnen een paar seconden een vuurzee is. Grilligheid van anderen (je verzorger, een leraar) uit het verleden – aai poes, aai poes, rotkat – maakt wantrouwend jegens compassie. Het gevaarsysteem slaat alarm als compassie opkomt, net zoals een mishandelde hond vals reageert als je die vriendelijk benadert. Een andere reden voor weerstand is het feit dat je nu eindelijk pijn toelaat.

Als de weerstand die je voelt te heftig wordt, krijg je de neiging om te stoppen met de compassietraining. Bedenk dan dat die weerstand juist goed is, want er ontstaat beweging. Net als groeipijn is dat vervelend maar eindig, en het is een teken van ontwikkeling. Open aandacht is hét medicijn bij weerstand en twijfel. Merk je gedachten en emoties vriendelijk op. Wordt de weerstand te heftig, richt dan je aandacht op een neutraal of prettig anker, of leid jezelf af met iets voedends: loop een rondje, ga naar een museum, lees een tijdschrift. Ga op een ander moment verder.

LIGHT

Deze week ga je aan de slag met nieuwe oefeningen om je compassiekracht te vergroten, maar ook met oefeningen die je al kent. Houd je eigen tempo aan en kies de oefeningen die het best bij jou passen.

OEFENING 1: ADEMPAUZE

Doe de adempauze van week 5 (voor instructie zie pagina 117-118) een of meerdere keren per dag.

OEFENING 2: ZIE JE COMPASSIEVOLLE ZELF

Merk de momenten op wanneer je compassie geeft of ontvangt.

OEFENING 3: VANG JE CRITICASTER

Vang de momenten op waarop je jezelf bekritiseert. Herinner jezelf eraan dat je innerlijke criticus je eigenlijk (op ongelukkige wijze) probeert te helpen en ga niet het gevecht met hem aan. Maak met behulp van DANK contact met je pijnlijke emotie(s) en probeer een compassievolle stem op te roepen.

OEFENING 4: TAALTOOLS

Experimenteer actief met de volgende tools:

- In plaats van taalgebruik uit je jaag- en je gevaarsysteem gebruik je vervangende woorden uit het zorg-en-kalmeringssysteem (zie pagina 136).
- Doe de intentietraining: 'Moge ik...' of 'Ik wens mezelf...' (zie pagina 138).
- Houd een notitieblokje bij de hand zodra heftige emoties opspelen: voel je je vrolijk of geërgerd, jaloers of geroerd? Schrijf het van je af, al is het maar twee minuten.
- Ga voor de spiegel staan en stel je voor dat je je compassievolle zelf oproept. Neem je lichaamshouding hierin mee, vorm bijvoorbeeld een lichte glimlach om je mond. Spreek je spiegelbeeld aan met steunende gedachten (hardop, fluisterend of intern). Vind je de spiegeloefening onprettig, sla haar dan gerust over.

TIP VAN DE TRAINER

Kijk vooral welke oefeningen voor jou werken. De een denkt in beeld en haalt bij compassietraining graag het voorstellingsvermogen erbij, de ander heeft 'het' gevonden in aanraking, bij een derde werkt schrijven of intentietraining beter. Je zult ook merken dat de vaardigheden met elkaar samenwerken: als de kracht van die fijne plek (je voorstellingsvermogen) afneemt, kun je woorden of aanraking erbij halen om het effect weer te versterken. Zo switch je van vaardigheid naar vaardigheid om de levendigheid van de compassie te behouden.

MEDIUM

AANVULLEND OP LIGHT Als je deze week extra wilt trainen, zijn er meerdere opties.

OEFENING 1: INTENTIETRAINING

Wissel om de dag de intentietraining voor een geliefd persoon af met de intentietraining voor jezelf.

audiotrack 15. Intentietraining geliefd persoon (10 min).*
audiotrack 16. Intentietraining jezelf (12 min).

* Audiotracks 15, 16, 18, 19, 20, 21, 24, 25, 26 en 29 zijn gebaseerd op teksten van Frits Koster en Erik van den Brink.

OEFENING 2: COMPASSIEBRIEF

Schrijf twee keer een compassiebrief aan jezelf. Maak contact met je compassievolle zelf. Doe dit met behulp van een of meer van de vier tools uit de lighttraining of de oefeningen uit week 5 (aanraking, het je voorstellen van een fijne plek of compassievolle vriend/inspirator). Haal dan een knelpunt naar boven, iets waar je jezelf voor op de kop geeft en dat je wilt veranderen. Vervolgens kun je kiezen uit twee opties:

- Je leeft je in in een wijze vriendelijke vriend(in), iemand die jou onvoorwaardelijk steunt en je bemoedigt. Schrijf vanuit hem of haar een bemoedigende brief aan jezelf.
- Maak (nog meer) contact met je zelfcompassie, met het deel van jezelf dat wijs, moedig, warm en vriendelijk is. Vanuit dit zelf schrijf je een brief naar het deel in jezelf dat het moeilijk heeft. De 'jij' in de brief is je lijdende zelf en de 'ik' is het perspectief van je compassievolle zelf.

Probeer niet de Nobelprijs voor de Literatuur in de wacht te slepen; schrijf speels en met een open mindset. Het hoeft ook niet een enorm epistel te worden. Bedenk wel dat een halve pagina te kort is om tot de kern te komen. Voel je weerstand tijdens het schrijven? Benoem dit in je brief. Is de weerstand te sterk, neem dan een pauze en probeer het later nog eens.

Lees na het schrijven de brief zorgvuldig na. Is je tekst echt vol compassie? Let op het woordgebruik en de toon. Voelt het warm of kil? Zie je nog ergens subtiele zelfverwijten staan, bewegen er opgeheven vingers tussen de regels door? Door je brieven te herlezen leer je je zelfkritische stem herkennen. Corrigeer zelfkritische woorden en zoek naar een steunend alternatief. Oefen ook eens met je toon door de brief hardop voor te lezen. Merk een onvriendelijke, strenge toon op zonder oordeel en oefen verder met een begripvolle toon.

INTENS

AANVULLEND OP LIGHT EN MEDIUM Schrijf als je intensief wilt trainen deze week drie keer een compassiebrief aan jezelf. Doe dagelijks de twee intentietrainingen (medium) achter elkaar. Eerst voor een geliefd persoon, daarna voor jezelf.

Je kunt de audiotracks downloaden op www.sportschoolvoorjegeest.nl.

COOLINGDOWN

En, merk je al dat je compassiekracht toeneemt? Of mis je de souplesse nog? Het was een volle week, waarin je veel nieuwe manieren hebt geleerd om je compassie te versterken. Misschien dat je daardoor soms het spoor bijster was en even geen compassie kon vinden. Dat maakt niet uit. Probeer niet alles in één keer te onthouden en toe te passen. Tijd en oefening zijn nodig om compassie te versterken. Woorden, intentietraining en compassietraining in zijn geheel krijgen pas betekenis bij herhaling. Dan snap je compassie én doorleef je het. Besef ook dat je het niet allemaal alleen hoeft te doen. Gun jezelf steun en begeleiding van anderen, van een coach of vriend(in), van een psycholoog of compassietrainer.

Ga voor jezelf eens na of je uit week 6 de volgende dingen hebt kunnen halen:

- Kun je met compassie je innerlijke criticus opmerken?
- Ben je erachter naar welke strategie van het gevaarsysteem jij neigt?
- Lukt het je om jezelf te motiveren en te corrigeren vanuit zelfcompassie in plaats van vanuit zelfkritiek?
- Lukt het je om zelfcompassie te activeren door taal?

DE REIS

Op een dag wist je eindelijk wat je
te doen stond, en je begon
ook al bleven de stemmen rondom jou
hun slechte raad schreeuwen
ook al begon het hele huis te beven
en voelde je het oude trekken aan je enkels.

'Repareer mijn leven!' schreeuwde iedere stem.
Maar je stopte niet.
Je wist wat je te doen stond, ook al rukte de wind
met zijn stijve vingers aan de fundamenten zelf,
ook al was hun
droefenis verschrikkelijk.

Het was al laat genoeg, en de nacht wild,
en de weg vol met gevallen takken en stenen.

Maar stukje bij beetje,
terwijl je hun stemmen achter je liet,
begonnen de sterren te branden
door de wolkensluiers heen,
en er was een nieuwe stem die je langzaam
herkende als de jouwe, die je gezelschap hield
terwijl je dieper en dieper de wereld in ging,
vastbesloten het enige te doen wat je kon doen –
vastbesloten het enige leven te redden dat je kon redden.

MARY OLIVER

WEEK

07

COMPASSIE VOOR GEZONDE RELATIES

'Niemand wordt geboren om een persoon met een andere huidskleur, achtergrond of geloof te haten. Een mens leert haten. Als we kunnen leren om te haten dan kunnen we ook leren om lief te hebben. En liefde is veel natuurlijker voor ons hart dan haat.'

NELSON MANDELA

Om je compassiekracht te trainen ben je in de afgelopen twee weken begonnen met oefening in zelfcompassie. Dit fundament breid je deze week uit naar compassie voor anderen. Niet alleen tegenover je geliefden, ook tegenover mensen met wie je een neutrale, wisselende of ronduit lastige verhouding hebt. Je staat stil bij de onvermijdelijke pijn die relaties met zich meebrengen en hoe je daar – met compassie – effectief mee om kunt gaan. De rode draad: compassie is de basis voor gezonde relaties.

WARMING-UP

Een orthodoxe rabbijn verloor zijn jongste dochter en schreef een brief aan Einstein. Behalve onder zijn eigen pijn leed hij sterk onder het verdriet van zijn oudste dochter; ze was kapot van de dood van haar jongere zusje. Hij probeerde haar te helpen en te steunen waar hij kon, maar het meisje leek ontroostbaar. Verscheurd door dit dubbele verdriet vroeg hij Einstein wat hij moest doen. De wetenschapper antwoordde:

> Een mens is een deel van het geheel dat we 'universum' noemen, dat in tijd en ruimte is begrensd. Hij ervaart zichzelf, zijn gedachten en gevoelens als iets wat losstaat van de rest – een soort optisch bedrog van het bewustzijn. Dit bedrog is een gevangenis voor ons, die ons tot onze persoonlijke verlangens beperkt en tot affectie voor een paar mensen die ons het meest na zijn. Het moet onze taak zijn onszelf uit die gevangenis te bevrijden door onze kring van mededogen uit te breiden tot hij alle levende wezens en de hele natuur in haar schoonheid omvat. Niemand

> is in staat dit volledig te bereiken, maar het streven ernaar is op zichzelf al een deel van de bevrijding, en een basis voor innerlijke zekerheid.[80]

Was je ontroerd bij het lezen van Einsteins betoog? Misschien nam je de zinnen zelfs driftig ja knikkend in je op? Dat wil niet zeggen dat je die gezamenlijke verbinding direct in praktijk brengt, waarschijnlijk is het nog wat abstract. De komende twee weken richt je je daarom op het concreet maken van dat streven naar 'uitgebreid mededogen'.

RELATIES, EEN LEVENSBEHOEFTE

'De hel, dat zijn de anderen.' Deze gezellige uitspraak is van een van de grootste denkers van de vorige eeuw: Jean-Paul Sartre. Hoewel je er waarschijnlijk genuanceerder over denkt, zullen ervan afgeleide gedachten meer dan eens voorbij zijn gekomen, zoals: die rotmoeder van mij met haar eeuwige kritiek; wat stom dat hij mijn verjaardag is vergeten (over een vriend); ik word gek van dat gezeik (over die immer klagende collega).

Om dit soort verdriet, teleurstelling of boosheid te voorkomen kun je kiezen voor een kluizenaarsbestaan. Maar dan stuit je toch op wat praktische bezwaren: digitaal je haar laten knippen gaat lastig, net als een online wortelkanaalbehandeling. Belangrijker nog is het emotionele bezwaar. Als het je al lukt om je contact te beperken tot (semi)vreemden als de kapper en de tandarts, en je verder alle intieme relaties weggooit of niet aangaat, heb je inderdaad geen 'relatiepijn' meer, maar wel het tegenovergestelde: pijn door eenzaamheid.

Helaas zijn er nogal wat mensen (ongewild) eenzaam, in Nederland zo'n half miljoen.[81] En ze lijden eronder. Eenzaamheid leidt tot allerlei mentale en fysieke klachten en kan zelfs leiden tot een vroegtijdige dood.[82] Wat zuurstof is voor je longen, is verbondenheid voor je hersenen: een basisbehoefte. De pijn van eenzaamheid is (dus) vele malen groter dan relatiepijn. Zonder hel geen hemel, oftewel zonder pijn geen plezier van intieme relaties. De uitdaging in relaties is dicht bij jezelf blijven en je tegelijk openstellen voor de ander, zoals neuropsycholoog en meditatieleraar Rick Hanson het verwoordt: 'De "ik" blijven te midden van "wij".'

VERBINDING MET ANDEREN

Een ontroerend filmpje van de Deense televisie[83] laat zien dat je met iedereen verbinding kunt voelen. Groepen mensen, zoals zorgmedewerkers, voetbalfans, moslims, boeren en getatoeëerden komen in een grote ruimte bij elkaar. Elke groep krijgt een eigen vak toebedeeld; één vak blijft leeg. Vervolgens geeft de filmmaker opdrachten: 'Was jij vroeger de lolbroek van de klas, neem dan plaats in het lege vak.' Uit elke groep, van de boeren tot de voetbalfans, stappen mensen aarzelend maar gniffelend naar voren. De samenstelling van deze nieuwe groep – de klasclowns – blijkt divers. Moslims, zakenmannen, getatoeëerden... alles staat door elkaar. Hetzelfde gebeurt bij de volgende vragen: 'Wie van jullie houdt van dansen?', 'Wie van jullie is stiefouder?' en 'Wie is er vroeger gepest?' Zo wordt prachtig zichtbaar dat we allemaal met iedereen iets gemeen hebben. En misschien nog wel het meest met degenen met wie we op het oog niks delen.

Om je 'ik' te blijven te midden van 'wij', dien je de 'wij', de verbinding met anderen, te ervaren. Eigenlijk is hier weinig voor nodig: met elk mens heb je iets gemeen, hoe klein (een hamerteen) of groot (verwaarloosde jeugd) ook. Zelfs willekeurig ingedeeld worden in dezelfde onderzoeksgroep (A of B) blijkt het gevoel van verbintenis direct te versterken.[84] Toch zijn we vaak geneigd om de verschillen te benadrukken en samen te klitten met degenen die overduidelijk, aan de oppervlakte, hetzelfde zijn: blond, geboren in de jaren tachtig, surffanaten, macrobioten, volleyballers, Eindhovenaren, fijnproevers, enzovoort. Maar mens zijn is al voldoende om verbinding te voelen. Of eigenlijk zelfs het 'zijn' op zich: met uitgebreide compassie (zie week 8) kun je je zelfs verbonden voelen met een regenworm.

DOMINO-EFFECT

Vrolijkheid van een ander is aanstekelijk, net als chagrijn. Dit is meer dan een grappig en waarschijnlijk herkenbaar weetje; het geeft jou en eenieder een grote verantwoordelijkheid. Hoe jij die mevrouw op straat aankijkt, kan een enorm domino-effect hebben. Als jij naar haar glimlacht, zal zij vriendelijk omgaan met de caissière, die weer blij thuiskomt bij haar man, die politieagent is, waardoor deze goedgemutst naar zijn late dienst vertrekt. Die avond houdt hij iemand aan voor te hard rijden – jou. Omdat hij in een goede bui is, houdt de agent het op een waarschuwing en kom je ervanaf zonder boete. Al met al niet gek voor een glimlachje!

Maar ook als je er zelf geen direct positief gevolg van terug zou zien, maakt het voorbeeld duidelijk hoe oneindig aanstekelijk jouw houding en gedrag zijn. Alleen dat al is een beloning op zich. Verbondenheid met anderen is echter niet altijd gemakkelijk. Voordat je compassie voor anderen gaat oefenen, bespreken we eerst de twee verschillende soorten pijn die je kunt voelen in relaties: de pijn die ontstaat uit het voelen van verbinding (een wij-gevoel, de pijn is empathisch) en de pijn die juist ontstaat omdat je je niet verbonden voelt (er is een (on)gewilde afstand, geen wij-gevoel).

PIJN DOOR VERBINDING

James Bond die de schurk een rechtse geeft, een peuter die van haar fietsje valt of je vriend die tegenover je zit te gapen: al deze verschillende situaties zullen je niet onbewogen laten. Hoe komt dit? Onze spiegelneuronen stellen ons in staat te leren van de beleving van anderen – 'Die hete kachel moet ik kennelijk niet aanraken' – en te zorgen voor de ander. Je voelt aan wat hij of zij nodig heeft: een pleister, wat drinken of een knuffel. Zo verplaats je je in iemands denken (cognitieve empathie) en emoties (emotionele empathie). Maar, zoals ik al eerder heb aangestipt, empathie is niet hetzelfde als compassie. Compassie is gericht op pijn en de wens om die te verlichten; empathie is gericht op alle gemoedstoestanden en gaat niet persé gepaard met de wens die te verlichten. Denk aan de empathische beul of aan een krantenverkoper die tegen de hipster iets anders zegt dan tegen de man in pak.

Het verschil tussen empathie en compassie is zichtbaar in de hersenen. Moleculair bioloog en intensief meditatiebeoefenaar Matthieu Ricard (door wetenschappers betiteld als 'de gelukkigste man ter wereld') maakte een fMRI-scan van zijn eigen hersenen terwijl hij empathie bij zichzelf opriep. Hij dacht aan een hartverscheurende documentaire over verwaarloosde weeskinderen. Zijn actieve hersendelen waren gelijk aan die van 'gewone' mensen die zich empathisch inleefden, en hij omschreef zijn gemoedstoestand als onprettig en emotioneel uitputtend. Toen hij daarna compassie opriep, oftewel dezelfde gedachten maar met de diepe wens om de pijn te verlichten, lichtten heel andere hersendelen op. Daarbij duidde hij zijn gevoel als warm en prettig.[85]

Meer dan dertig onderzoeken bevestigen dat herhaaldelijk empathie opbrengen voor andermans pijn mensen emotioneel kan uitputten en opbranden.[86] Zorgzame types (zoals perfectionistische moeders of hulpverleners) hebben hier vaak last van: ze worden elke dag geconfronteerd met pijn en lijden en gaan er zelf aan onderdoor. Als je de pijn van anderen voelt zonder met compassie naar je eigen behoeften te luisteren, raak je opgebrand. Het resultaat is dat je je afsluit voor de ander. Denk aan de professionele – lees: afstandelijke – arts. Het goede nieuws is dat je je kunt wapenen tegen empathiemoeheid met (zelf)compassie: met steun aan jezelf en de wens om je eigen lijden te verlichten bouw je een buffer op. Zo voorkom je uitputting en maak je ruimte om voor de ander klaar te staan.[87]

SIT-UP

Haal je een moeizame relatie (met een collega, familielid, vriend) voor de geest waarin je vaak de verzorgende taak op je neemt. Maak met behulp van de DANK-techniek contact met de onprettige emoties die opkomen. Wens jezelf bij de inademing compassie toe voor je ongemak en roep bij de uitademing compassie voor de ander op (alleen als je daar ruimte voor voelt).

COMPASSIE = EMPATHIE + LIEFDE

Vanuit compassie openstaan voor andermans pijn, zowel van bekenden en geliefden als van vreemden, brengt paradoxaal genoeg meer gezondheid en meer geluk. Het gevoel dat je hetzelfde ervaart, en (dus) meer overeenkomsten ziet, geeft namelijk meer gevoel van verbondenheid. Zo ervaar je gedurende de dag meer interacties die je verkwikken en oppeppen dan ervaringen die je irriteren en leegtrekken. Door het sterkere gevoel van verbondenheid neemt het gemak waarmee je compassie oproept toe: de vicieuze cirkel is geboren.

PIJN DOOR GEEN VERBINDING

Op YouTube is het experiment van ontwikkelingspsycholoog Edward Tronick te zien,[88] waarin hij de band tussen moeder en kind onderzoekt. Een moeder krijgt na een paar minuten vrolijk met haar baby te hebben gespeeld de opdracht om niet meer te reageren op het kind. De baby probeert vervolgens, zoals verwacht, iets van een reactie uit te lokken bij de moeder, door te lachen of kirrende geluidjes te maken. Als dit geen resultaat heeft, schakelt het kind over op een andere tactiek: onbedaarlijk huilen en krijsen. Tevergeefs. Nog steeds blijft de moeder (in opdracht) neutraal en onbewogen. Hierdoor raakt de baby uiteindelijk ook passief: hij kijkt apathisch en in zichzelf gekeerd voor zich uit.[89]

Als ouders – anders dan de moeders uit bovenstaand experiment – kinderen structureel negeren (emotioneel verwaarlozen), zullen kinderen de hechting als onveilig ervaren en dit meenemen in hun reis naar volwassenheid. Zo ontwikkelen ze een grote achterstand in het aangaan van gezonde relaties,[90] die zich kan uiten in allerlei destructief gedrag, van drugsverslaving tot verslaving aan liefde en erkenning: het gevoel pas compleet te zijn als een ander je ziet. Of het uit zich juist in het vermijden van relaties, alles doen om niet weer gekwetst te worden en 'veilig' te zijn.

Gelukkig kan training helpen om een onveilige hechtingsstijl te veranderen in een veilige. Je raadt het al: het gaat hier wederom om het c-woord. Het oefenen van compassie creëert een veilige basis voor gezonde relaties. Uit onderzoek is gebleken dat alleen al het lezen en het horen van woorden die met intimiteit te maken hebben, zoals 'liefde' en 'vriendschap', een gevoel van veilige hechting kunnen bevorderen.[91]

Schrijf woorden op die te maken hebben met verbinding en intimiteit, zoals 'liefde', 'vriendschap', 'warmte', 'knuffelen', 'contact', wat er maar in je opkomt.

SIT-UP

Ook zonder last te hebben van een onveilige hechting kun je soms verwikkeld raken in een relatie zonder sterke verbondenheid of een waarin de verbinding geheel is verdwenen. Het gevolg is bijna altijd een element van teleurstelling en frustratie vanwege niet-uitgekomen verwachtingen. Je voelt je niet gezien of gehoord door je partner, je voelt je niet gerespecteerd, je voelt je verwijderd van de ander, zijn of haar verwachtingen beklemmen je juist, enzovoort. Vaak komt daarna het vingerwijzen: 'Dat ik me zo waardeloos voel, komt door jou!' Of de zelfkritiek: 'Wat ben ik een slappeling dat ik me dit heb laten aandoen!'

Wist je dat lastige personen in je leven je beste leraren zijn? Moeilijke mensen zouden ons niet zo storen als ze niet iets zeggen over onze eigen behoeften, sterktes en zwaktes. Jij als pietje-precies ergert je dood aan die slordige collega. Wat kan je van die rommelkont leren? Loslaten – en de sloddervos kan zich weer optrekken aan jouw nauwkeurigheid. Of stoor je je aan een overmatig bescheiden verlegen en in jouw ogen nietszeggend muisje? Dan komt dat misschien ook omdat jouw eigen mond soms wat te groot is. Jij kunt van haar leren wat vaker op de achtergrond te blijven – en zij van jou om haar mond wat vaker open te trekken.

EYEOPENER

Het goede nieuws is dat ook lastige relaties een mogelijkheid bieden om je eigen diepere behoeften beter te leren kennen. Op die manier kun je de beschuldigingen aan het adres van de ander vervangen door zelfsturing en oog voor het belang van de ander. Hiervoor moet je de vriendelijke strijd aangaan met twee emoties die bij slechte relaties komen kijken: schaamte (dat gepaard gaat met zelfkritiek) en boosheid (gaat gepaard met vingerwijzen).

EMOTIES IN RELATIES

De emoties die ons het meest in de weg zitten bij compassievol leven zijn schaamte en (verharde) boosheid. Voor beide geldt wederom niet dat je ze niet mag voelen of dat je ze beter kunt onderdrukken of moet wegduwen. Wat wel geldt is dat als je in deze emoties blijft hangen, de kans groot is dat ze je tegenhouden en -werken. Hoe je wel constructief met schaamte en boosheid kunt omgaan, zodat ze je zelfs helpen bij het trainen van compassie, vertel ik hieronder.

SCHAAMTE

Heb je weleens tijdens een saaie vergadering heel hard geschreeuwd: 'Ik heb geen zin meer!'? Schaamte zorgt ervoor dat je je sociaal gedraagt, zodat je bij de groep blijft horen en je overlevingskans vergroot. Schaamte is echter ook de favoriete emotie van je innerlijke criticus, is soms onnodig en vaak zelfs disfunctioneel, bijvoorbeeld als je je schaamt omdat je de middelbare school niet hebt afgemaakt, elke dag weer je billen probeert te maskeren met een lange trui of omdat alles je voor de wind gaat maar je toch niet gelukkig bent. Schaamte geeft je dan een sterk 'ik mag er niet zijn'-gevoel. Als die innerlijke criticus doorslaat, zul je jezelf overmatig beschermen en minder snel een kwetsbare verbinding aangaan. Het gevoel niet goed genoeg te zijn is een gat dat je partner of vrienden nooit kunnen opvullen. Het belemmert de werkelijke connectie met anderen, omdat je enkel met jezelf bezig bent.

Bij een grote negatieve gebeurtenis, zoals het verliezen van je baan, kan een onprettig gevoel van diepe schaamte ontstaan. Als dit vóelen van schaamte te sterk wordt, gaat het over in de overtuiging dat je slecht of minderwaardig bént. Je veroordeelt jezelf, gaat je hierdoor nog meer schamen, wat je wederom niet toegeeft of verstopt: de negatieve schaamtespiraal is geboren.

SCHULDGEVOEL

Er is een belangrijk onderscheid tussen je schamen en een nuttig schuldgevoel hebben. Schaamte is gericht op 'zijn', schuld op 'doen'. De emotie bij een schuldgevoel is berouw (welk gedrag kan ik goedmaken?); bij schaamte vind je dat je iets verkeerds hebt gedaan maar voel je angst, verlamming en verwarring. Voor een gevoel van schaamte heb je geen empathie en compassie nodig, bij schuldgevoel wel.[92] Het brengt je tot (positieve) actie en geeft de gedachte: volgende keer beter. Overigens moet je je ook in schuldgevoel niet verdrinken, dan kan ook dat je opslorpen.

Stel, je rijdt een scheve schaats, dan zegt je schuldgevoel tegen je partner: 'Het spijt me oprecht, het doet me pijn dat ik je verdriet heb gedaan. Wat kan ik doen om jouw leed te verzachten?' Schaamte zegt tegen jezelf: 'Wat erg, wat ben ik een slecht mens' en/of: 'Wat zullen mensen wel niet van me denken?' Schaamte kan zich ook agressiever uiten, zegt bijvoorbeeld tegen je partner: 'Het komt door jouw lage libido dat ik ben vreemdgegaan.'

SCHAAMTE SPOTTEN

Schaamte is niet altijd even makkelijk te herkennen. Schaamte zorgt er namelijk voor dat je jezelf niet accepteert en je blik letterlijk van jezelf afwendt. Weg zelfreflectie. Vaak schamen we ons voor onze schaamte en maskeren we die met andere emoties die makkelijker te verdragen zijn, zoals boosheid of jaloezie. Om schaamte toch te spotten helpt enige ontleding. Het fysieke element van schaamte uit zich bijvoorbeeld in een gevoel van leegheid, een knoop in je maag, spierspanning, druk op de borst, bloed naar je hoofd, warmte en rode wangen. Het mentale aspect dat schaamte ook heeft is herkenbaar aan de afkrakende gedachten in je hoofd: ik ben niet te vertrouwen, ik deug niet, ik verdien het niet om liefde te ontvangen. Of juist de vingerwijzende varianten: hij deugt niet, zij is niet te vertrouwen, jij kunt niks.

Overmatige schaamte geeft vaak een isolerend gevoel. Eigenlijk heel wonderlijk, want iedereen schaamt zich weleens. Ook de negatieve kernovertuigingen herkent iedereen wel. Schaamte zou dus eigenlijk moeten verbinden, want we zitten allemaal in hetzelfde schaamteschuitje.

SIT-UP

Haal je zo levendig mogelijk een moment van oppervlakkige schaamte voor de geest: de keer dat je je buurvrouw niet herkende, op je snufferd ging voor een vol terras of niet uit je woorden kwam in het Franse restaurant. Laat de gêne lichamelijk en mentaal opkomen en merk vervolgens op welke negatieve kernovertuigingen je herkent die met deze schaamte gepaard gaan. Benader deze kernovertuigingen en je gêne met compassie. Gebruik hiervoor de DANK-techniek, waarbij je in de laatste stap, kalmeren, de compassietechnieken kunt toepassen. Voorbeelden zijn de zelfcompassiepauze, de kracht van aanraking of andere oefeningen van week 5 en 6 die voor jou het best werk(t)en.

Door jezelf te troosten en te kalmeren met de compassietechnieken verhoud je je zonder oordeel tot de schaamte die opkomt. Je ontkent de bijbehorende pijn juist niet en zo verliest de emotie uiteindelijk haar macht. De behoefte om schaamte weg te duwen en te verstoppen verdwijnt. Of je nou de beslissende penalty hebt gemist, de moeder van een baby als de oma aanspreekt of je schaamt voor je aantal bedpartners, oefen zo vaak mogelijk het registreren van schaamte in je dagelijks leven, want het is de kans bij uitstek om compassie te oefenen.

EYEOPENER

'Het spijt me', 'vergeef me', 'sorry': woorden die veel Chinezen bijna niet over hun lippen kunnen krijgen. Het gevoel van schaamte is voor hen bijna ondraaglijk. Een Chinese zakenman zag in deze onkunde zijn kip met de gouden eieren: hij richtte een excuusbedrijf op. Chinezen betalen zijn bedrijf om iemand sorry voor hen te laten zeggen en cadeaus of bloemen te laten bezorgen. De gebruikers vinden het een zacht prijsje; alles om niet zelf door het stof te hoeven gaan.

VERHARDE BOOSHEID

Malala Yousafzai is beroemd geworden vanwege haar boosheid, verontwaardiging en strijdlust. Het jonge meisje schreef de woede over de door de Taliban ingestelde uitsluiting van meisjes in het onderwijs van zich af op een weblog van de BBC. Mede dankzij dit stuk kreeg het schoolverbod in Pakistan wereldwijde aandacht en was er in 2012 de Dag van Malala, waarmee de Verenigde Naties aandacht vroegen voor de 32 miljoen meisjes en 29 miljoen jongens ter wereld die geen basisonderwijs krijgen. De woede die Malala voelde is hier een nuttige kracht. Ook in jouw dagelijks leven kan boosheid functioneel zijn. Boosheid komt voort uit het gevaarsysteem. Ze maakt je alert en is gericht op bescherming en veiligheid.

Dit betekent echter niet dat je het gevoel simpel moet volgen. Als je kwaadheid voelt opkomen, moet je juist een stap terugzetten, zodat je jezelf de ruimte geeft om je dieperliggende behoeften en gevoelens te snappen voordat je in blinde woede actie onderneemt. Niet-constructieve boosheid kan het ontwikkelen van je compassiekracht in de weg zitten.

Vaak is boosheid de gloeiende kool die we oppakken om snel naar de ander te gooien. Maar net als veel harde emoties blijft boosheid aan je plakken. Hoe vaker je de kwade emotie voelt, hoe makkelijker je die oproept. Boosheid wordt zo een tweede natuur, zoals Scrooge uit *A Christmas carol* leeft bij chagrijn, wrok en woede. Langdurige boosheid is verhard; dan draag je haar ook bij je wanneer je haar helemaal niet nodig hebt. De wetenschap laat zien dat langdurige boosheid niet alleen vreselijk onprettig is, maar ook vreselijk ongezond.

EYEOPENER

Boosheid tast het (hart)vat aan waar ze in wordt bewaard. In een studie werden 785 geselecteerde volwassenen, mannen en vrouwen, tien jaar gevolgd. Mannelijke deelnemers die hun boosheid constructief wisten te uiten, oftewel de emotie gebruikten om iets ten goede te veranderen, hadden een minder grote kans op hartfalen. Bij vrouwen maakte dit niks uit, maar zowel vrouwen als mannen hadden een significant hogere kans om hartziektes te ontwikkelen als ze hun boosheid uitten om anderen te beschuldigen en hun eigen daden te rechtvaardigen.[93]

VERHARDE BOOSHEID EN ZACHTE EMOTIES

Verharde boosheid is een stalen harnas dat zachtere gevoelens, zoals verdriet en angst, omhult. Zachte emoties stromen: ze zijn niet statisch, ze komen op en verdwijnen weer, en veranderen snel. Harde emoties als boosheid, wrok en verongelijktheid zetten zich juist vast, waardoor ze alleen maar sterker worden. Het harnas van boosheid schept een illusie van controle. Je waant je onkwetsbaar en schermt je beschuldigend af van de ander (of van jezelf!).

De tragiek is dat verharde boosheid er juist voor zorgt dat je angst werkelijkheid wordt: je wordt meer gekwetst, hebt minder controle over je levensdoelen en je bent vaker eenzaam (denk aan de eenzaamheidscirkel uit week 6). Kwaad worden is de makkelijke weg, veel minder uitdagend dan het krachtig durven uiten van zachte emoties als verdriet en angst.

Met het uiten van zachte emoties werp je het harnas en je helm af. Met zachte emoties schijn je licht op je onvervulde behoeften. Dat zijn er grofweg drie en ze zijn gelinkt aan de emotieregulatiesystemen:

- De behoefte aan veiligheid (je gerust willen voelen): het gevaarsysteem
- De behoefte aan erkenning (bevestigd en gehoord willen worden): het jaagsysteem
- De behoefte aan verbinding (je geliefd willen voelen): het zorg-en-kalmeringssysteem

Kortom – en dit is het onderwerp van miljoenen liedjes, boeken, films en gedichten –, onder boosheid ligt vaak de behoefte dat er van je gehouden wordt. Door die behoeften kenbaar te maken kan de ander eraan tegemoetkomen, maar hij kan ze ook onvervuld laten of afwijzen. Het tonen van je zachte kant kan ook pijnlijk uitpakken.

IN VIJF STAPPEN OMGAAN MET BOOSHEID

Hoe kun je nu identificeren welke behoefte het precies is die onder je woede verborgen ligt? De eerste stap is dat je een pauzemoment creëert op het moment dat je boosheid voelt (vergelijk het met de magische kwartseconde uit week 4). Vaak lukt dat beter bij mensen die iets verder weg van je staan – een uitbrander van een klant zul je eerder wegslikken dan een snauw van je partner. Er zijn vijf stappen die je kunt zetten:

1. Ervaar en erken je harde gevoelens (boos, star, afgesloten, veroordeling).
2. Gebruik de zelfcompassiepauze om afstand te nemen en niet je impuls (snauwen, de hoorn erop gooien, een bewust kwetsende opmerking maken) te volgen.
3. Onderzoek de zachte gevoelens die onder de boosheid liggen (verdriet, teleurstelling, angst, zorgen).

4. Benoem je onvervulde behoeften (veiligheid, erkenning, ontwikkeling, liefde).
5. Geef bij de ander aan dat je die behoefte hebt en/of leg die behoefte neer bij jezelf (vervul dan de behoefte door een van de zelfcompassieoefeningen van week 5 en 6).

SIT-UP

Haal een ruzie terug die in het verleden speelde. Voel je de boosheid nog? Welke onvervulde behoeften lagen en liggen hieronder? Ben je er klaar voor om iets constructiefs te doen met die onvervulde behoeften? Doorloop de bovenstaande stappen. Hoe was het om de boosheid te erkennen? Kon je zachte gevoelens opmerken en de daaronder liggende onvervulde behoeften? Welke zelfcompassieoefeningen gebruikte je? Lukte het om compassie op te brengen voor jezelf en de ander?

Gaby zou een goede kandidaat zijn voor *Help, mijn man is klusser.* Het grootste punt van conflict met haar echtgenoot Chris is dat hij hun huis niet opknapt, iets wat hij wel telkens belooft te gaan doen. De werkelijke behoefte van Gaby is echter niet een roestvrij en gaaf gelakt huis. Haar onderliggende, diepste wens is dat haar man haar ziet, dat Chris naar haar luistert en van haar houdt. Dat hij de kozijnen laat afbladderen is voor Gaby een bevestiging dat hij maar weinig om haar geeft. Op zijn beurt voelt Chris zich afgesnauwd en niet erkend. Alsof hij Gaby's liefde enkel 'verdient' als hij die kwast ter hand neemt.

Chris en Gaby zijn twee eilanden zonder loopbrug. Allebei willen ze niks liever dan elkaars liefde, maar in al die jaren van boosheid hebben ze daar te weinig bij stilgestaan. Ruzies zijn vaak ellenlange wederzijdse verwijten en verdedigingen over één specifieke tijdbom. Maar net als dat je de knoop in je rug op lange termijn niet oplost met uren masseren wanneer stress de onderliggende oorzaak is, zullen de werkelijke verwachtingen en diepere behoeften verborgen blijven als je blijft hangen in het aangaan en 'oplossen' van die ene situatie of dat ene conflict. Zo blijf je veilig aan de oppervlakte.

In plaats van dat Gaby vraagt om een omhelzing zegt ze verwijtend: 'Je bent nooit eens lief voor me.' Zo heeft ze zelf de controle: Gaby creëert door deze houding de zekerheid van afwijzing. Een verwachte afwijzing lijkt minder pijn te doen en wordt vaak verkozen boven het tonen van kwetsbaarheid. Terwijl juist die kwetsbaarheid de *sweet spot* is waardoor we ons werkelijk verbonden kunnen voelen. Als Gaby haar sweet spot toont aan Chris, is de kans vele malen groter dat hij haar liefdevol omhelst (en dat Chris, op zijn beurt, zijn werkelijke behoeften durft te uiten). En als het haar niet lukt om haar behoeften bij Chris aan te geven, of het lukt Chris niet om ze te vervullen, kan zij die behoefte nog altijd bij zichzelf neerleggen, door contact te maken met de pijn dat ze door Chris niet wordt erkend en tegen zichzelf te zeggen: 'Ik zie je, ik erken je.'

> *'Te midden van de moeilijkheid ligt de mogelijkheid.'*
>
> ALBERT EINSTEIN

Je kunt de vijf bovengenoemde stappen voor iedere moeilijke (harde) emotie doorlopen. Met zelfcompassie geef je jezelf wat je al die tijd hoopte te ontvangen van anderen. Zo ben je minder afhankelijk van de erkenning en liefde van anderen. Pas dan kun je gezonde relaties aangaan waarin je geen voorwaarden stelt, bijvoorbeeld dat je iemand enkel een compliment maakt om in de smaak te vallen. Als je minder afhankelijk bent van erkenning van anderen, behoud je de 'ik' te midden van 'wij'. En pas dan zul je niet te vroeg en niet te laat, maar tijdig op je strepen gaan staan.

Blessurewaarschuwing

Een belangrijke kanttekening bij de emotie boosheid is het vaak (aangeleerde) verschil tussen mannen en vrouwen. Waar jongens leren dat 'echte mannen niet huilen', zijn de stereotiepe verwachtingen van meisjes dat ze 'lief en meegaand' zijn. Een boze vrouw is al snel een bitch. Ook krijgen jonge meisjes vaak hun zin als ze hun tranen laten vloeien. Meisjes leren zo om elke keer als er boosheid opkomt automatisch te switchen naar een andere, zachte emotie die wel getolereerd en effectief is, zoals angst of verdriet. Voor iedereen (ongeacht het geslacht) die niet heeft geleerd om in contact te komen met zijn boosheid is het goed om boosheid volledig te ervaren, zonder dat hier een schuldgevoel bij opkomt.

COMPASSIE MET ANDEREN

Een oude Afrikaanse stam heeft zijn eigen, bijzondere manier om misdadigers te berechten. De misdadiger wordt naakt op een centrale plek in het dorp neergezet. Alle mensen uit het dorp vormen een kring om hem of haar heen, en een voor een spreken de stamleden de schuldige aan. Maar niet op zijn fouten, niet op zijn wangedrag. De naakte misdadiger krijgt geen pek, slechts veren: alles wat hij in de ogen van zijn stamgenoten ooit goed heeft gedaan, elke goede eigenschap die zij hem toedichten wordt aangehaald. De stam gelooft dat ieder mens goed wordt geboren en iedereen enkel geluk en liefde nastreeft. En dat er in die zoektocht nou eenmaal fouten worden gemaakt. Na de ceremonie, die enkele dagen duurt, vindt er een groot eindfeest plaats en wordt de misdadiger opnieuw verwelkomd in de groep. Een hergeboorte heeft plaatsgevonden.

In onze cultuur is het tegenovergestelde gangbaar van wat de Afrikaanse stam doet: als iemand iets verkeerd heeft gedaan, als we iemand niet mogen, sluiten we ons van hem of haar af. Hoe zou het zijn als je iedereen warme gevoelens toedraagt? Als je je cirkel van compassie uitbreidt van slechts geliefden naar mensen waar je neutraal tegenover staat (het meisje van de administratie met wie je nauwelijks contact hebt, de man tegenover je in de bibliotheek) en zelfs naar de mensen die een boze, geërgerde of anderszins negatieve associatie bij je oproepen? Als dat lukt is dit niet alleen prettig voor je omgeving – omdat je je ook vriendelijker zult gedragen –, uiteindelijk is het fijn voor jezelf. Compassie opbrengen voor de stille Willie, verongelijkte voordringer, chagrijnige ober of dat arrogante meisje levert veel op: een prettig gevoel en uiteindelijk verbinding. En dat is mooi, want feit is dat je niet altijd de mensen die je liefhebt om je heen hebt. Dan kun je maar beter die kring van verbinding flink uitbreiden.

Dit betekent natuurlijk niet dat je moeilijke, andersoortige, in jouw ogen irritante mensen meteen moet omhelzen, dat je nooit iemand links mag laten liggen of mag aanspreken op vervelend of asociaal gedrag. Door compassie te tonen word je minder slachtoffer van je eigen oordeel en ervaar je minder stress en ongemak, zodat je met meer respect en duidelijker kunt aangeven wat je dwarszit of gezond afstand kunt nemen.

CIRKEL VAN COMPASSIE UITBREIDEN

Hieronder vind je vier compassietechnieken die je kunnen helpen je cirkel van verbinding en compassie uit te breiden. Je zult er in de training ook mee oefenen.

Techniek 1: Net als ik

Je wandelt in het bos en passeert een hond. De hond blaft venijnig en laat dreigend zijn tanden zien. Gatver, wat een vals beest, denk je. Totdat je ziet dat het dier vastzit in een vossenklem. Je houding ten opzichte van de hond verandert direct van 'Wat een rotbeest, ik loop gauw door' in 'Wat zielig, hoe kan ik hem helpen?'. Gedrag hangt samen met tienduizenden factoren: genen, omgeving, opvoeding, maar ook met dagelijkse dingen als hoofdpijn, een lege maag, een naar telefoontje die ochtend, et cetera. Vaak begrijp je iemand pas echt als je zijn achtergrond kent. Dan zie je dat de ander precies hetzelfde is als jij en niks liever wil dan gelukkig zijn en lijden vermijden. In die zoektocht maakt iedereen zijn eigen, vaak onbedoelde, fouten. Verkeerde keuzes en gedragingen hebben altijd een reden, die het gedrag zeker niet altijd vergoelijkt, maar wel kan verklaren.

Het besef dat iemand, net als jij, op zoek is naar geluk (ook al ziet die zoektocht er misschien heel anders uit) geeft begrip. Zo kun je net als de Afrikaanse stam alleen het gedrag veroordelen en je grenzen bewaken, terwijl je compassievol blijft richting de persoon achter de daad.

SIT-UP

Kijk of je bij willekeurige voorbijgangers jezelf eraan kunt herinneren dat zij net als jij zijn. Een simpel zinnetje dat je gedurende de dag kunt herhalen is: 'Hij/zij is net als ik...' (Aanvullen met: op weg, op zoek, gehaast, verdrietig, et cetera.)

Techniek 2: Uitgebreide welwillende intentie

In week 6 maakte je kennis met intentietraining: welwillende woorden voor jezelf en voor geliefde personen. Deze week staat de ander weer centraal. Dit keer diegene waar je neutraal tegenover staat – je ziet alleen de functie, niet de mens: de leraar die je niet goed of slecht vindt of de vriend van je zus waar je weinig mee hebt – en degene die je ronduit niet mag of die in jouw ogen vervelend gedrag vertoont – van je autoritaire voetbaltrainer, de megalomane actrice tot de nerveuze jongen van de postkamer.

Welwillende intentie richting deze laatste personen betekent niet dat je hun gedrag wilt goedpraten, maar dat je inziet dat de mens niet perfect is. En dat je beseft dat als de ander (on)gelukkig is, de kans vele malen groter is dat ook jij (on)gelukkig zult zijn (weet je nog: gedrag en levenshouding zijn aanstekelijk!).

Waarschijnlijk zul je tijdens het oefenen enige moeite ervaren, bijvoorbeeld omdat bij de neutrale personen verveling en afleiding komen buurten, gewoon tussen jouw goede intenties door. En omdat bij de lastige mensen in je leven gevoelens van irritatie, angst, verdriet of misschien zelfs haat opkomen. Dat is niet erg, het hoort erbij. Erken die gevoelens, benoem ze en benader jezelf met compassie – jij bent tenslotte degene die op dat moment lijdt. Zo is oefenen in uitgebreide intentie tevens een oefening in zelfcompassie.

Techniek 3: De kracht van actieve compassie

Actieve compassie staat ook bekend als 'tonglen' (Tibetaans voor 'geven en nemen').[94] Je visualiseert het lijden van jezelf of anderen en neemt dit op bij een inademing, om jezelf of anderen vervolgens bij de uitademing liefde, geluk en welzijn toe te wensen. De kunst is om in een accepterende houding het ongewenste tot je te nemen, en om bij de uitademing vrijgevigheid te oefenen wat betreft alle dingen die je het liefst voor jezelf wilt houden.

Actieve compassie wordt beoefend om automatismen als het wegduwen van het onprettige en het vastklampen aan het prettige om de tuin te leiden, en om nieuwe automatismen te creëren die je veerkrachtiger en gelukkiger maken. Vergelijk dit vrijwillige lijden dat je bij de inademing ondergaat met een inenting: de prik doet pijn, wellicht word je er zelfs even ziek van, maar uiteindelijk is het doel om toekomstig lijden te voorkomen. Of deze techniek de ander op dat moment helpt, of die positieve energie ook echt bij hem of haar binnenkomt, laat ik in het midden, en dat is ook niet het doel. Het gaat erom dat je sterker staat tegenover pijn en lijden, en meer openstaat voor vreugde.

De alomvattende techniek: Vergeving

In 1993 schoot de tiener Oshea op een feestje medescholier Laramiun dood. De moeder van Laramiun, Mary Johnson, werd de eerste jaren na zijn dood geplaagd door intense haat. Omdat ze hiervan af wilde, nam ze zich voor de jongen te vergeven. Het lukte na twaalf jaar; toen kon ze het opbrengen om Oshea in de gevangenis te bezoeken. Daar volgde een emotionele ontmoeting. Oshea betuigde spijt en had berouw, en Mary Johnson vergaf hem ter plekke. De twee omhelsden elkaar in diep verdriet. Mary beschreef achteraf dat haar haat op dat moment wegsmolt als sneeuw voor de zon. Na de ontmoeting bleef ze contact houden met Oshea, en er ontstond zelfs een sterke vriendschap. Zo sterk dat Oshea na zijn vrijlating naast Mary is gaan wonen; zij beschouwt hem inmiddels als een geadopteerde zoon.

Misschien vind je dit extreme voorbeeld als een modern sprookje klinken. Of wellicht juist als een horrorfilm: want waarom zou je de moordenaar van je zoon willen vergeven? En ook bij (veel) minder erge delicten of gedragingen (stelen, liegen, vreemdgaan) stellen mensen vaak de vraag: wat heb ik aan vergeving? Er zijn talloze onderzoeken die aantonen dat vergevingsgezinde mensen minder boos, depressief, vijandig, angstig en neurotisch zijn. Ze ervaren meer welzijn, geluk en gezondheid en uiten meer compassie.[95] Ook is gebleken dat mannen doorgaans langer blijven vasthouden aan hun wrok en wraakgevoelens.[96] Voor mannelijke lezers betekent dat dus extra trainingswerk!

> *'Vergeving is de hoogste vorm van zelfwaardering.'*
>
> DESMOND TUTU

De onderstaande drie redenen worden vaak gebruikt om de ander (of jezelf) niet te hoeven vergeven; de tegenwerping is schuingedrukt:

1. De ander verdient het om niet te worden vergeven: haat is onderdeel van zijn straf. *Haten is als schreeuwen tegen de wind in: het komt bij de ander niet aan, het enige resultaat is een schorre stem.*
2. Als ik de ander vergeef, betekent het impliciet dat ik zijn gedrag goedkeur. *Misschien wel het grootste misverstand, want je vergeeft de persoon, niet zijn gedrag.*

3. Als ik de ander vergeef, betekent het dat ik mij verzoen met de ander en deze weer toelaat in mijn leven. *Als je voor jezelf inschat dat voortdurend contact met de ander niet wenselijk is, kunnen vergeving en afstand houden goed samengaan. Je houdt afstand zonder wrok, maar met welwillendheid richting de ander.*

Het boegbeeld van vergevingsgezindheid is Nelson Mandela. Hij volgde daarbij 'ubuntu': 'Ik ben omdat wij zijn.' Mandela geloofde dat we ons bestaan danken aan onderlinge verbondenheid. Na bijna dertig jaar gevangenschap koos hij daarom voor vergeving boven wraak, en zette zo de eerste schreden op het pad van apartheid naar een samenleving van saamhorigheid.

Mocht je ontmoedigd raken door de buitenaardse vergevingsgezindheid van Nelson Mandela: niet doen. Zie hem als inspiratiebron om de bumperklever achter je te vergeven, de 'boze witte man' met al zijn onwetendheid en je schoonmoeder met haar eeuwige kritiek. Als we als maatschappij willen floreren, dient vergeving gedragen te worden door onze samenleving, instituties en wetten. Maar het begint bij jezelf, bij je eigen realiteit.

SIT-UP

Pak de krant (of je iPad) en lees de koppen waar je boos van wordt. Maak contact met de boosheid. Onderzoek of er ook andere emoties onder liggen, bijvoorbeeld angst dat het verkeerd afloopt met de wereld. Of verdriet over al het lijden dat er is. Maak vervolgens contact met je compassievolle zelf en de wens om de pijn te verlichten en actie te ondernemen. Hoe was het?

JEZELF VERGEVEN

Na een snedige opmerking of roekeloze actie je verschuilen achter 'Ik was even niet mezelf' of 'Ik weet niet wat me overkwam' betekent dat je geen ruimte geeft aan zelfvergiffenis. Je ontkent daarmee het zelf, dat zijn eigen redenen had om zo te praten of te handelen. En hoe langer je je schuldige zelf ontkent, hoe harder het gaat krijsen om aandacht. Ontkennen is een vorm van weerstand en doet het schuldige zelf juist groeien in plaats van verdwijnen. Met zelfcompassie kun je jezelf vergeven en jezelf geheel accepteren.

ANDEREN VERGEVEN

Om anderen te kunnen vergeven is zelfcompassie de eerste stap. Zo laat je de boosheid los die jou niet meer dient. Vervolgens gebruik je de voorgaande technieken om je te verplaatsen in de ander: 'net als ik', het goede zien in de ander (wat kan ik leren) en de ander het beste toewensen (intentietraining). Hoe weet je nou of je iemand daadwerkelijk hebt vergeven? Iemand 'vergeven' zonder het te voelen is vaak een strategie van verdringen. Voel je dat je je nog vastklampt aan wraak- en haatgevoelens, of nemen zachte emoties van het zorg-en-kalmeringssysteem (zoals kalmte, warmte, verdriet, teleurstelling, tevredenheid) langzamerhand de overhand? Vergeving valt niet te forceren, ga geduldig te werk.

'Vergeven is het loslaten van alle hoop op een beter verleden.'

GERALD JAMPOLSKY

Eigenlijk vallen alle (zelf)compassietechnieken samen in vergeven. Om anderen of jezelf te vergeven maak je contact met je boosheid, de onderliggende pijn en onvervulde behoefte(n). Zo begint het proces van loslaten van wrok of boosheid die je niet meer dient. Hoewel vergeving in eerste instantie goed is voor je eigen welzijn – dat is zoals gezegd wetenschappelijk aangetoond – dwingt werkelijke vergeving je om te denken in termen van 'wij'. Zonder je te verplaatsen in het perspectief van de ander is het onmogelijk om de kilte die je voelt jegens de te vergeven persoon, de 'dader', los te laten. Vaak is zijn of haar schadelijke gedrag ingegeven door onwetendheid en onbewustheid. Pas als je dat inziet en invoelt krijgt vergeving een kans.

TRAINING

Deze week staat de pijn in relaties centraal. Zoals iedere week train je bij de lighttraining op momenten gedurende de dag dat de juiste situaties zich voordoen. Hoe je ook traint, het vergt moed om het automatisme van pijnvermijding te omzeilen. 'Geen zin' betekent vaak: 'Bah, eng.' Probeer door te zetten en houd je vast aan het idee dat je in deel 3, over geluk, bezig gaat met het laten floreren van je relaties. Maar *no pain, no gain*, na regen komt zonneschijn en zonder strijd geen winst en... vul de platitudes maar in.

LIGHT

Kies deze week een of twee van de vijf onderstaande oefeningen. Neem die waar je het meest bij voelt, die het meest bij jou(w situatie) passen.

OEFENING 1: VAN EMPATHIE NAAR COMPASSIE

Merk gedurende de dag situaties op waarin je je enkel empathisch richt op iemands pijn. Maak vervolgens een bewuste switch naar het geven van compassie. Sta eerst stil bij de pijn die je zelf ervaart door het zien van de pijn van de ander; daarna richt je je compassie op de ander. Maak hierbij gebruik van de technieken die je in week 5 en 6 hebt geleerd en van de sit-up op pagina 152.

OEFENING 2: SCHAAMTE SPOTTEN

Spot gedurende de dag opkomende schaamte (zoals in de sit-up op pagina 156) of roep een eerder door-de-grond-zakmoment op. Focus dan op je fysieke ervaring en registreer je negatieve kernovertuiging ('Ik kan ook niks', 'Wat ben ik toch ontactisch', 'Hij zal me wel heel dom vinden', of iets dergelijks). Benader de pijn die dan bij je opkomt vanuit het zorg-en-kalmeringssysteem. Herinner jezelf eraan dat schaamte een universele emotie is die ons allemaal verbindt.

OEFENING 3: BOOSHEID SPOTTEN

Merk door de dag heen momenten op waarop je boosheid ervaart. Je kunt je ook welbewust een situatie voor de geest halen. Richt je met compassie op de pijn en doorloop de stappen van pagina 158-159. Als je ervoor kiest om een situatie terug te halen, kun je ook de audiotrack compassie bij boosheid afspelen om je te begeleiden.

audiotrack 17. Tegemoetkomen aan je onvervulde behoeften (13 min).

OEFENING 4: OPENSTELLEN VOOR NEUTRALE EN MOEILIJKE PERSONEN

Wees je ervan bewust dat je je afsluit voor een ander of hem veroordeelt. Maak een bewuste keuze om de persoon in zijn geheel te zien. Wat maakt hem een mooi mens? Wat waardeerde je wel in hem? Wat is een warme herinnering aan hem? Wat respecteer je aan diegene? Probeer dan met de in de warming-up behandelde technieken (zie pagina 162-163) je cirkel van compassie te stretchen:

- Wat kun je van hem leren?
- De 'net als ik'-techniek.
- De welwillende intentie-techniek.

OEFENING 5: ACTIEVE COMPASSIE

Gebruik actieve compassie zodra je wordt geconfronteerd met het lijden van een ander: wanneer je een zwerver op een bankje ziet slapen, een verdrietige vriendin over haar zieke vader spreekt of een vriend over zijn scheiding. Adem de pijn in en stuur hem of haar positieve energie bij de uitademing. Gebruik je (zintuigelijke) voorstellingsvermogen en adem koude pijn in en warme geruststelling uit. Of als pijn voor jou juist warm is, adem dan de warme pijn in en de verkoelende geruststelling uit. Adem grauwe lucht in, schone uit; spijkers in, veertjes uit. Het doet er niet toe wat je je voorstelt, als het voor jou maar werkt. Zo oefen je met het toelaten van het ongewenste en met het delen van het waardevolle met anderen.

MEDIUM

Wil je deze week extra werken aan je compassiekracht? Wissel dan om de dag het oefenen met vergeving af met de intentietraining voor neutrale en lastige mensen. Voor vergeven kun je kiezen uit een van de drie zitmeditaties: 'Jezelf vergeven', 'Anderen vergeven' of 'De tienduizend dingen'. Doe de intentietraining voor neutrale en lastige mensen alleen als de intentietraining voor jezelf en geliefde personen voldoende is ingedaald. Als dat nog niet het geval is, werk dan door met de intentietraining van week 5 en 6.

audiotrack 18. Intentietraining neutraal persoon (8 min).
audiotrack 19. Intentietraining lastig persoon (15 min).
audiotrack 20. Jezelf vergeven (14 min).
audiotrack 21. Anderen vergeven (10 min).
audiotrack 22. De tienduizend dingen (9 min).[97]

INTENS

AANVULLEND OP LIGHT Als je behoefte hebt aan intensieve training, wissel deze week dan de complete intentietraining af met actieve compassie voor jezelf of anderen.

audiotrack 23. Intentietraining jezelf en anderen (23 min).
audiotrack 24. Actieve compassie jezelf (11 min).
audiotrack 25. Actieve compassie anderen (15 min).

Je kunt de audiotracks downloaden op www.sportschoolvoorjegeest.nl.

COOLINGDOWN

Hoe gaat het tot nu toe? Misschien ben je aardig op weg met compassie, begrijp je de ander inmiddels beter, durf je je kwetsbaar op te stellen en lijkt het alsof geliefden ontvankelijker zijn voor jouw behoeften. Misschien heb je ervaren wat een opluchting het is om nutteloze boosheid los te laten. En heb je ervaren dat een vrolijke houding aanstekelijk werkt. Maar het is ook goed mogelijk dat je vooral merkt hoe moeilijk en frustrerend compassietraining kan zijn. Net als bij een schildercursus of tennisles is de derde les (of week) vaak de grootste hobbel. Het initiële enthousiasme voor het nieuwe is dan al een beetje getemperd, net als de tolerantie richting jezelf dat je er nog weinig van bakt. Je baalt van je geklieder of raakt ongeduldig omdat je nog steeds niet goed kunt serveren. Bij compassietraining hekel je dat het je 'alleen' nog maar lukt om zelfcompassie te oefenen – en je vindt jezelf (hierom) egoïstisch. Oftewel, je bent 'bewust onbekwaam'.

Het is ook mogelijk dat je steeds terugschiet naar oude 'verkeerde' neigingen: je merkt juist dat je nog vaak (ver)oordeelt of je afsluit voor anderen. Het kan ook zijn dat er nog veel wrok, angst en bitterheid zit waar je tegen wil en dank loyaal aan blijft. Als deze gedachten en gevoelens spelen, bedenk dan dat ze juist loskomen omdat je bezig bent met je eigen kwetsbaarheid. En dat de angst ontstaat vanuit beschermingsmechanismes die je (onhandig) proberen te helpen overleven, die schreeuwen: 'Blijf bij het oude, verandering is eng!'

Herinner je je de 'backdraft' nog? Als je jezelf je hele leven te weinig compassie hebt gegund, kan het zijn dat compassie in eerste instantie akelig aanvoelt: je gevaarsysteem slaat op hol bij deze plotselinge en onbekende geste van warmte. Bovendien laat je met het trainen van compassie vaak pijn toe die je al heel lang hebt weggestopt.

Al met al kun je de neiging krijgen om de compassietraining te stoppen. Bedenk dan dat al deze vormen van weerstand – frustratie, boosheid, de neiging op te geven – erbij horen. Er ontstaat beweging en net zoals spierpijn is dat vervelend, maar eindig. Bovendien is dat een teken van genezing en versterking. Verwelkom jouw tekenen van weerstand en merk ze zonder oordeel op. En blijf vooral oefenen.

Ga voor jezelf eens na of je uit week 7 de volgende dingen hebt kunnen halen:

- Herken je het als je op pijn in verbinding reageert vanuit empathie? Kun je de stap maken naar reageren vanuit compassie?
- Lukt het je om compassievol je schaamte te spotten?
- Ben je in staat om onvervulde behoefte(n) achter moeilijke emoties (boosheid) te ontdekken en misschien soms al zelf te vervullen?
- Is het al gelukt om je cirkel van sympathie iets te vergroten voor neutrale en moeilijke personen, door middel van 'net als ik', intentietraining, actieve compassie en vergeving?

Heb compassie voor iedereen die je ontmoet,
zelfs als ze dat niet willen.
Wat lijkt op slechte manieren,
boosheid of cynisme is altijd een teken van dingen
die door geen enkel oor zijn gehoord, door geen
enkel oog zijn gezien.
Je weet niet welke oorlogen woeden
daar beneden waar de ziel het bot ontmoet.

MILLER WILLIAMS

WEEK

08

COMPASSIEVOL COMMUNICEREN

'If you think you're too small to make a difference, you haven't spent a night with a mosquito.'

ANONIEM

Deze laatste week van de compassietraining staat in het teken van overdragen en beklijven. Vorige week zagen we dat hoe jij je opstelt, gedraagt en verhoudt tot de mensen om je heen direct en indirect effect heeft op de mensen in je omgeving. Je glimlach van vanochtend kan effect hebben tot ver in deze week, deze maand of zelfs dit jaar. Jouw compassievolle houding heeft de potentie om aan te slaan bij je buren, familie, collega's en zelfs bij mensen ver buiten je eigen cirkel. Een van de belangrijkste middelen die je daarvoor hebt is de manier waarop je communiceert.

WARMING-UP

Een jongeman maakt een strandwandeling. Als hij richting zee loopt, schrikt hij: honderden, misschien wel duizenden zeesterren zijn aangespoeld. De diertjes sterven langzaam in de brandende zon. De jongen pakt er een op. Hij bekijkt het diertje kort en gooit het dan gauw in zee. Ook de tweede ster die hij in zijn handen neemt, geeft hij met een flinke worp weer terug aan het water. Een oude man passeert en kijkt verbaasd naar het tafereel. Hij loopt op de jongen af en vraagt: 'Wat ben je aan het doen?' De jongen antwoordt: 'Als ik een levende zeester zie liggen, gooi ik hem weer terug in zee.' De oude man reageert: 'Wat bezielt je, waarom zou je dat in godsnaam doen? Het zijn er duizenden.' De jongen zoekt ondertussen stug door en vindt weer een levende ster. Hij zegt: 'Voor al die andere zeesterren maakt het misschien geen verschil. Maar voor deze ene wel.' De jongen strekt zijn arm naar achter en gooit het zeedier zo ver als hij kan terug in de golven.

Compassie is een krachtig instrument. Het heeft het niet alleen in zich om jouw eigen leven te veranderen, maar ook – juist – dat van anderen. Compassie ontstaat bij een individu, maar heeft de potentie om veel verder te reiken. Maar dan moet je wel in actie komen. Want alleen maar denken aan compassie is als sporten in gedachten: je lijf wordt er niet fitter van.

Pas als je je intentie tot compassie omzet in actie, integreer je haar in je dagelijks handelen. En welke actie, welk middel, zet je dag in, dag uit, hoe dan ook in? Communicatie.

COMPASSIEVOLLE COMMUNICATIE

In de voorafgaande weken is de kracht van taal en communicatie al een paar keer voorbijgekomen: communiceren met aandacht, het inzetten van de magische kwartseconde om je oordeel uit te stellen om daarna een wijzer oordeel te kunnen vellen, THINK, generatief luisteren, de kracht van taal en van stemgeluid, het gebruiken van woorden als 'hoeven', 'gunnen' en 'helpen' in plaats van 'eisen', 'moeten' en 'verwachten'. Je gaat deze week nog een stap verder met compassievolle communicatie, de vorm die gericht is op het verlichten van pijn in relaties. Communicatie heeft twee kanten: zenden en ontvangen. Welke valkuilen kom je daarbij tegen en hoe kun je die met compassie vermijden?

COMPASSIEVOL ZENDEN

Praten met anderen is fijn, maar kletsen betekent ook kwetsen: in communicatie doe je anderen soms pijn. Vaak onbewust (door onhandige bewoordingen), soms kwaadwillend, zoals een sneer naar je partner, door te roddelen of een jaloerse opmerking te maken tegen een vriend(in). Kletsen betekent soms ook zwetsen, vooral als we nare of moeilijke boodschappen moeten brengen.

LIEGEN EN VERGOELIJKEN

Negatieve boodschappen brengen we niet graag. Vaak hanteren we een van deze twee technieken: we verzinnen een leugentje om bestwil of we vergoelijken wat we zeggen.

EYEOPENER

Een mens liegt gemiddeld één tot drie keer per dag,[98] mannen vaker dan vrouwen. 'Ja hoor, dat jurkje staat je super', terwijl je vindt dat 'afzichtelijk' de lading beter dekt. 'Mijn tentamen net ging hartstikke goed, mam!' Of tegen je partner: 'Nee, ik ga niet vreemd', terwijl je net een spannend appje stuurt naar je maîtresse.

Als we er wél voor kiezen om de nare boodschap over te brengen, vergoelijken we die vaak, zoals een manager bij een niet-gegeven promotie: 'Maar volgende keer ben je vast aan de beurt, hoor', ook al weet hij dat de kans minimaal is. Liegen en vergoelijken zijn zelden de juiste manieren om slecht nieuws of negatieve feedback te brengen. Het zijn kortetermijnoplossingen. Ooit komt de leugen uit of moet je alsnog met de billen bloot. Bovendien voelen ze heel onprettig.

Waar je woorden nog wel kunt verdraaien, verklapt je lijf vaak de ware boodschap (wegkijken, blozen, getrommel met de vingers). Communicatie is voor een groot gedeelte non-verbaal: mimiek, stemgeluid en lichaamshouding. Als je lichaamstaal niet strookt met je woorden, geeft dat een akelig gevoel. Dat geldt overigens ook voor de ander: zonder dat hij er de vinger op kan leggen, zal hij aanvoelen dat er iets niet klopt. En jij? Jij hebt een schuldgevoel en een knoop in je maag, en je veroordeelt jezelf om je leugen.

HET TRUCJE VAN SHIRAZ

Als je jezelf wilt helpen om minder te roddelen, te liegen, kwaad te spreken of te vergoelijken, probeer dan eens deze truc van communicatietrainer Shiraz Khan. Stel je voor dat de gesprekken die je voert worden opgenomen op camera en ze vervolgens worden vertoond tijdens een feestje waarbij al jouw geliefden en de mensen die je hoog hebt zitten aanwezig zijn, van je favoriete kleuterjuffrouw tot Gandhi, van je moeder tot Elon Musk. Door je een publiek voor te stellen dat je hoog hebt zitten, heb je een sterker objectief derdepersoonsperspectief en kun je beter inschatten wat nuttig en waar is. Zo zul je destructieve uitingen eerder afwenden en inwisselen voor de vriendelijke waarheid.

SIT-UP

Bedenk een context waarin je vaak de neiging hebt om te liegen, je integriteit even te parkeren of over de schreef te gaan. Stel je dan eens voor dat het gesprek wordt opgenomen met verborgen camera's en getoond wordt aan mensen die voor jou belangrijk zijn. Wat voel je? Wat gaat er door je heen? Schaamte, verwarring, pijn? Als de context zich weer voordoet, denk dan aan het trucje van Shiraz.

SPREKEN MET COMPASSIE

Je hebt net een paar situaties bedacht waarin je graag kwaadspreekt of liever liegt, en je bent bereid om dit anders te doen. Hoe dan (behalve met het trucje van Shiraz)? Hoe vertel je die vriendelijke waarheid? Je raadt het al... door met compassie te spreken. Door een boodschap te bréngen, niet over iemand uit te storten. Compassievol spreken betekent de – of in ieder geval jouw – waarheid spreken en dit op een niet schadelijke en constructieve manier doen, ook als de boodschap niet prettig is. Stel, je bent een manager en moet mensen ontslaan. Als je dat doet met compassie, handel je vanuit het zorg-en-kalmeringssyteem. Je hebt oog voor de pijn van je ontslagen werknemers, maar ook voor jouw eigen pijn. Je focus ligt dan op hoe je hun tegemoet kunt komen en hoe je hen kunt steunen bij deze pijnlijke gebeurtenis.

DE FORMULE VAN ROSENBERG

Zoals je al kon lezen in week 6 kan hetzelfde bericht op tig manieren worden overgebracht, afhankelijk van de woorden die je kiest en welke toon je gebruikt. Maar hoe zorg je er verder voor dat een moeilijke boodschap overkomt zoals je bedoelt? Marshall Rosenberg, psycholoog en bedenker van de methode geweldloze communicatie, stelde de volgende formulering op:

> Als X gebeurt (iets wat je feitelijk hebt waargenomen en zonder oordeel beschrijft) voel ik Y (je benoemt je emoties; als er vooral harde emoties als irritatie en woede in je opkomen, probeer dan de onderliggende zachtere emoties als verdriet of angst voor afwijzing aan te geven) omdat ik Z nodig heb (je onvervulde diepere behoeften, het liefst positief verwoord; dus niet: 'Ik wil dat je minder kritisch tegen me bent', maar wel: 'Ik zou willen dat je me meer waardeert'.).

Op deze manier lok je zo min mogelijk defensief gedrag bij de ander uit, vergroot je de kans dat de ander ontvankelijk is voor jouw wensen en schep je tegelijkertijd een duidelijker beeld van wat je zelf eigenlijk wilt.

Ik geef een concreet voorbeeld. De maatschappelijk geslaagde en niet op zijn mondje gevallen Jim was erg goed in zijn werk. Zijn baas Linda prees hem continu de hemel in. Fijn, maar hierdoor kostte het Jim nog meer moeite om haar de waarheid te vertellen: hij vond zijn werk niet meer leuk en wilde stoppen met zijn baan. Toen hij eenmaal de moed bij elkaar had geraapt en dit aan Linda vertelde, nam zij fysiek afstand van hem. Zowel in haar mimiek als in haar houding kwam ze boos op hem over.

Jim voelde direct de impuls om de zachte heelmeester te zijn: 'Misschien kan ik parttime gaan werken, zo erg vind ik het ook weer niet.' Maar hij herinnerde zichzelf aan het minimale effect van kortetermijnverlichting (een prettig gesprek) versus het maximale effect van langetermijnverlichting (blij zijn met een nieuwe baan). Dus hij hield voet bij stuk.

Daarbij kwam de formule van Rosenberg goed van pas: 'Toen ik zojuist vertelde dat ik wil stoppen met mijn baan, zag ik dat je afstand nam door je van mij weg te draaien. Ook sprak je wat kortaf tegen me, meer dan ik van je ben gewend (X). Het maakte me onzeker en gaf me een schuldgevoel (Y), omdat ik juist zo graag wil dat je me steunt in mijn besluit (Z).'

Even schrok Linda van zijn observaties en gevoelens, maar ze waardeerde zijn eerlijke en bij zichzelf geplaatste boodschap. Ze lichtte toe dat ze inderdaad teleurgesteld was, juist omdat hij zo'n goede werknemer was geweest. Maar ze zei ook dat ze hem – juist daarom – het allerbeste gunde. Uiteindelijk zijn Linda en Jim in goed overleg uit elkaar gegaan, en is Jim een mediatoropleiding gaan doen. Hij ondersteunt nu anderen bij het voeren van moeilijke gesprekken.

LICHAAMSTAAL

Als je een lastig gesprek aangaat, spreek dan, net als Jim, vooral vanuit je gevoel en je onderliggende behoeften. En laat je lichaam je hierbij helpen. Dus als je iets met compassie wilt zeggen, sla je armen dan niet over elkaar maar houd je lichaam vrij en open. Verzacht de spieren in je gezicht. En als je meer voor jezelf wilt opkomen, breng dan subtiel je borst iets vooruit. Je geest volgt je lichaam dan vanzelf.[99]

SIT-UP

Wat is voor jou een lastige boodschap waar je tegen aanhikt? Welke angst weerhoudt je ervan het te zeggen? Wat kan het je opleveren als je het wel doet? Wees vriendelijk en dwing jezelf niet om de stoute schoenen direct aan te trekken, maar laat je motiveren door je compassievolle intentie.

TIMING

Naast de manier van brengen is ook timing essentieel. De eerste dag na haar zwangerschapsverlof is het misschien niet verstandig om aan het bureau van je manager te staan om te vragen om meer salaris. Timing is een intuïtief proces, maar soms gaat de angst met je aan de haal en kies je impulsief, om er maar vanaf te zijn, het verkeerde moment, zoals de begrafenis van je oma om je ouders te vertellen dat je met je studie wilt stoppen. Hier komt aandacht(training) weer om de hoek kijken. Het helpt om minder aan dergelijke impulsen toe te geven en eerst te luisteren naar je eigen wijsheid.

Tot slot: dingen die je het moeilijkst over je lippen krijgt, zijn vaak het waardevolst. En dat geldt niet alleen voor nare of lastige boodschappen, ook positieve boodschappen maken kwetsbaar, waardoor het durf vergt om ze over te brengen. Een simpel 'Ik houd van je' wordt soms pas op het sterfbed gezegd. Of nog erger: pas uitgesproken op de begrafenis.

COMPASSIEVOL ONTVANGEN

Tijdens communicatietrainingen komen vaak de regels van feedback voorbij. Opvallend genoeg richten deze zich alleen op feedback geven, niet op hoe je feedback kunt laten binnenkomen. Dit is net zomin handig als een tennisleraar die je slechts leert serveren, maar niet hoe je de bal moet ontvangen. Niet alleen het brengen van moeilijke boodschappen is uitdagend, het ontvangen ervan kan meer dan lastig zijn. En beide zijn essentieel om constructief met elkaar om te kunnen gaan.

OMGAAN MET FEEDBACK

Als je partner je wijst op je korte lontje, is het heel moeilijk om niet met 'IK SCHREEUW HELEMAAL NIET!' te reageren. In het vorige deel heb je geleerd met open aandacht te registreren wat je gedachten en gevoelens zijn en niet meteen je eerste impuls te volgen. Met compassietraining geef je jezelf troost voor je eigen pijn en sta je open voor het lijden van de ander. Je ziet dat je partner zich door jouw (nalatende) gedrag nagelbijtend opvreet, en je doet wat je kunt om de situatie te verlichten. Of je de kritiek nou terecht vindt of niet.

Alleen als je met je ogen bent gericht op die snoeiharde service, heb je de kans om de bal goed te raken. Alleen als je negatieve kritiek binnen laat komen, kun je bepalen welke waarde deze heeft en wat je ermee wilt. Met het beoefenen van compassie ontwikkel je draagkracht om met de pijn en het ongemak van het ontvangen om te gaan. Pas wanneer je toegeeft dat je imperfect bent, sta je werkelijk open voor feedback, verbetering en ontwikkeling in plaats van dat je alleen maar je zelfbeeld beschermt.

SIT-UP

Denk aan de laatste keer dat je een moeilijke boodschap hebt ontvangen. Wat was je eerste impuls? Wees je de ander bij voorbaat de deur? Zo ja, hoe voelde dat? En wat was het gevolg voor jullie contact? Of liet je de feedback wel binnenkomen? Hoe voelde dat? Wat was het gevolg voor jullie contact?

De volgende keer dat je feedback krijgt (en dan niet alleen werkgerelateerd, ook bijvoorbeeld een opmerking als: 'Ik vond je bot/onaardig/asociaal') kun je vragen stellen als: 'Hoe zag je dat terug in mijn gedrag?', 'Wat deed het met jou?' en 'Zou je kunnen aangeven hoe ik het beter kan doen?' Als je merkt dat er pijnlijke gevoelens en gedachten opkomen, benader ze dan met compassie (gebruik bijvoorbeeld een zelfcompassiepauze). Richt je ook op de lichamelijke sensaties. Blijf ondertussen zo veel mogelijk openstaan voor de boodschap van de ander, ook als die wat ongelukkig gebracht wordt. Het is zonde als een boodschap het verliest van de vorm, als je de feedback langs je heen laat glijden onder het mom van: 'Hoe durft-ie, wat een onbeholpen eikel!'

SIT-UP

Kijk vooruit in je agenda wanneer je kritiek kunt verwachten (een beoordelingsgesprek, een nagekeken werkstuk, feedback op een presentatie). Welke verdiepende vragen zou je kunnen stellen om de kritiek te onderzoeken?

Tot slot – en dit maakt het toelaten van feedback misschien minder eng: jij blijft de baas. Je hebt altijd de keuze om te bedanken voor de kritiek en er vervolgens, weloverwogen, niks mee te doen.

MIJD DE ADVIESAFSLAG

Andermans ellende is soms heerlijk. Tenminste, als je het indirect tot je kunt nemen: door middel van een roddel of languit op de bank met een bakje popcorn terwijl het drama van het scherm of van de pagina's spat. Maar in echt direct contact vermijden we de pijn van een ander liever. Misschien herken je dit: het ongemak dat je ervaart als je wordt geconfronteerd met andermans verdriet ga je uit de weg door om de hete brij heen te kletsen of letterlijk door je te verstoppen achter een auto wanneer je de terminaal zieke buurvrouw aan ziet komen.

Een andere bekende copingstijl om dergelijke empathische pijn niet toe te laten is de 'adviesafslag'. Als je insteek is om een ander daadwerkelijk te steunen, kan raadgeven zeer nuttig zijn, maar meestal is het geënt op het verkleinen van je eigen ongemak. Het vergt moed en uithoudingsvermogen om invoelend te luisteren naar iemands pijn, zonder meteen de makkelijke weg van 'Als ik jou was...' te kiezen.

> *'In de eerste jaren op mijn werk als psychotherapeut stelde ik mezelf de vraag: hoe kan ik deze persoon behandelen, genezen of veranderen? Nu zou ik de vraag als volgt formuleren: hoe kan ik een relatie opbouwen die deze persoon kan gebruiken voor zijn persoonlijke groei?'*
>
> CARL ROGERS

Mensen willen het liefst begrepen worden. Soms is het voldoende als je dan gewoon aanwezig bent en zwijgend luistert, zonder dat je 'adviserend helpt'. Als je met compassie de pijn en het empathische ongemak kunt verdragen, heb je een sterker luistervermogen. Hierdoor voelt de ander zich gehoord en gezien. En vaak komt diegene dan zelf met een eigen advies voor zichzelf. Meestal zit het antwoord al in hem of haar en dient het alleen, met andermans luisterend oor, ervaren te worden.

DE VIER LIFEGUARDS

Naast compassie zijn er nog drie andere krachten die je kunt inzetten en die minstens zo belangrijk zijn: vriendelijkheid, medevreugde en gelijkmoedigheid. Deze vier 'lifeguards' houden elkaar in balans. Je kunt compassie, vriendelijkheid, gelijkmoedigheid en medevreugde inzetten door per situatie en persoon in te schatten wat gewenst is. Ieder 'weertype' vraagt om een andere benadering: compassie als het vriest en stormt, medevreugde als het lekker zonnig weer is, vriendelijkheid bij alledaags lichtbewolkt weer en gelijkmoedigheid bij het verstrijken van de seizoenen.

Lifeguard	Kenmerk	Directe oorzaak	Heilzaam bij	Valkuil
Vriendelijkheid (bij lichte bewolking en een vaal zonnetje)	De wens en bereidheid om welzijn te bevorderen	Het besef van het goede en het verlangen om gelukkig te zijn	Haat, afkeer	Sentimentaliteit en gehechtheid
Compassie (wanneer het stormt)	De wens en bereidheid om lijden te verlichten	Het besef van lijden en pijn	Wreedheid, leedvermaak	Medelijden, overmatige betrokkenheid, zwaarmoedigheid
Medevreugde (als de zon volop schijnt)	Het zich verheugen in succes en geluk	Het besef van voorspoed	Jaloezie, afgunst	Veinzen, gemaaktheid of overmatige euforie
Gelijkmoedigheid (bij de wisseling van het weertype)	Het brengen van innerlijk evenwicht	Het besef van onevenwichtigheid	Overmatige betrokkenheid, hoogmoed of minderwaardigheidsgevoel, extreme voorkeur of afkeer, fanatisme	Onverschilligheid

Geïnspireerd op de tabel 'De vier levensvrienden'. Frits Koster en Erik van den Brink *Compassie in je leven*.

Elke situatie vraagt om een andere kracht. Als je niet de juiste inschakelt of niet tijdig schakelt, kom je wellicht in de valkuilen uit de vierde kolom terecht. Bij vriendelijkheid is de valkuil te veel focus op het prettige. Bijvoorbeeld als je tegen je vriendin die het prima voor elkaar heeft maar even haar ei kwijt wil telkens 'Kop op' zegt, in de vorm van: 'Maar je hebt toch een mooi huis', 'Je verdient tenminste goed', 'Hoe fijn is het dat je moeder nog gezond is', et cetera. Kortom, je geeft geen ruimte aan die (weliswaar lichte) bewolking in haar leven.

De valkuil bij compassie zit in het doorschieten naar medelijden en zwaarmoedigheid, waardoor je werkelijke compassie uit het oog verliest. Schakel dan eens naar een andere lifeguard, bijvoorbeeld gelijkmoedigheid – *'It is what it is'* – om weer op te laden. Te veel betrokkenheid kan ook ontstaan in positieve zin (overmatige euforie) bij andermans geluk. Het is de valkuil van medevreugde. Neem bijvoorbeeld de fanatieke moeder die haar zoon, een talentvolle voetballer, in weer en wind komt aanmoedigen en haar hele leven inricht rondom hem en zijn sport. Ook daar kan de overgang naar gelijkmoedigheid verstandig zijn. Zo besef je weer dat alles vergankelijk is en dat je maar een beperkte invloed hebt. Dat is ook wat ouders doen die hun nest verlatende dochter loslaten, met liefde. Ze weten dat hun dochter pijnlijke fouten zal maken, maar dat ze verantwoordelijk is voor haar eigen keuzes. Als zij hier echter in doorslaan, slaat gelijkmoedigheid door naar onverschilligheid. Dan is het tijd om te schakelen naar een van de andere drie lifeguards – welke dat moet zijn, is afhankelijk van het 'weerbericht': de situatie van hun dochter.

SIT-UP

Dit is een oefening in gelijkmoedigheid. Neem een dierbare in gedachte, iemand die je al een tijdje zonder resultaat probeert te veranderen, voor diens eigen bestwil. Kom in contact met je emoties en de eventuele pijn. Herhaal vervolgens voor jezelf de volgende zinnen: 'Iedereen maakt een eigen levensverhaal. Ik ben niet de oorzaak van het leed. Ik kan bijstaan, maar geen keuzes maken. Moge hij/zij en ik in evenwicht zijn bij de pieken en dalen van het leven.' Als er woorden zijn die voor jou beter werken, dan hebben die de voorkeur, zolang ze kalmte en acceptatie brengen bij de grilligheden van het leven.

Er is nog een andere manier waarop je de vier lifeguards te hulp kunt roepen. In de derde kolom van de tabel staan de destructieve interne processen waarbij vriendelijkheid, compassie, medevreugde en gelijkmoedigheid kunnen helpen. Erger je je rot aan je collega? Richt je dan op dat wat je wel in haar waardeert: wees vriendelijk en wens haar het beste. Als je merkt dat je je verkneukelt over die zakelijke misstap van je immer succesvolle zwager, besef dan juist dat hij lijdt en wens hem verlichting toe: het is de heilzame werking van compassie. De derde lifeguard, medevreugde, kun je toepassen als je merkt dat je jaloezie voelt jegens de nieuwe liefde van een vriend(in). Wees juist blij voor hem of haar en ga mee in zijn of haar succes en geluk. Tot slot: baal je ervan dat je vakantie bijna ten einde loopt, wens jezelf gelijkmoedigheid toe.

COMPASSIEVOLLE SAMENLEVING

Terug naar de storm, terug naar de wens om te leven met compassie, het thema van dit tweede deel. Zoals al eerder aangegeven, betekent het opbrengen van compassie voor anderen niet alleen compassie voor degenen van wie je houdt. Het is ook gericht op je buren, je collega, de tuinman, de callcentermedewerker, de politieagent, de mensen die je eigenlijk niet mag en tot slot de mensen die je überhaupt niet kent of tegenkomt. En 'zelfs' op de natuur en op dieren, van olifant tot mier.

Dat vindt ook acteur en klimaatvoorvechter Leonardo DiCaprio. In zijn documentaire over klimaatverandering *Before the flood* gebruikt hij de *Tuin der lusten* van kunstschilder Jeroen Bosch – een drieluik waarin achtereenvolgens het paradijs, de zeven zonden en de hel staan afgebeeld – als beeldspraak voor hoe de mens zich verhield, verhoudt en zal verhouden tot zijn omgeving. De mensheid is inmiddels in het tweede deel beland en als we onze destructieve neigingen geen halt toeroepen, zijn we volgens DiCaprio (en de wetenschap!) ruimschoots op weg naar deel drie, want de mens is een slaaf geworden van zijn eigen genotzucht en materialisme.

AFGLIJDEN

Vanuit evolutionaire schaarste – die we in de westerse maatschappij al eeuwen niet meer kennen – zijn we geprogrammeerd voor verzamelen. 'Hebben, hebben, hebben' zit in ons bloed om te overleven. De boeman die onze hamsterneiging faciliteert is de technologie.

Neem de *fast fashion*-industrie: jaarlijks worden er 1,5 miljard kledingstukken geproduceerd. Een groot deel ervan wordt een seizoen later – want dan is het uit de mode – door menig volwassene alweer weggegooid. Vervang 'uit de mode' door 'uit de gratie', vervang 'volwassene' door 'kind' en speelgoed brengt nagenoeg hetzelfde verhaal. En in werkelijkheid gooi je meer weg dan je denkt: voor elke vuilniszak die je wekelijks buitenzet, zou je zeventig vuilniszakken kunnen vullen met alles wat nodig was om die spullen te produceren.[100]

De hebberige instelling van de mens heeft desastreuze gevolgen. Ten eerste is er een toenemende kloof tussen rijk en arm: een minutieus deel strijkt op wat er met al die productie wordt verdiend. 1 procent van de wereldbevolking bezit meer dan de rest van de wereldbevolking bij elkaar, en deze verdeling wordt, met al onze hebberigheid, steeds schever.[101] Anderhalf miljard mensen leven in extreme armoede,[102] een miljard mensen hebben dagelijks te weinig te eten.[103] En dan laten we de indirecte gevolgen van dit alles voor (het gebrek aan) gezondheid en onderwijs hier nog achterwege.

Maar ook Moeder Natuur krijgt haar portie: 90 procent van de grote vissoorten is uitgestorven, voor het einde van deze eeuw wordt een derde van alle zoogdieren, vogels en amfibieën met uitsterven bedreigd.[104] De mens heeft meer dan de helft van alle bossen gekapt, en de voorspelling is dat als we zo doorgaan, we over dertig jaar het regenwoud alleen nog maar kennen van plaatjes en verhalen.[105]

Door ons rücksichtslose grootverbruik van fossiele brandstoffen en kunstmest, de omvangrijke veeteelt en massale vleesconsumptie warmt de aarde op. En nee, dit is geen kwestie van 'valt vast wel mee': 97 procent van alle (klimaat)wetenschappers stelt dat de mensheid haar levenswijze snel moet veranderen – en die 3 procent die anders beweert, werkt vaak in opdracht van conglomeraten die belang hebben bij een 'het valt wel mee'-geluid –, anders raken we in onoverkomelijke problemen. En daar zal 'zelfs' de mens geen technologische oplossingen voor hebben.

WAT KAN IK ERAAN DOEN?

Waarom deze plotselinge tirade? Om te illustreren dat het allemaal níet meevalt en – wat misschien nog wel het ergste is – dat de meeste mensen dit stuk afgestompt (lees: zonder compassie) lezen. *Ja ja ja, wist ik allemaal al. Heel erg, maar wat kan ik eraan doen?* Om vervolgens weer de H&M te plunderen en de Action in te duiken voor wat plastic plezier voor neefje of dochter. Misschien heb ook jij geen zin in zorgen en schuldgevoel, en kijk je liever de andere kant op.

'Waarom zou ik me bekommeren om de toekomstige generaties? Wat hebben zij voor mij gedaan?' vroeg Groucho Marx zich af. Een grap, maar met een keiharde kern van waarheid. 'Wel de lusten, niet de lasten' is exact de reden dat het zover heeft kunnen komen, net als het argument dat jouw gedrag veranderen een druppel op een gloeiende plaat is. Al ben je maar één druppel, het is de enige druppel waar je honderd procent verantwoordelijk voor bent.

> **EYEOPENER**
>
> De Amerikaanse Rosa Parks nam haar verantwoordelijkheid. In 1955 weigerde de gekleurde vrouw haar plaats af te staan aan een blanke man, in een bus ergens in de Verenigde Staten. Haar persoonlijke daad van verzet triggerde een grootse opstand tegen de rassenscheiding in Amerika. Een halve eeuw na Rosa's heldhaftige actie kreeg haar land voor het eerst een gekleurde president. Rosa Parks liet zien dat duizenden druppels samen een waterval aan verkoeling kunnen vormen, en ze zette zo de eerste stap in het blussen van die gloeiende plaat van racisme.

VEEL BEREIKT

Om niet in de evolutionaire valkuil van de focus op ellende te trappen: de afgelopen vijfhonderd jaar en met name de laatste vijf decennia heeft de mensheid niet alleen vernietigd, maar ook veel bereikt. Was in 1970 nog 29 procent van de wereldbevolking ondervoed, nu is dat 'nog maar' 11 procent. De armoede is de afgelopen vijftig jaar meer afgenomen dan in de voorgaande vijfhonderd. De afgelopen vijfentwintig jaar is het aantal mensen dat toegang heeft tot veilig water elke dag met 285.000 toegenomen en wereldwijd is het oorlogsgeweld spectaculair afgenomen: dertig jaar geleden stierven er op elke 100.000 mensen 4 à 5 aan oorlogsgeweld, nu zijn dat er 1,5.

De Zweedse schrijver en activist Johan Norberg beschrijft in zijn boek *Vooruitgang* de verbeteringen.[106] Naast die duistere, kostbare, vervuilende en vernietigende kant heeft technologie ook dat heldere, verbeterende en vooruitstrevende karakter. We moeten er 'slechts' voor zorgen dat we haar op de juiste manier inzetten. Zo heeft technologie het nu al in zich om de wereldvoedselproblemen volledig op te lossen en het klimaat te redden. Als we vandaag allemaal zouden stoppen met het eten van vlees, zou iedereen te eten hebben en scheelde het miljoenen tonnen aan CO_2-uitstoot.[107] Als we zouden willen, zou bijna alle energie duurzaam opgewekt kunnen worden. Er zijn al prachtige technieken om woestijngronden om te toveren in groene oerwouden. De vraag is niet of het kan, maar wanneer we het gaan doen, wanneer we in plaats van winst te definiëren als een paar cijfers op de balans het welzijn en de leefbaarheid van onze planeet gaan tellen.

EYEOPENER

In de documentaire *Alive inside* volg je een bevlogen man. Maatschappelijk werker Dan Cohen bezoekt alzheimerpatiënten in verzorgingstehuizen om hun de favoriete muziek van hun jeugd te laten horen. De resultaten wat betreft het welzijn van de patiënten zijn verbijsterend: dankzij de muziek komen er dierbare herinneringen op, waardoor hun weggeëbde levenslust als een pijl omhoogschiet. Een filmpje op YouTube[108] van een van deze opgeleefde patiënten had niet alleen als effect dat er miljoenen geroerd naar keken, velen volgden Cohens voorbeeld, van verplegend personeel tot familieleden, om weer vreugde te brengen in het leven van alzheimerpatiënten.

COMPASSIEVOL LEVEN

De hebzucht vanuit een overactief jaagsysteem is niet jouw fout. Het is wel jouw verantwoordelijkheid om je er niet door te laten piepelen. Daarvoor heb je een moreel kompas nodig. Maar de mens is een kei in kletsen zonder daarnaar te handelen. Diverse onderzoeken laten zien dat er geen verband bestaat tussen moreel redeneren (kletsen) en proactief moreel gedrag (doen).[109] Compassietraining is echter wél sterk gelinkt aan sociaal handelen en verhoogt altruïsme.[110]

Het is dus niet zozeer de vraag hoe compassievol je bent, maar eerder of je de verantwoordelijkheid neemt om compassie te trainen. Compassie overkomt je niet, het vergt een bewuste keuze om je vriendelijk op te stellen tegenover anderen en tegenover jezelf. Om te beseffen dat niks doen, stil zijn, soms het beste antwoord is. Om mensen in nood te helpen, dichtbij én veraf. Om verder te kijken dan je eigen bank, wijntje en Netflix. Om ons ecosysteem te helpen herstellen. En om steun te zoeken als je zelf in de problemen zit. Om de wijsheid te omarmen dat je niet iedereen kunt redden, maar doet wat er mogelijk is, zonder je zelfcompassie te verliezen. Laten we met zijn allen ons best doen. Om compassie op te brengen voor mens, dier en milieu. Om de hel van de *Tuin der lusten* niet binnen te gaan, maar hard te werken, met compassie, voor het behoud van dat paradijselijke paneel.

TRAINING

LIGHT

OEFENING 1

Neem dagelijks een stopmoment (bijvoorbeeld een adempauze, zie pagina 117-118) om te bepalen of je de situatie en persoon met vriendelijkheid, gelijkmoedigheid, compassie of medevreugde tegemoet wilt treden.

OEFENING 2

Oefen dagelijks minimaal één compassievol gesprek:

- Zenden. Ga moeilijkheden niet uit de weg, gebruik de methode van Marshall Rosenberg: 'Als X gebeurt (iets wat je feitelijk hebt waargenomen en zonder oordeel beschrijft), voel ik Y (vooral de zachtere emoties) omdat ik Z nodig heb (je onvervulde diepere behoeften).'
- Ontvangen. Oefen met het ontvangen van kritiek vanuit je zorg-en-kalmeringssysteem. Experimenteer met compassievol luisteren naar andermans leed. Probeer de neiging om de adviesafslag te nemen te weerstaan. Belangrijk: benader je eigen ongemak tijdens het gesprek ook met compassie.

MEDIUM

AANVULLEND OP LIGHT

OEFENING 1

audiotrack 26. Intentietraining de hele wereld (11 min).

OEFENING 2

Wil je extra trainen? Kies dan elke dag een van de audiotracks van de voorgaande drie weken. Kijk welke het meest aansluit bij je behoefte van het moment. Je kunt ook proberen zonder opnamen te oefenen (zet dan zelf een wekker).

OEFENING 3

Besteed deze week één keer een halfuur aan een compassievolle actie. Als de activiteit het toelaat, plan haar in en zet haar in je agenda. De actie mag gericht zijn op jezelf of op een ander. Bel een goede vriend van wie je weet dat hij het moeilijk heeft, zoek op internet een goed doel om te steunen, neem een massage, geef jezelf een halfuur niksdoen cadeau.

INTENS

AANVULLEND OP LIGHT EN MEDIUM

OEFENING 1: TREK JE COMPASSIEKAART

Het zou onhandig zijn om je parachute pas in elkaar te naaien als je al onderweg bent naar de afgrond. Hetzelfde geldt voor compassie: als je eenmaal op je snuit bent gevallen, is het lastig om verder te trainen. Door je de compassievaardigheden nu (en de afgelopen drie weken) eigen te maken, heb je ze paraat als je later op je snufferd gaat. Dan nog kan het in moeilijke tijden lastig zijn om de geleerde compassie uit jezelf te halen en in praktijk te brengen. Schrijf daarom je persoonlijke compassiekaart met daarop reminders om je te helpen in moeilijke situaties.

Neem in je compassiekaart de volgende punten op:

- De **situaties** waarin je het kwetsbaarst bent. Is dit wanneer je feedback ontvangt van collega's, tijdens vakanties of juist op de maandagochtend? Is dat in contact met vrienden of als je ruzie hebt met je partner? Schrijf de situaties uit.
- De **signalen** die jou waarschuwen dat je in die kwetsbaarheidsfuik jakkert. Splits het op in mentaal (je wordt warrig, krijgt veroordelende neigingen, vervalt in een piekermodus), emotioneel (je bent lusteloos, geïrriteerd, angstig), fysiek (je krijgt hoofdpijn, een gespannen kaak, hoge adem) en gedrag (je hebt een kort lontje, slaapt slecht, isoleert jezelf, gaat juist veel uit, valt terug in je rookverslaving).
- Wat is voor jou **behulpzaam**? Bij de een is dit afleiding, de ander dient juist ruimte voor de situatie te maken, een derde wil graag alleen zijn en weer een ander zoekt gezelschap. Welke activiteiten, objecten en/of compassieoefeningen voeden jou? Welke mensen steunen jou in dergelijke situaties?
- Wat werkt voor jou **averechts**? Wat zijn je bekende valkuilen? Vaak zijn dat de dingen die op korte termijn opluchten maar waar je achteraf spijt van hebt, bijvoorbeeld verslavingen (roken, shoppen, drinken, seks, suiker), op anderen afgeven, energievretende activiteiten zoals eindeloos op internet surfen, et cetera.

Besef dat het trekken van de compassiekaart altijd moeite kost. Als je je somber, gestrest of gewoonweg totaal uitgeschakeld voelt, heb je in eerste instantie absoluut geen zin in zelfreflectie. Maar met aandacht(training) lukt het je om de signalen steeds sneller te registreren. En hoe eerder je dat doet, hoe makkelijker het is om ze, met de compassiekaart, bij te sturen.

Je kunt de audiotracks downloaden op www.sportschoolvoorjegeest.nl.

COOLINGDOWN

Na vier weken compassietraining ben je misschien wel fan van de positieve effecten, of komt het woord 'compassie' je volledig de strot uit? Het trainen van (zelf)compassie verloopt vaak volgens typische stadia, die je kunt vergelijken met die van verliefdheid.[111]

In de eerste fase ben je hoteldebotel. Zoals je je nieuwe liefde alleen maar geweldig vindt en je geen enkele imperfectie ziet, zo voelt compassie als een openbaring en dé oplossing voor alles. Je merkt de effecten en voelt je gelukkig.

Maar dan beland je in de volgende fase: desillusie. Je merkt dat de nieuwe liefde je vaak niet uit laat praten, dat hij of zij toch andere waarden blijkt te hebben of een wel heel kleffe band met zijn of haar moeder heeft. Ergernis en pijn komen opzetten. Zo kom je er ook achter dat compassietraining geen eeuwig werkende aspirine is, maar een manier om pijn te doorstaan. 'Lekker is dat, heb ik al die compassieoefeningen gedaan, voel ik me nog steeds $%^#*^$#.' Je twijfelt of compassietraining wel wat voor je is. Dit is een wezenlijk stadium waarin je 'even' moet doorzetten. Je weerstand is een signaal dat je je afsluit, maar ook een uitnodiging om je open te stellen voor wat er werkelijk speelt.

Na de desillusie treedt de derde en laatste fase in: het houden van en werkelijke acceptatie. Je accepteert je partners laksheid of diens eeuwige getelefoneer, je beseft daadwerkelijk dat compassie geen pijnbestrijder is maar een manier om een andere relatie met pijn en lijden op te bouwen. (Soms raakt het lijden dan op de achtergrond, wat je weer in de eerste fase doet belanden omdat je verliefd wordt op dit effect.) De derde fase betekent de acceptie dat we worstelen en daarbij wel wat troost en steun kunnen gebruiken.

Zit je in de desillusiefase? Geen reden tot stress. Bedenk dat oefening kunst baart. Richt je vooral op intentie, niet op resultaat. Het gaat er niet om dat je compassie binnen een paar weken onder de knie krijgt, compassietraining is een levenswerk. Net als je spieren en je conditie is het iets wat je je leven lang zult moeten onderhouden. Je compassiekracht zal, net als je aandachtspier, verslappen als je ophoudt met trainen. Aan het einde van week 4 stonden adviezen om het trainen vol te houden. Pak ze er nog eens bij, want de tips gelden net zo goed voor compassietraining.

Ook bij het oefenen van compassie kun je hulp inschakelen. Zo legt een achtweekse compassietraining een stevige basis om compassie te integreren in je dagelijks leven.

Ga voor jezelf eens na of je uit week 8 de volgende dingen hebt kunnen halen:

- Lukt het je om te spreken met compassie, ben je beter in staat om een moeilijke boodschap te brengen op een vriendelijke en constructieve manier?
- Lukt het je om compassievol te luisteren en niet meteen de adviesafslag te nemen?
- Heb je naast compassie ook vriendelijkheid, gelijkmoedigheid en medevreugde in kunnen zetten?
- Zie je compassie in het grotere geheel? Besef en doorvoel je nu meer dat ook jij, met het inzetten van compassie, invloed hebt op je omgeving en de gehele samenleving?

TOT SLOT

Twee monniken zijn op reis. Als ze aankomen bij de rivier, zien ze op de oever een vrouw. Ze blijkt bang voor de stroming en vraagt de monniken of zij haar willen helpen met oversteken. De oudste monnik aarzelt. De jongste monnik neemt de vrouw echter op zijn schouders, loopt door het water en zet haar weer neer op de oever van de andere kant. De vrouw bedankt hem hartelijk en vertrekt. In stilte vervolgen de monniken hun reis. De jongste geniet van het mooie landschap, de oudste lijkt in zichzelf gekeerd. Na twee uur wandelen verbreekt de jongste het zwijgen en vraagt hij wat er is. De oude monnik zegt geïrriteerd wat hem dwarszit: ‘We hebben geleerd om geen contact met vrouwen te hebben, maar jij draagt de vrouw op je schouders!’ De jongste monnik antwoordt: ‘Ik heb de vrouw slechts neergezet aan de overkant van de rivier, ik merk dat jij haar nog steeds draagt.’

DEEL 3

GELUKS VAARDIGHEID

'Geluk is de betekenis en de zin van het leven, de uiteindelijke bedoeling en het einddoel van het menselijk bestaan.'

ARISTOTELES

Veel mensen zoeken geluk in status, macht en succes. Voor anderen is geluk iets abstracts, waardoor je het niet makkelijk op je to-dolijst zet. Want als iets vaag is, vergeet je het of heb je er verkeerde beelden bij. Wat is voor jou geluk? In deze vier weken ga je proberen dat helder te krijgen. Wat betekent geluk voor jou? Welke dingen maken je gelukkig en hoe bereik je geluk? Want uiteindelijk telt alleen je eigen beleving.

'Sommige dingen zijn onbetaalbaar.' De bekende slogan van een creditcardmaatschappij vertelt dat je veel kunt kopen met geld, maar nét niet alles: de slappe lach, een goed gesprek met je zoon, een ontroerende ontmoeting met een vreemde. Kortom, momenten van geluk. Maar stel dat het toch kon, hoeveel zou je betalen voor zo'n geluksmoment? Een euro, een tientje of je maandsalaris? De meeste mensen leggen er gemiddeld 75 euro voor neer.[112] Klinkt misschien als een koopje, maar met die prijs zou duurzaam geluk toch écht onbetaalbaar zijn. Gelukkig hoef je je bankrekening niet te plunderen, want in dit derde deel van *Mindgym* ga je werken aan je geluksvaardigheid. Met technieken uit onder meer de positieve psychologie leer je technieken om zinvol en gelukkiger te leven.

'Om gelukkig te zijn moet je eerst weten wat geluk is.'

JEAN-JACQUES ROUSSEAU

WAT = GELUK?

Tot 2000 begrepen we vooral goed hoe we ons slecht voelen, maar slecht hoe we ons goed voelen.[113] Tegenover elk onderzoek naar geluk stonden toen namelijk zeventien studies naar depressie, psychische afwijkingen en ziektes.[114] Gelukkig is dat de laatste jaren veranderd. Geluk is niet meer voorbestemd voor de esoteriehoek in de boekwinkel, maar krijgt door een toenemende hoeveelheid wetenschappelijk onderzoek steeds meer ruggengraat én ruggespraak. Uit studies blijkt dat gelukkige mensen gezonder zijn, aardiger zijn voor zichzelf en anderen, beter kunnen omgaan met conflicten, meer veerkracht hebben voor de moeilijkheden in het leven en creatiever, succesvoller en effectiever zijn in hun werk.[115]

> **EYEOPENER**
>
> Geluk blijkt zelfs van invloed op levensduur. Zo onderzochten wetenschappers de relatie tussen geluksgevoel en de leeftijd van nonnen. De setting van dit longitudinale onderzoek (onderzoek verspreid over meerdere jaren, in dit geval zestig jaar) was zo geschikt omdat de levens van de 180 onderzochte vrouwen in het klooster nagenoeg hetzelfde verliepen. Een belangrijke bevinding van de onderzoekers was dat de nonnen die als jong meisje hun kloosterleven positief beschouwden (zij gebruikten woorden als 'geluk' en 'vreugde') gemiddeld negen jaar langer leefden dan de 'negatieve nonnen', die woorden als 'lot', 'dienen' en 'mijn best doen' gebruikten.[116]

Wat betekent geluk? Van Dale en Wikipedia komen ongeveer uit op 'tevreden zijn met de huidige leefomstandigheden'. Bijkomende emoties zijn ontspanning, vreugde, vredigheid en vrolijkheid. Wellicht associeer jij (het nastreven van) geluk met softe vrouwenbladen of 'intuïtieve "volg je hart"-coaches'. Misschien gruwel je zelfs een beetje van het woord 'geluk'. Maar stel je voor dat je een toverstaf hebt en je alles kunt wensen wat je wilt, wat zou het zijn? Een miljoen euro? Roem? De liefde van je leven? Succes? Bedenk dan eens waarom je deze dingen wenst. Herhaal bij elk antwoord als een nieuwsgierige peuter de vraag: 'Waarom?' Waarschijnlijk beland je elke keer bij hetzelfde antwoord: 'Omdat ik gelukkig wil zijn.'

> **SIT-UP**
>
> Schrijf voor jezelf op wat jij onder geluk verstaat. Welke woorden werken voor jou het best? Een klein voorzetje van woorden die bij jou kunnen aanslaan in plaats van 'geluk': kwaliteit van leven, welzijn, wijsheid, energie, vitaliteit, positiviteit, succes, fortuin, gezondheid, welbehagen, welstand, welvaart, welvaren. Reflecteer op wat de woorden die je raken voor je betekenen.

IS GELUK TE TRAINEN?

Je kunt filosoferen over een piano tot je een ons weegt, mooie muziek krijg je er niet van. Daarvoor moet je toch echt toonladders oefenen. Dit geldt ook voor geluk. Je kunt je geluksvaardigheid vergroten door haar te trainen.

Stop! Jij denkt nu misschien: je hebt makkelijk praten, maar valt geluksvaardigheid eigenlijk wel te trainen? Is het niet gewoon een kwestie van pech of eh... tja, geluk als je gelukkig bent?

Uit een Harvard-studie blijkt dat slechts 10 procent van het langetermijngeluk is af te leiden uit omstandigheden. Dat betekent dat maar liefst 90 procent in jezelf ligt. Ook Sonja Lyubomirsky, een van de bekendste gelukswetenschappers, kwam uit op deze 90:10-verhouding. Ze stelde voorts vast dat zo'n 50 procent van je geluksgevoel vastligt bij de geboorte en dat maar liefst 40 procent wordt bepaald door je *internal state of mind.*

Zelfs in de extreemste omstandigheden is het je blik die bepaalt hoe gelukkig je bent. Neuroloog, psychiater en concentratiekampoverlevende Viktor Frankl schreef in zijn boek *De zin van het bestaan* over hoe verschillend zijn medegevangenen omgingen met de meer dan erbarmelijke omstandigheden, omdat één ding de mens niet ontnomen kan worden: de vrijheid om in elke situatie zijn eigen houding te bepalen.

GELUK HANGT AF VAN JE:

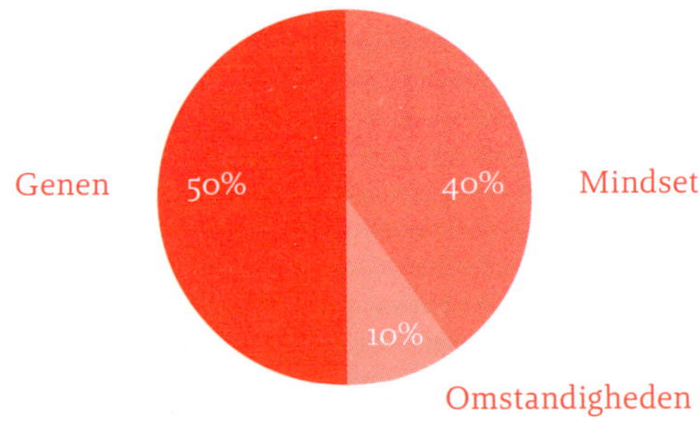

Model 'Wat bepaalt je geluk'. Sonja Lyubomirsky, *The how of happiness.*

Door middel van training kun je dus jouw basisgeluksniveau opkrikken. En hoewel het misschien niet altijd gemakkelijk is om geluk en tevredenheid in jezelf te vinden, het is onmogelijk om het ergens anders te vinden.[117]

'*Happinesss is an inside job*'[118] of, zoals John Milton in zijn boek *Paradise lost* schrijft: 'De geest schept zijn eigen plek en kan van een hemel een hel, van een hel een hemel maken.'

WAT TRAIN JE DAN?

Je traint de juiste mindset. Harvard-hoogleraar positieve psychologie Tal Ben-Shahar onderscheidt vier mindsets of archetypes wat betreft levensinstelling en het najagen van geluk. Ze zijn gebaseerd op de vraag of je winst (direct of op de lange termijn) najaagt en zo ja, welke. Ook jij hebt, waarschijnlijk onbewust, een voorkeur voor een van de vier archetypes van dit 'hamburgermodel'.

De hedonist

De hedonist kiest een vette dubbele hamburger die druipt van de cheddarkaas. Het doel is enkel om zich 'lekker' te voelen, met zo min mogelijk inspanning. Op de lange termijn is de hedonist vaak ongelukkiger. Het streven naar plezier voelt leeg en de ooit toekomstige consequenties (meer kilo's, minder gezondheid) zijn de werkelijkheid van vandaag geworden.

De ratracer

De ratracer neemt het gezonde, smakeloze exemplaar en werkt zonder ervan te genieten die droge quinoaburger naar binnen. Het doel is om gezond oud te worden. De ratracer is het 'als, dan'-type: 'Als ik mijn hypotheek heb afbetaald, dan ben ik gelukkig.' Het gaat om het doel en niet om de reis. De ratracer geniet nauwelijks van behaalde successen. De ratracer voelt zich niet gelukkig, enkel opgelucht wanneer een doel is bereikt. Al snel volgt een leeg gevoel, dat vlug wordt opgevuld met een volgend doel.

De nihilist

De nihilist bestelt een ongezonde én vieze hamburger, vet met een zompig broodje. De nihilist gelooft dat hij geen controle heeft over zijn eigen geluk en slachtoffer is van de omstandigheden. De selffulfilling prophecy is dat de nihilist ervan uitgaat dat zijn huidige ongeluk in de toekomst zal aanhouden.

De gelukkige

Gelukkig zijn er ook lekkere én gezonde(re) hamburgers: een verse burger met veel groenten op een volkorenbroodje. Plezier in het nu kan samengaan met toekomstige winst, zo denkt en bewijst de gelukkige. Niet 'of-of' maar 'en-en'. Het is de student die met plezier studeert, waardoor hij met gemak een hoog cijfer voor zijn tentamen haalt. Hij heeft oog voor de eindbestemming én geniet van de reis.

SIT-UP

Welk archetype is (nu) bij jou dominant? Ben je daar blij mee? Welk advies zou je jezelf willen geven? Suggestie: schrijf je antwoorden op.

Misschien denk je dat die gezonde, lekkere burger niet altijd haalbaar is. Dat klopt. Maar bij de gelukkigen gaan er wel een aanzienlijk aantal geluksmomenten van nu samen met geluksmomenten later. Soms botsen die twee, bijvoorbeeld bij de vrolijke dronk versus de chagrijnige kater; de hedonist is dan even komen kijken. Maar te midden van de worsteling halen ze een gevoel van geluk uit hun eigen veerkracht (de basis van compassietraining!).

HOE BEGIN JE?

De eerste stap naar geluk is weten wat geluk voor jou inhoudt. Stap twee is om die ervaringen en activiteiten expliciet boven aan je to-dolijst te zetten. Simpel maar krachtig.

Jezelf eraan herinneren gelukkig te zijn, maakt gelukkiger. Dit blijkt onder meer uit onderzoek bij zeven verschillende Fortune 500-bedrijven. De helft van de werknemers kreeg wekelijks een reminder om geluk boven aan hun prioriteitenlijst te zetten; de controlegroep ontving geen bericht. Na een aantal maanden bleek de eerste groep een stuk meer geluk te ervaren. Ze waren tevredener over de keuzes die ze maakten, zoals niet overwerken maar naar de turnwedstrijd van hun dochter gaan of niet het huishouden doen maar ontspannen.[119]

SIT-UP

Vanaf het ontwaken totdat je gaat slapen, herinner jezelf bij zo veel mogelijk handelingen, op zo veel mogelijk momenten, aan deze vraag: 'Wat maakt me gelukkiger op dit moment?' Het maakt niet uit of je aan het fietsen bent, met collega's praat of een/dit boek leest. Onderzoek wat het oplevert. Hoe beïnvloedt het je ervaring van het moment? Verandert de situatie en/of je kijk erop? Verandert je gemoed?

Een grote 'maar' bij de definiëring van een zoektocht naar geluk is krampachtigheid. Het streven naar continu prettige emoties ervaren (hedonisme) is het recept voor ongeluk en zelfs depressie.[120] Wat moet je dan wel doen? Zet geluk op één zonder het geforceerd na te jagen. Een wankel evenwicht, maar wel degelijk mogelijk. Denk aan een romantisch avondje dat je hebt ingepland: afdwingen kan niet ('Het moet nu romantisch zijn' werkt waarschijnlijk zelfs averechts), de voorwaarden scheppen (Barry White, kaasje, kaarsje) kan wel.

'Geluk is willen wat je hebt. Vergezeld van de ontspannen wens tot groei en ontwikkeling.'

WEERSTAND

Het woord 'geluk' en vooral het streven naar geluk geeft sommige mensen kippenvel, en dan niet van ontroering. Ze vinden streven naar geluk oppervlakkig, worden weeïg bij het woord of vinden de term juist te zwaar. Anderen denken weer dat je lui wordt als je gelukkig bent. Dit laatste vooroordeel is wetenschappelijk weerlegd. Succes leidt niet tot meer geluk, geluk wel tot meer succes. Je krijgt meer gedaan in minder tijd. Harvard-hoogleraar Shawn Achor noemt dit '*the happiness advantage*'. Hij stelt dat 25 procent van je werksucces wordt voorspeld door je IQ en maar liefst 75 procent door hoe gelukkig je je voelt. Een positief, gelukkig brein is volgens Achor gemiddeld 31 procent productiever dan een negatief of zelfs neutraal brein. Ook is zo'n gelukkige persoon 37 procent beter in verkopen. Is een arts gelukkig, dan zal hij of zij 19 procent sneller en accurater zijn in het stellen van de juiste diagnose. Kortom, geluk zorgt ervoor dat je brein harder, sneller en intelligenter werkt, wat weer leidt tot meer succes.[121]

De grootste kritiek op het streven naar geluk is dat het egoïstisch is. Misschien denk ook jij: we leven in een wereld met zoveel ellende, van hongersnood tot oorlogsmisdaden, en dan gaan wij rijke westerlingen focussen op ons eigen geluk? Geen navelstaarderij maar actie, dat heeft de wereld nodig! Ga dan eens na of je als je je ellendig voelt meer op jezelf gericht bent of op de ander. Wanneer ben jij het effectiefst, creatiefst en daadkrachtigst? Als je je depressief en lusteloos voelt of als je lekker in je vel zit? Uit onderzoek blijkt dat gelukkige mensen eerlijker delen, sneller helpen, meer vrijwilligerswerk doen en meer geld uitgeven aan anderen dan ongelukkige mensen.[122]

TRAININGSOPZET

Fietsen leer je niet door er een boek over te lezen. Je stapt, hoe wankel ook, op de fiets – eerst met zijwieltjes – en begint te trappen. En je valt. Ongetwijfeld. Vaak. De uitdagendste maar ook de effectiefste manier van leren is oefenen. In dit laatste deel van *Mindgym* ligt jouw kans om gelukkiger te worden. Waar je in de vorige delen hebt geleerd om destructieve patronen los te laten, ga je nu de patronen versterken waarmee je je basisniveau van geluk op kunt schroeven.

De essentie van iedere training is doorzetten, ook bij tegenslag. Je zou nu nog steeds lopen als je na de eerste val van de fiets had opgegeven. Blijf dus je geluksvaardigheid oefenen, ook – juist – als er weerstand (vaak in de vorm van verdriet) opkomt. Die weerstand toelaten (compassietraining) schept ruimte om gelukkiger te zijn.

In week 9 train je positieve emoties. In week 10 ligt de focus op relaties, een van de belangrijkste bronnen van geluk. Week 11 staat in het teken van de balans tussen plezierig, betrokken en betekenisvol leven. Week 12 richt zich op volhouden: hoe blijf je, ook als je dit boek uit hebt, werken aan aandacht, compassie en – kortom – geluk?

WEEK

09

DE BASICS

'Geluk bestaat meer uit kleine voordelen of pleziertjes die elke dag voorkomen dan uit grote voorspoed die maar zelden optreedt.'

BENJAMIN FRANKLIN

Momenten van geluk zijn vaak precies dat: momenten. Maar hoe kortdurend ook, ze zijn van grote waarde om uiteindelijk ook duurzaam geluk te bereiken. Na in de vorige vier weken het zware te hebben belicht, ga je vanaf nu je geluksvaardigheid trainen. In deze negende week beginnen we met aandacht voor het vergroten en verdiepen van positieve emoties, dankbaarheid en optimisme. Je leert hoe je je er bewust van wordt, maar ook hoe je deze emoties makkelijker opwekt en er langer mee in contact blijft.

WARMING-UP

Onderzoekers aan de University of California analyseerden 'de lach' op 140 pasfoto's van een schooljaarboek: bij wie was deze oprecht en wie forceerde een nepvrolijkheid? Een echte lach (ook wel Duchenne-glimlach genoemd) is vrij makkelijk van een onechte lach te onderscheiden. Als er kleine kraaienpootjes verschijnen, is de lach waarschijnlijk oprecht. Deze spiertjes zijn niet of nauwelijks bewust aan te spannen. Dertig jaar later vergeleken de onderzoekers de neplachers met de oprechte blije eikels. De echte lachers bleken een stuk gelukkiger dan degenen die hun lach hadden geforceerd. Zelfs het scheidingspercentage was onder de neplachers significant hoger.[123]

POSITIEVE EMOTIES

Ik heb het al eerder gezegd: angst, verdriet, boosheid en walging hebben ons mensen de afgelopen tweehonderdduizend jaar geholpen met waarvoor we geprogrammeerd zijn, namelijk overleven. Maar wat is dan het nut van positieve emoties als blijdschap, inspiratie en verheuging? De wetenschap heeft jarenlang geworsteld met deze vraag, maar er is nu consensus over. Positieve emoties zetten mensen aan tot (in)activiteit; ze ondernemen iets (opwinding) of juist niets (tevredenheid).[124] Barbara Fredrickson is de eerste die deze 'ontdekking' heeft uitgediept met haar *broaden-and-build theory*.

Omdat verbreed-en-bouwtheorie enigszins een 'gele helm en veiligheidsschoenen'-bijklank heeft, zal ik deze Engelse term gebruiken. De volgende sit-up helpt om hem te verduidelijken.

> **SIT-UP**
>
> Ga naar NU.nl of NOS.nl en lees een paar slechtnieuwsberichten over onderwerpen die je raken. Laat de boodschap echt binnenkomen. Maak dan in een paar minuten een lijstje met oplossingen voor het fileprobleem. Je hoeft ze niet te gaan pitchen bij het ministerie van Infrastructuur en Milieu, dus je ideeën mogen raar en onuitvoerbaar zijn. Neem dan een korte pauze. Denk gedurende een paar minuten aan een prettig moment in je leven, iets waar je automatisch van gaat glimlachen, zoals de geboorte van je kind, het eerste weekend weg met je geliefde of een mooi gesprek met je grootmoeder. Geniet van het opkomende gevoel. Kijk dan eens of je het lijstje met oplossingen voor het fileprobleem nog kunt uitbreiden.

BROADEN-AND-BUILD

Kwamen er na de sit-up nieuwe ideeën bij je op? De kans is groot dat dat het geval was. Ik zal je uitleggen waarom. Negatieve emoties vernauwen de aandacht als een sluitende waterlelie in het donker. Daardoor versmalt je mindset – het jaag- of het gevaarsysteem is aan het werk. Een positieve emotie is als de waterlelie die zich opent voor de zon: het zorgsysteem geeft juist ruimte aan je aandacht en verbreedt je mindset (het broaden-aspect).[125] Een zuurpruim ziet slechts de verfstreken, het blije ei ziet ook het schilderij. De positivo ziet details én heeft overzicht.

Om ook even het build-aspect te illustreren: je achtjarige nichtje of buurmeisje speelt dagelijks met haar barbies, elke dag geeft ze de poppen weer een nieuwe rol (van moeder tot filmster). Het is het broaden-aspect van haar vrolijkheid dat ervoor zorgt dat ze telkens een ander verhaaltje verzint. Tegelijkertijd werkt ze aan haar creativiteit en sociale vaardigheden op de lange termijn (het build-aspect). Vervang 'blij spelen met barbies' door 'ontspannen werken met collega's' en hetzelfde geldt voor de volwassene: een goed gemoed maakt ontvankelijk voor nieuwe ideeën en bouwt tegelijkertijd aan hulpbronnen (competenties en eigenschappen zoals sensitiviteit en doorzettingsvermogen) voor in de toekomst.

EYE-OPENER

Zelfs op microniveau bestaat het build-aspect: cellen groeien bij positiviteit, terwijl negatieve emoties over het algemeen de celgroei afremmen.[126]

Deze hulpbronnen kun je inzetten als het tegenzit. Ze helpen je op de lange termijn om flexibeler te zijn in moeilijke situaties. Want hoe meer positieve emoties je ervaart, hoe breder je aandacht is, hoe meer nieuwe ideeën en activiteiten je ontplooit, hoe meer hulpbronnen je opbouwt, hoe meer gezondheid en voldoening je ervaart, wat je weer meer positieve emoties brengt, waardoor je aandacht verbreedt... Kortom, je 'vervrolijkt' je brein; het is de positieve spiraal van positieve emoties.

POSITIVITEITSRATIO

Deze week is overigens niet bedoeld als eenzijdig pleidooi voor positiviteit. Als je naar de horizon wilt varen, is het zeil aan de mast je optimisme, het vangt de wind en geeft je energie; de kiel is negatief, die houdt je op koers.[127] Negatieve emoties helpen je alert te zijn (je herinnert je vast nog het voorbeeld 'beter een tak aanzien voor een slang dan andersom') en houden je met beide benen op de grond. Als je verliefd wordt op een huis, ben je blind voor de slechte fundering en schimmelmuren. Een tikje negativiteit helpt dan om je potentiële nieuwe onderkomen kritisch te bekijken. Hoe houd je het bij dat tikje? Door je positiviteitsratio op te krikken.

Positieve emoties verminderen of verhinderen de schadelijke effecten van negatieve emoties; dit is het zogeheten *undoing*-effect.[128] Training in positieve emoties werkt bijvoorbeeld gunstig bij depressieve klachten.[129] Maar niet alleen het absolute aantal positieve emoties dat je ervaart is van belang, ook de verhouding van het aantal positieve emoties tot het aantal negatieve emoties: je positiviteitsratio. Hoe hoger die ratio – hoe meer *uppers* ten opzichte van *downers* – hoe meer je het gevoel hebt dat je floreert.

FUNCTIONEREN OF FLOREREN

Gemiddeld hebben mensen een positiviteitsratio van 2:1 (twee positieve emoties ten opzichte van één negatieve).[130] In deze 'niks aan het handje'-gemoedstoestand functioneer je normaal. Het omslagpunt is 3:1, dan komt het gevoel van floreren.[131] Bij relaties ligt dit punt bij 5:1; er zijn vijf leuke, vrolijke of verbindende momenten nodig tegenover één negatieve om de vriendschap of verhouding als florerend te ervaren. Bij teams ligt de ratio zelfs op 6:1.[132, 133]

AANVULLEN

Hoe verhoog je je positiviteitsratio? Door aan de ene kant (de impact van) negatieve gevoelens te verzwakken (zie deel 2, Compassie) en aan de andere kant door langduriger positieve emoties te ervaren. Belangrijk is dan wel: welke emoties heb jíj nu nodig? Als je lichaam behoefte heeft aan eiwitten, is het zinloos om een extra sinaasappel (koolhydraten) te eten. Hetzelfde geldt voor emoties. Een tekort aan saamhorigheidsgevoel valt niet op te vullen met meer trots; het gevoel dat je gewaardeerd wordt sluit niet aan bij je wens voor meer bevlogenheid.

Elke behoefte die je kunt voelen valt onder een van de drie kernbehoeften: veiligheid, tevredenheid en verbondenheid – daar zijn de drie emotieregulatiesystemen weer. Pas als je weet waar je tekort ligt, kun je beginnen met aanvullen.

Met aandacht (h)erken je negatieve gevoelens. Vervolgens kijk je met welke tegenhanger je deze tegemoet kunt treden (zie schema). Hoe doe je dat? Door in actie te komen, ze actief op te wekken met je voorstellingsvermogen (zie deel 2, pagina 113-114) en/of door op te merken wanneer je het positieve gevoel waar je behoefte aan hebt wél ervaart.

	Kernbehoefte: veiligheid	Kernbehoefte: tevredenheid	Kernbehoefte: verbondenheid
Positief	Vertrouwen, vrede, kracht, kalmte, ontspanning, rust, macht, doeltreffendheid	Toereikendheid, voldoening, voldaan, **dankbaarheid**, blij, enthousiast, vervuld, succesvol	Saamhorigheid, liefde, gezien, geliefd, gewaardeerd, waardevol, gekoesterd, bijzonder
Negatief	Onveilig, angstig, boos, verlamd, verslagen, zwak, overweldigd, hulpeloos	Frustratie, teleurgesteld, mislukt, treurig, bedroefd, verdrietig, gejaagd	Gekwetst, afgewezen, verlaten, eenzaam, slecht behandeld, geïrriteerd, afgunstig, benadeeld, jaloers, beschaamd, tekortschietend, onwaardig

Geïnspireerd op de tabel 'Verbinden van enkele tegengifervaringen met negatief materiaal'. Rick Hanson, *Geheugen voor geluk*.

Voel je je wat eenzaam? Denk terug aan een fijn moment waarop je je geliefd voelde, bel een kennis of oude vriend, en probeer dankbaar te zijn voor de kleine momenten van verbinding die er wél zijn: het gesprek over het voorjaar met de bloemist, een blik van verstandhouding met de vrouw op het terras en de zwaai met schaterlach van je driejarige buurmeisje.

DANKBAARHEID

Dankbaarheid is een van de effectiefste en krachtigste geluksstrategieën, omdat het een gigantische hoeveelheid aan positieve emoties oproept. Robert Emmons, de bekendste dankbaarheidsonderzoeker, definieert dankbaarheid als volgt: 'Een gevoel van verbazing, erkenning en waardering voor het leven.'[134] In het schema op de vorige pagina staat het niet voor niks vet gedrukt. Volgens geluksprofessor Sonja Lyubomirsky is dankbaarheid een metastrategie omdat ze op zoveel verschillende manieren geluk bevordert. Om er maar even een paar te noemen:

- Dankbaarheid helpt je meer te genieten van mooie momenten, maar ook het saaie alledaagse meer te laten sprankelen.
- Dankbaarheid motiveert en bekrachtigt actie bij jezelf én bij anderen. Ze maakt energieker en stimuleert positieve emoties.
- Daarnaast vergroot dankbaarheid je copingvaardigheden in lastige situaties.
- Dankbare mensen negeren de moeilijkheden in het leven niet, maar kiezen ervoor ook de positieve kanten te belichten.
- Ook stimuleert dankbaarheid prosociaal gedrag, zoals het geven en tonen van compassie.
- Dankbaarheid is hét medicijn tegen sociaal vergelijken en de bijbehorende destructieve emoties als jaloezie.[135]
- Tot slot verkleint ze de kans dat je depressief, eenzaam en angstig wordt.[136]

SIT-UP

Waarvoor ben jij dankbaar in je leven? Kijk eens of je bij iedere vinger van je hand iets kleins of groots kunt bedenken waarvoor je dankbaar bent. 'Handige dankbaarheid' kun je op elk moment van de dag doen, bijvoorbeeld mijmerend in de trein of wachtend in de rij.

'Boredom is simply a lack of attention.'

FRITZ PERLS

MINDSET

Lukte het je om iets te vinden waar je dankbaar voor bent? Of kwamen er vooral dingen bij je op die je mist? Dan zit je in de mindset van schaarste. Het goede nieuws is dat je jezelf kunt trainen in het switchen naar de mindset van overvloed, waarbij je ervan uitgaat dat er genoeg is voor iedereen en je tevreden bent met wat je hebt.

In haar boek *Attitudes of gratitude* verwoordt Mary Jane Ryan de overvloedsmindset zo: 'It lights up what is already there. You don't necessarily have anything more or different, but suddenly you can actually see what is. And because you can see, you no longer take it for granted.'[137] Daar is die zaklamp van aandacht weer, en wel *in your face*. Als je namelijk met voldoende aandacht leeft en kunt schakelen tussen de verschillende vormen van aandacht, heb je het vermogen om uit je automatische piloot te stappen en ben je in staat om je zegeningen te tellen, ook op de saaie en moeilijke momenten.

SIT-UP

Als je merkt dat je klaagt of moppert, vervolg dan de gedachte of uitspraak met 'en', waarna je meteen iets toevoegt waarvoor je dankbaar bent. Bijvoorbeeld: 'Wat vervelend dat het nu regent... én gelukkig zitten we droog in de auto.' Of: 'Ik ging helemaal af bij die presentatie én ik heb het wel gedurfd.' Kijk wat het je oplevert. Als je merkt dat het je goeddoet, focus op dat gevoel. Deze sit-up is ook leuk om samen met iemand te doen, bijvoorbeeld met die in jouw ogen immer klagende vriend(in).

RELATIONELE DANKBAARHEID

Belangrijk bij dankbaarheid is dat je er uiting aan geeft. Je eigen gevoel van dankbaarheid zal hierdoor toenemen, maar het versterkt ook je relaties.[138] Zowel jij als de ontvanger van het bedankje ervaart positieve emoties als ontroering, hoop, trots en – opnieuw – dankbaarheid.

SIT-UP

Wie ben jij dankbaar? Denk aan kleine dingen – omdat hij je heeft getrakteerd op de film, omdat zij je hielp met verhuizen – maar denk ook dieper – omdat zij je heeft gesteund tijdens een groot verlies of omdat hij altijd in je heeft geloofd. Verwoord waarom je diegene dankbaar bent, wat je zo fijn aan hem of haar vindt en wat dit met jou doet. Pak nu je telefoon en stuur een 'gratitext': een berichtje via WhatsApp (of sms of e-mail) met je dankbetuiging. Bedenk zonder het antwoord af te wachten wat deze oefening met jou doet. Focus op dat gevoel in je hoofd, hart of lichaam. En als je een antwoord krijgt, richt ook dan weer de aandacht op wat het bij jou teweegbrengt.

Bedank ook eens iemand buiten je eigen kring, denk aan mensen tegenover wie je neutraal staat, aan de persoon op de achtergrond of degene die je stiekem voor lief neemt. Bedank de helpdeskmedewerker, de kantinejuffrouw, de stratenmaker en zet eens de lichttechnicus in plaats van de acteur in de schijnwerpers. Maak het specifieker dan 'Dank je wel'; verwoord wat je zo goed aan hem of haar vindt, wat diens actie of persoonlijkheid met jou heeft gedaan of waarom je bent geraakt.

SIT-UP

Kijk (vandaag) eens rond op zoek naar mensen die weinig erkenning en dankbaarheid ontvangen. Maak contact en vertel die persoon wat je specifiek aan hem of haar waardeert.

DANKBAARHEID 2.0

Dankbaarheidstraining voor gevorderden bestaat uit het betuigen van dankbaarheid voor dingen waar je in eerste instantie niet persé dankbaar, of zelfs 'antidankbaar', voor bent. Zoals het tl-licht op kantoor, je zwakke gestel, je stinkende collega en de lekkende dakgoot. Wat helpt is denken aan de waarde van andere aspecten (die stinkende collega is megahulpvaardig) of aan de tegenhangers (van donkere werkruimte tot geen dak). Voorwaarde voor deze oefening is wel dat je er echt in gelooft.

> Wees vandaag ongewoon dankbaar voor het gewone en het ongewone: voor je grote teen tot je schoudertas, van de onverwacht hoge rekening van de fysiotherapeut tot de regenbui waar je middenin zit.
>
> **SIT-UP**

'*What doesn't kill you makes you stronger*', een vreselijk cliché, maar het klopt (vaak). Mensen die veel hebben moeten doorstaan, van ziekte tot verlies, kunnen vaak veel levensvreugde ervaren en genieten van de kleine dingen.[139] Voetnoot: dit geldt niet voor mensen die zich vastklampen aan hun slachtofferschap of mensen die zich wentelen in verdriet of boosheid; zij zullen van nare gebeurtenissen weinig tot niks opsteken. Alleen degenen die de waarde van hun lijden kunnen inzien (zoals je hebt geleerd in deel 2, over compassie) en er dankbaar voor kunnen zijn, leren van hun pijnlijke verleden.

> Pak pen en papier en reflecteer op een worsteling in je verleden die uiteindelijk een gouden randje kreeg. Hoe kwam dit gouden randje tot stand? Leunde je achterover en wachtte je tot het overging? Of ging je er actief mee aan de slag? Wat heb je ervan geleerd? Reflecteer vervolgens op een grote uitdaging, worsteling of dilemma waar je nu middenin zit. Wat is de verborgen waarde achter dit lijden? Welke levenslessen kun je eruit destilleren? Schrijf je antwoorden op.
>
> **SIT-UP**

Het voelen en uiten van dankbaarheid voor moeilijke mensen in je omgeving is lastig. De oogkleppen van irritatie en ergernis zetten de mooie kanten van die personen buiten beeld. Je ziet niet (scherp) wat hij of zij wel voor jou, anderen of de wereld heeft betekend (of nog steeds betekent). Een voorbeeld is de dominante manager die jou door zijn gedrag heeft geleerd beter voor jezelf op te komen.

> Denk aan een in jouw ogen vervelende, lastige of irritante persoon. Iemand bij wie je je ongemakkelijk voelt of ronduit naar. Bedenk welke aspecten of eigenschappen je in hem of haar waardeert, waar je dankbaar voor bent. Je hoeft het niet te uiten, maar probeer de dankbaarheid wel oprecht te doorvoelen.
>
> **SIT-UP**

In een grootschalig onderzoek naar dankbaarheidsoefening bleken betrokken en intrinsiek gemotiveerde deelnemers sterkere positieve effecten te ervaren van hun dankbetuigingen.[140] Het is dus niet geluk wat je dankbaar maakt. Het is dankbaarheid wat je gelukkig maakt. Het enige wat je hoeft te doen is het te wíllen.

OPTIMISME

Optimisme is het derde instrument op weg naar geluksvaardigheid. Het levert zoveel voordelen op dat het gewoon saai is om ze weer allemaal op een rij te zetten, maar oké: een betere gezondheid, betere prestaties en meer welzijn. En – niet onbelangrijk – van de bijna duizend ouderen die negen jaar lang werden gevolgd, bleek een optimistische inborst het beste medicijn voor een langere levensduur.[141]

In elk mens zit een pessimist en een optimist verborgen die aan kracht winnen wanneer je ze aanhaalt. Zo versterken advocaten de pessimist in zichzelf, omdat ze de aandacht meestal moeten richten op negativiteit. Het maakt de beroepsgroep 3,6 keer meer dan gemiddeld vatbaar voor depressie.[142] Onbewust versterk ook jij je pessimistische kant, alleen al met de stuitende hoeveelheid negatieve nieuwsberichten die sinds het digitale tijdperk op je wordt afgevuurd. Het Kinderen voor Kinderen-liedje uit de jaren tachtig 'Als ik de baas zou zijn van het journaal', waarin het belang van ook eens goed nieuws brengen wordt bezongen, had echt wel een punt. Ga eens na, voed jij vooral je optimist of de pessimist?

SIT-UP

Geef jezelf eens geen *breaking news* maar een *newsbreak*: kijk een dag of – liever nog – week geen journaal, lees geen (online)kranten en open niet de nieuwsbrief van Blendle. Let in plaats daarvan eens extra op dingen in je omgeving die je optimistisch stemmen, zoals een kennis die net genezen is verklaard, de slimme blindengeleidehond in de tram en het meisje dat op de stoep staat te goochelen voor het goede doel.

OPTIMISME OVER MORGEN

Hoe je naar de toekomst kijkt, blijkt in sterke mate je levenstevredenheid in het heden te beïnvloeden. Het positieve effect van een zonnige kijk op de toekomst is zelfs bijna drie keer groter dan een goed huwelijk.[143] Dit is geen pleidooi voor continu uitgaan van het goede en dromen van een zoete wereld vol honing, bloemenjurkjes en donzige konijntjes. Een tikje wrijving en vooral ook realiteitsbesef is onontbeerlijk. Zo bleek uit een onderzoek van sociaal psycholoog Gabriele Oettingen onder studenten uit de lagere sociale klassen in New York dat degenen die gestimuleerd werden om de American dream na te jagen, slechter presteerden dan de studenten met een reëler toekomstbeeld. Moet je dan toch maar azijn pissen? Nee zeker niet, '*mental contrasting*' is het effectiefst: je beeldt je een positieve uitkomst in, maar met de obstakels die je onderweg eventueel tegenkomt. Oftewel je urineert dus een mix van azijn en limonade. De studenten die dit principe toepasten, hadden meer kans om hun gestelde doelen te behalen.[144]

SIT-UP

STAP 1: Welke prestaties en eigenschappen vind je belangrijk en wat wil je graag verwezenlijken in de toekomst? Maak eerst onderscheid tussen de drie verschillende domeinen persoonlijk, relationeel en professioneel en kies er één om mee aan de slag te gaan in deze sit-up.
STAP 2: Schrijf een gewenst toekomstbeeld op. Neem hier een aantal minuten de tijd voor en bedenk dat het niet in de boekhandel komt te liggen, dus mooischrijverij is niet nodig.
STAP 3: Visualiseer die toekomst en richt je vervolgens op de eventuele positieve gevoelens die opkomen. Ervaar ze.
STAP 4: Stel je ook de eventuele obstakels voor (te weinig tijd, een onwelwillende collega, een product dat niet leverbaar is) en de manier waarop je daar constructief mee om kunt gaan. 'Wat maakt je het gelukkigst?' is een vraag die je kunt meenemen in het omgaan met de obstakels.

Met deze sit-up versterk je je kortetermijnoptimisme[145] (of het ook effect heeft voor de lange termijn wordt nog onderzocht). De oefening werkt het best wanneer je haar een aantal dagen achter elkaar doet. Beschrijf telkens een ander toekomstbeeld (uit een ander domein), om het effect vers te houden. Wil je steeds hetzelfde toekomstscenario gebruiken? Dan mag je na de eerste keer stap 2 (het opschrijven) overslaan.

Blessurewaarschuwing

Een valkuil bij de visualisatie van een zonnige toekomst is dat je een discrepantie ervaart tussen je staat nu en die in de toekomst. Het gevolg is dat je ontevredenheid juist toeneemt. Droom dus over de toekomst vanuit acceptatie van de huidige situatie – zoals een tevreden boer die zijn land bewerkt in de hoop op een goede oogst.

OPTIMISME OVER GISTEREN

Optimisme over de toekomst hangt samen met hoe jij geneigd bent goede en slechte gebeurtenissen uit het verleden te verklaren: bezie je ze als tijdelijk of permanent, globaal of specifiek, en verklaar je ze door te internaliseren of juist te externaliseren?

Stel, je hebt een teambuildingsessie geleid en vangt op de wc per ongeluk een gesprek op van collega's. 'Wat was het saai! Ik wou dat ik het had opgenomen, die stem werkt beter dan slaappillen!' Iemand met een pessimistische inslag reageert hierop permanent ('Ik kan ook nooit iets goed doen en al zeker niet presenteren'), globaal ('Eigenlijk kan ik niks echt goed') en intern ('Ik doe er niet toe, ze hebben gelijk: ik ben saai'). Een optimist redeneert precies tegenovergesteld (tijdelijk, specifiek en extern): 'Het was niet mijn beste optreden, maar ik weet dat ik het kan. Daarbij had collega X duidelijk een slechte dag, dus ik neem zijn mening met een korreltje zout.' Was het een lovend verhaal geweest, dan had de pessimist het juist afgedaan als tijdelijk, specifiek en extern, terwijl de optimist zou zeggen: 'Ik kan inderdaad goed presenteren en heb sowieso veel kwaliteiten. Dankzij mijn goede voorbereiding en talent om mensen te verbinden heb ik die sessie voor elkaar gebokst.'

Kortom, pessimisten wijzen bij negatieve gebeurtenissen zichzelf aan als de schuldige,[146] terwijl ze bij positieve zeggen: 'Het was een toevalstreffer' (de omgeving was verantwoordelijk, niet de pessimist zelf). Ze geloven daarbij dat negatieve gevolgen altijd zullen voortduren en dat de fout vastzit in hun (onveranderbare) karakter. Optimisten schrijven succes aan zichzelf toe en falen aan de ander (of het lot). Ze zien zichzelf als oorzaak van de goede gebeurtenissen, geloven dat hun kwaliteiten permanent en stabiel zijn en wijten slechte gebeurtenissen aan de omgeving of de uitzondering van het moment. Je kunt jezelf trainen in optimisme.

> **SIT-UP**
>
> Schrijf een recente prettige gebeurtenis op en oefen de optimistische kijk: permanent, globaal en intern. Bijvoorbeeld: 'Ik kreeg een lief kaartje. Dit komt omdat ik aardig ben (intern), dat vinden veel mensen (globaal), dat zal vast altijd zo blijven (permanent).' Doe hetzelfde voor een negatieve gebeurtenis en maak deze extern, specifiek en tijdelijk. Overdrijf het niet, probeer aan te sluiten bij wat je daadwerkelijk gelooft.

Het mooie van de optimistische wijze van verklaren is dat je minder vastzit aan 'in het verleden behaalde resultaten'. Stel, je hebt een nare, onveilige jeugd gehad, dan leert deze manier van kijken dat je niet die jongen of dat meisje van vroeger bént en dat je kunt loskomen van het aangeleerde slachtofferschap.

Blessurewaarschuwing

Het gevaar van deze techniek is dat je erin doorslaat, dat je nooit enige verantwoordelijkheid neemt. Je schuift je missers structureel af op de ander of op toeval, en klopt jezelf bij elk positief verhaal op de borst, ook als het je zus/collega/medewerker is die de schouderklop had verdiend. Je moet zien te balanceren tussen jezelf 'voorliegen' en de harde realiteit: flexibel optimisme. Wees realistisch over risico's en je eigen fouten, maar blijf het geloof hebben dat je desondanks een betere wereld kunt scheppen. Zo ontkent een flexibele optimist die door een ongeluk verlamd raakt aan zijn benen niet dat hij nooit meer zal lopen, maar hij ziet nieuwe mogelijkheden en gaat de toekomst met vertrouwen tegemoet. Een heldere geest door aandachttraining laat je inzien wanneer optimisme gepast is en wanneer niet.

OPSLAAN ALS

Vaak overdrijf je hoe gelukkig je was op bijzondere momenten – terugdenkend aan de vakantie in Frankrijk vergeet je voor het gemak even de buikgriep, vertraging en de ruzie op de ringweg Parijs – en onderschat je het geluksgevoel op normale dagen, zoals op die dinsdagochtend op kantoor bij het koffiezetapparaat. Een andere neiging van het brein is het begin-piek-einde-effect. De eerste duik van je vakantie, jouw goal tijdens de verder saaie voetbalwedstrijd en de laatste keer seks met je ex: je brein onthoudt met name het begin en nog sterker het einde en de (emotionele) piekmomenten van een gebeurtenis. Zo kweek je vervormde herinneringen en kan het gebeuren dat je op basis daarvan verkeerde beslissingen neemt over de toekomst. Door je hier bewust van te zijn en reëler te kijken naar je ervaringen kun je een besluit beter funderen. Je kunt deze kennis ook in je voordeel gebruiken, door meer positieve herinneringen te kweken.

Wil je een fijne herinnering aan de stedentrip naar Berlijn? Zorg ervoor dat de trip niet voortkabbelt en plan een 'piek' in, zoals een sterrenrestaurant of bungeejumpen (of iets wat bij jou past). En *save the best for last*. Je herinnert je de trip dan niet alleen positiever, je kunt het positieve gevoel ook makkelijker terughalen; je brein is een wollen trui gevuld met positieve herinneringen.

SIT-UP

Geef jezelf vandaag één piekmoment en sluit de dag af met een vrolijke noot.

BEKLIJVEN

Je brein draagt vaak een regenjas voor positieve emoties: blijdschap of enthousiasme glijdt er als een druppel vanaf, je bent het fijne gevoel snel weer kwijt. Maar bij negatieve emoties draagt het juist een wollen trui: irritatie, boosheid en verdriet blijven lang hangen in die harige massa. Gelukkig zijn je hersenen veranderlijk (zo zag je al in de inleiding van dit boek) en te programmeren. Emoties die je aandacht geeft, zullen groeien en sterker worden.

Alledaagse blije momenten (het net halen van je trein, een kaartje van een geliefde, de zon die onverwacht toch schijnt) worden opgeslagen in het kortetermijngeheugen. En als je aan de ervaring geen aandacht schenkt, wordt deze weer gewist. Wat je wilt bereiken is een duurzame verandering op je interne harde schijf. Als je de moeite neemt om lang genoeg (minstens acht seconden) je aandacht te focussen op de fijne ervaring, gaat de informatie naar je langetermijngeheugen en programmeer je je hersenen positief.[147] Hoe vaker je dit doet, hoe makkelijker het zal gaan en hoe ontvankelijker je brein is voor positiviteit. En de bonus: voor negatieve emoties trekken de hersenen juist vaker de regenjas aan.

HUIS

Rick Hanson ontwikkelde een techniek waarmee je goede ervaringen leert herkennen – ook tijdens de tartaar en broccoli op maandagavond – en ze in je op te nemen en te bewaren, door je hersenen anders te programmeren. Zijn methode HUIS bestaat uit vier stappen:

Hebben van een positieve ervaring

Je ondergaat een positieve ervaring als een welkome gast. De ervaring komt spontaan aanwaaien (de zon op je huid of een verrassend gesprek) of je wekt haar op met je voorstellingsvermogen of met een bewuste actie, bijvoorbeeld door iemand een compliment te geven of door je huis op te ruimen. Focus je vervolgens niet op de schone keuken, maar op de ervaring. Wat doet het met je, hoe (lekker) voel je je nu?

Uitvergroten van de positieve ervaring

Vergroot nu die positieve ervaring uit en verrijk haar – je geeft de welkome gast een stoel en biedt hem iets te eten aan. Stel je volledig open voor het positieve gevoel en houd dit bewust tien tot vijftien seconden langer vast dan 'normaal'. Probeer er helemaal in op te gaan. Richt je vooral op al je zintuigen; daarmee maak je de ervaring intenser.

Verken tijdens deze stap ook nieuwe inzichten, met name die inzichten die de ervaring voor jou persoonlijk relevant maken. Hierdoor zal de ervaring meer beklijven. Onderzoek bijvoorbeeld hoe het lezen van een roman, het bezoek aan een wielerwedstrijd of het geanimeerde gesprek met de krantenjongen jou verrijkt en een verschil van betekenis maakt. Het antwoord, de andere kijk of het nieuwe perspectief komt alleen binnen als je erbij stilstaat en de ervaring uitvergroot.

Installeren van de positieve ervaring

Je besluit nu bewust om de ervaring te laten landen in je geest. De welkome gast mag blijven slapen; je slaat de ervaring op in je brein. Wat nu helpt is je voorstellingsvermogen: zie voor je hoe je de ervaring insluit in je hart of opslaat met Ctrl-S. Misschien voel je de positieve ervaring door je lichaam stromen of stel je je voor hoe je brein hiervoor zijn wollen trui aantrekt. Zoek een beeld dat jou helpt, dat bij jou werkt. Hoe sterker je deze emoties in je lichaam kunt ervaren, hoe dieper ze in je brein worden ingebed. Houd deze stap vijftien tot twintig seconden vast.

Samenvoegen van de positieve ervaring met een negatieve ervaring

Soms komen negatieve herinneringen, van pijnlijk blauwtje tot heftig ongeluk, ongevraagd en zonder functie op. Dan is loslaten moeilijk. Maar wist je dat je een negatieve herinnering kunt overschrijven met een (huidige of recente) positieve ervaring? *Neurons that wire together fire together.* Je kunt dus ook zelf de poten-op-tafelgast uitnodigen, want nu de welkome gast er ook is, ervaar je zijn aanwezigheid als minder erg.

Bij deze stap link je dus de positieve ervaring aan een negatieve ervaring uit het verleden. Zo herken je de angst en hulpeloosheid, erken je boosheid of verdriet, maar je laat je niet meer meeslepen. Je haalt de welkome gast erbij, geeft hem een kingsize bed en legt die vervelende gast op een stretcher. Kijk eventueel (vooraf) in het schema van kernbehoeften van pagina 205 om te zien welke positieve tegenhanger je negatieve gevoel kan verhelpen. Zo plak je bijvoorbeeld dankbaarheid aan teleurstelling, ontspanning aan onveiligheid en waardering aan jaloezie.

Je wilt de positieve ervaring in de spotlight zetten en de negatieve ervaring in haar schaduw. Houd daarom deze stap minimaal vijftien seconden vast en eindig met een volledige focus op de positieve ervaring. Als de negatieve herinnering in de (nabije) toekomst weer opdoemt, activeer je nu eerder en gemakkelijker de positieve ervaring. Het is alsof je onder de pijnlijke scène een vrolijk muziekje opzet. Je kunt ervoor zorgen dat het positieve gevoel niet wordt overschaduwd door het negatieve, door in het uur na stap S nog een paar keer vijftien seconden stil te staan bij de positieve ervaring of minimaal bij neutrale gevoelens.

Begin bij deze stap met makkelijk hanteerbare lastige ervaringen, zoals een boete of kapotte telefoon. Als stap S nog even te moeilijk voor je is, laat je die voorlopig zitten. HUI is al heel wat; daar bereik je al een boel mee. Haal in elk geval geen traumatische gebeurtenissen aan bij S, want dan is professionele begeleiding gewenst.

Probeer met ontspanning en dankbaarheid de positieve gevoelens te ontvangen en het zonder oordeel op te merken als ze weer wegebben en je mondhoeken weer gaan hangen. Het zal je positieve ervaring juist langer en intenser maken. Probeer niet te veel te analyseren. Als je tijdens HUIS meer nadenkt dan dat je ervaart, merk dit dan op zonder oordeel en richt je aandacht weer op je lichaam en de positieve sensaties.

Bij het beoefenen van HUIS zullen er vaak negatieve gemoedstoestanden opkomen (zie stap S), oftewel de nare, irritante gasten. Je kunt ook bemerken dat je het lastig vindt om jezelf positieve emoties te gunnen. Kies er ook dan voor om compassievolle aandacht te schenken aan wat er is, of om de moeilijke ervaring los te laten en je aandacht weer terug te brengen bij het prettige.

Het beoefenen van HUIS versterkt de aandachtspier. Als je monkeymind weer eens met je aan de haal gaat, richt je geduldig de aandacht op je lichaam of het focuspunt van dat moment. Hoe vaker je HUIS doet, hoe meer zin je erin krijgt en hoe makkelijker het zal gaan.

TRAINING

In de sportschool, aan de wandel, in de keuken: hoeveel tijd spendeer jij aan het trainen van je lichaam? Geluk vergt net zoveel inzet. En die zal zich dubbel en dwars terugbetalen. Deze week oefen je met het opmerken en opwekken van meer positieve emoties én leer je er langer mee in contact te blijven.

Optimistisch denken en het belang van dankbaarheid zijn niet nieuw voor je. Ze daadwerkelijk trainen waarschijnlijk wel. Laat dus eventuele twijfels ('Wat heb je hier nou aan?') en scepsis ('Wat een open deur') je niet beletten om de ruimte waartoe de open deur toegang biedt binnen te gaan.

LIGHT

Kies deze week om blessures te voorkomen elke dag een van de drie volgende oefeningen.

OEFENING 1: HERHAAL MOOIE MOMENTEN

Neem op een rustig moment, wanneer je comfortabel zit, een paar minuten om door het fotoalbum in je hoofd te bladeren. Herbeleef gelukkige momenten in je leven; doe dit met al je zintuigen. Probeer niet te analyseren maar focus op de ervaring en koester de opkomende positieve emoties.

OEFENING 2: DANKBAARHEIDSTRAINING

Train dagelijks enkele keren per dag een van de dankbaarheidsoefeningen uit de sit-ups: handige dankbaarheid, zeg eens 'en...', de gratitext (live mag natuurlijk ook!), relationele dankbaarheid, dankbaarheid 2.0 of het gouden randje. Wissel geregeld van oefening, zo zorg je ervoor dat je het niet als en 'moetje' gaat ervaren en het plezier behoudt.

TIP VAN DE TRAINER

Iedere dag hagelslag op je brood zal op een gegeven moment vervelen. Dit geldt ook bij dankbaarheid(straining): houd het fris door te variëren in oefeningen en *don't overdo it*. Zowel voor de gever als de ontvanger devalueert de waarde van een compliment of dankbetuiging als die te vaak wordt geuit. Wees dus alert: als je dankbaarheid(straining) als een routineklus gaat ervaren, verander dan de frequentie of de vorm. Vervang de gratitext voor bijvoorbeeld 'relationele dankbaarheid' of – nog beter – bedenk je eigen dankbaarheidsoefening.

OEFENING 3: OPTIMISME

Schrijf dagelijks drie positieve gebeurtenissen op en analyseer ze als een optimist: intern, globaal en permanent. Schrijf ook één negatieve gebeurtenis op en bezie die extern, specifiek en tijdelijk.

Alle voorgaande oefeningen kosten nauwelijks tijd, maar brengen wezenlijke en blijvende veranderingen teweeg. Kortom: weinig moeite, veel winst.

MEDIUM

AANVULLEND OP LIGHT

OEFENING 1

Wil je je geluksvaardigheid extra trainen, wissel dan om de dag de dankbaarheidsmeditatie af met HUIS. Je kunt de dankbaarheidsmeditatie ook in stilte doen. Zet dan een wekker voor over tien minuten en kom uit jezelf in contact met de dingen waar je dankbaar voor bent.

audiotrack 27. Oefening in dankbaarheid (10 min).
audiotrack 28. HUIS: Neem het goede in je op (14 min).[148]

OEFENING 2

Start een geluksalbum. Vul een boekje met dierbare foto's, herinneringen, gedichten, grappige kaarten, plaatjes, lieve briefjes van je partner: dingen die jou in het verleden een goed gevoel hebben bezorgd. Kijk de komende week een paar keer in het boek en herbeleef weer die momenten van geluk. Als je voelt dat gewenning intreedt, kijk je misschien te vaak. Houd het album dan weer even een paar dagen dicht.

INTENS

AANVULLEND OP LIGHT EN MEDIUM

OEFENING 1

Heb je behoefte aan een intensieve training deze week? Doe dan naast de lighttraining dagelijks zowel de dankbaarheidsmeditatie als HUIS.

OEFENING 2: DANKBAARHEIDSBRIEF

Neem een persoon in gedachten die je nooit goed hebt bedankt. Kies niet je geliefde of crush of iemand bij wie je het gevoel hebt dat er nog een 'rekening' openstaat, maar iemand voor wie je puur dankbaarheid voelt. Schrijf een dankbaarheidsbrief aan deze persoon van ongeveer één A4'tje. Neem de tijd om zo goed mogelijk te verwoorden waarom je dankbaar bent, wat je zo waardeert aan hem of haar. Verspreid het schrijven over een aantal dagen, dat maakt de boodschap waarschijnlijk nog rijker. Nodig de ander daarna thuis uit of ga langs, en lees de brief voor. Zeg niet wat de aanleiding is, zeg gewoon dat je zin hebt om af te spreken. Oog in oog met hem of haar lees je de dankbaarheidsbrief langzaam en met inleving voor. Gun de ander de tijd en ruimte om de boodschap te laten landen en te reageren. Daarna geef je de brief, mooi ingepakt, in een mooie envelop of zelfs een lijstje – wat goed voor jou voelt. Dit is een van de heftigste oefeningen van positieve psychologie, waarbij je je open en kwetsbaar opstelt. Maar het positieve effect is er dan ook naar!

Je kunt de audiotracks downloaden op www.sportschoolvoorjegeest.nl.

COOLINGDOWN

De een krijgt kippenvel van het kijken naar een tennisrally, de ander wordt er niet warm of koud van, maar die leeft helemaal op bij het luisteren naar een pianoconcert. Zo hebben ook de oefeningen in geluksvaardigheid bij iedereen een andere uitwerking en verschilt het effect in hevigheid. Het kan zijn dat niet elke geluksstrategie (nu) bij je past, voor jou werkt of aansluit bij je behoeften. Ga dan na welke oefening wel werkte, jou het meest hielp of het sterkst binnenkwam. Het kan ook zijn dat de hele week je weinig deed. Lees ook – juist – dan verder, en kijk of een van de volgende weken jou meer brengt.

Ga voor jezelf eens na of je uit week 9 de volgende dingen hebt kunnen halen:

- Herken je positieve emoties en lukt het je om die waar je behoefte aan hebt op te wekken?
- Lukt het je om dankbaarheid te ervaren in het alledaagse? En misschien zelfs in het moeilijke?
- Ben je beter in staat om het goede en positieve in je op te nemen en het langer vast te houden?
- Lukt het je (beter) om gebeurtenissen uit het verleden met een optimistische pet op te verklaren?
- Ben je (beter) in staat om met een optimistische blik naar de toekomst te kijken?

TOT SLOT

Uit dit hoofdstuk blijkt dat veel van onze positieve emoties voortkomen uit tevredenheid met wat er is, dat luxe erin zit te mogen ervaren wat 'genoeg' is.

> *'The little things in the little moment, they aren't little.'*
>
> JON KABAT-ZINN

WEEK 10

GELUKKIG MET ANDEREN

'Wie niet naar geluk zoekt, zal het gemakkelijk vinden. Wie ernaar zoekt, vergeet vaak dat de beste manier om gelukkig te zijn zit in het zoeken naar geluk voor anderen.'

MARTIN LUTHER KING

Na de eerste training van je eigen positieve emoties richt je je deze week op een van de belangrijkste bronnen van geluk: relaties. Christopher Peterson, een van de grondleggers van de positieve psychologie, vatte zijn theorie over geluk samen in twee woorden: andere mensen. Voor 7 miljard mensen ben jij die ander. Je gaat aan de slag met het fijnerelatie-recept, waarin vertrouwen, vriendelijkheid en verbindend communiceren centraal staan.

WARMING-UP

Aristoteles zei het al: 'Zonder vriendschap geen geluk.' Een berg aan onderzoek onderschrijft deze eeuwenoude uitspraak: het grote verschil tussen gemiddeld gelukkigen en de gelukkigste 10 procent is een bevredigende en sterke sociale kring. Als je verbinding voelt met anderen, is de kans dat je gelukkig bent vier keer zo groot.[149] Ook geldt het andersom: gelukkige mensen hebben betere relaties dan de minder gelukkige medemens.[150]

Er zijn allerlei vormen van relatietherapie, mocht het binnen de familie of in de relatie met een vriend(in) of je geliefde even niet goed gaan. Het gebeurt minder vaak dat mensen bewust in relatietraining gaan om de relatie nog meer te vieren of deze tot een (nog) hoger niveau te brengen. Terwijl je bij die verrijking van je relaties pas het volle geluksgevoel bereikt – zowel in de liefde als bij vriendschap. Denk aan de positiviteitsratio uit week 9.

Maar hoe zorg je ervoor dat voortkabbelende relaties zich ontwikkelen tot pieken? Aan de basis van iedere relatie ligt aandacht, oprechte interesse tonen en investeren in de ander. De motieven van gelukkige mensen gaan verder, ze overstijgen het ego. Ze geven zonder iets terug te verwachten (het breincircuit altruïsme). Gelukkige mensen verwerken in hun fijnerelatie-recept drie (met elkaar verbonden) hoofdingrediënten: vertrouwen, vriendelijkheid en verbindend communiceren.[151]

EYEOPENER

Hoe vaak gebruik je de woorden 'mij', 'mijn' en 'ik'? Een overmatig gebruik is niet zonder gevaar. Uit een onderzoek aan de University of California bleek dat mensen die veel over zichzelf praten meer risico lopen op een fatale hartaanval.[152] Frequent 'ikken' bleek zelfs een sterkere voorspeller voor hartfalen dan roken of een hoge bloeddruk. De vervolgstudie toonde daarbij aan dat mensen die vaker in de ik-vorm praten eerder depressief worden dan mensen die praten over 'ons' en 'wij'.[153]

VERTROUWEN

Stel, je bent manager bij een bedrijf en je krijgt een sollicitant. Hij geeft je zijn cv: een blanco A4'tje. De man vertelt dat hij net uit de bak is, waar hij zat voor moord. Hij trekt zijn shirt omhoog en laat zijn *gang tattoos* zien. Als jullie aan het einde van het gesprek zijn, feliciteer je hem met zijn nieuwe baan. Ongeloofwaardig? Zulke managers bestaan echt. En wel bij de Greyston Bakery. Het bedrijf staat bekend om zijn open aanneembeleid. Ze kijken niet naar de achtergrond, maar vertrouwen op het kunnen van de sollicitant. De Greyston Bakery draait zo al jaren succesvol – en met bovengemiddeld gelukkige medewerkers.

WANTROUWEN IS MENSELIJK

Vertrouwen is de lijm in relaties, maar zijn tegenhanger wantrouwen zit diep verankerd in ons mensen. Ten eerste omdat ons brein zo is afgesteld: *better safe than sorry*. Je hebt een olifantengeheugen voor bedrog en onaangename verrassingen, en bent een zeef voor de keren dat je iemand terecht bleek te vertrouwen. Bovendien wordt wantrouwen ons met de paplepel ingegoten. Jij hebt het vast ook vaak gehoord in je jeugd: 'Pas op voor vreemden!' Meestal onnodig en geen goed advies voor geluk. Uit onderzoek blijkt namelijk dat gesprekken met vreemden juist gelukkig maken.[154]

De positiviteitsratio van vertrouwen is groot: je hebt vijf goede ervaringen nodig om één slechte te vergeten. Als je dus één keer op Marktplaats bent belazerd met een kapotte boor, zal het lang duren voordat je het aandurft om een tweedehands grasmaaier aan te schaffen.[155]

Ook de berichtgeving in de media wakkert ons wantrouwen aan: *if it bleeds it leads*. Bloed scoort nou eenmaal beter dan bloemetjes (tenzij ze worden samengevoegd met bijtjes) vanwege ons alom aanwezige gevaarsysteem. Zo kleuren de media je perceptie en stellen ze je brein strakker af op gevaar, slechteriken en wantrouwen. Zo heeft een kind van twaalf in de

Verenigde Staten gemiddeld al 12.000 moorden gezien. Let wel: in de krant, op tv, maar vooral op YouTube en elders online.[156] Maar hoeveel moorden heb jij in het echt gezien? Hoeveel mensen heb jij persoonlijk gekend die vermoord zijn?

Ten slotte speelt in het wantrouwen van ons mensen ook een combinatie van selffulfilling prophecy en aanstekelijkheid mee. Hoe wantrouwender je omgeving is, hoe lastiger het is er niet door geïnfecteerd te raken. En hoe meer er om je heen wordt gewantrouwd, hoe onveiliger het inderdaad wordt. Het juiste uitgangspunt is niet of je buurman (de mens) in wezen te vertrouwen is, het gaat eerder om wat jíj uitstraalt: vertrouw je hem of niet?

De neiging om iemand te wantrouwen strookt meestal niet met de realiteit. Uit onderzoek blijkt dat mensen veel betrouwbaarder zijn dan we denken.[157] Puurheid en goedheid worden onderschat, kwaadaardigheid en slechtheid worden overschat. Je vergeet de talloze interacties waarbij mensen elkaar helpen, troosten en ondersteunen; je onthoudt het moment dat je tas werd gejat en dat die klant wegliep zonder te betalen. En dat terwijl het aantal altruïstische daden vele malen groter is dan de egoïstische en/of kwaadaardige. Als er meer destructie dan samenwerking was geweest, was de mens allang uitgestorven. De mens heeft het juist geschopt tot 'baas van het dierenrijk en de technologie' door zijn uitzonderlijke vermogen tot samenwerken. Ooit een hagedis (de grootste egoïst van het dierenrijk) zien cruisen in een zelfrijdende elektrische auto?

SIT-UP

Ga eens na of je meer vertrouwen of juist meer wantrouwen hebt in je leven (splits eventueel op in de gebieden werk, privé en (overig) sociaal). Vaak herken je je reflex tot wantrouwen of vertrouwen in kleine of onverwachte dingen, zoals de deurbel die gaat (denk je direct aan een vervelende collectant of juist aan een gezellig onverwacht bezoek?), je overtuiging van de belofte van een vriend dat hij zal bellen, je impuls om in een café je spullen wel of niet onbewaakt achter te laten als je even naar de wc gaat.

EFFECTIEF VERTROUWEN

Hoe krijg je het vertrouwen van de ander en hoe zorg je ervoor dat je niet wordt bedrogen? Het antwoord is even simpel als moeilijk: geef vertrouwen. Zoals de boer die langs een landweggetje 'met potje, zonder praatje' zijn eieren verkoopt: het kraampje is onbemand, de boer vertrouwt erop dat jij en ik voldoende geld in zijn potje doen. Uit diverse onderzoeken blijkt dat hij gelijk heeft: mensen die vertrouwd worden, maken dat vertrouwen meestal waar.[158] Door zijn proactieve vertrouwen creëert de boer een win-winsituatie. Jij krijgt eieren voor je geld, de boer krijgt geld voor zijn eieren. En de kosten die de boer heeft aan die ene sul die dan toch eieren jat, worden meer dan gecompenseerd doordat hij geen kostbare tijd kwijt is met bij zijn waar staan – en uiteraard door de klanten die hij terecht heeft vertrouwd.

> **EYEOPENER**
>
> Een mooi vertrouwenwekkend initiatief is het restaurant Karma Kitchen. Daar staan geen prijzen op het menu. Als je de rekening krijgt, staat er standaard € 0,00 onder de streep en verder slechts de tekst: 'Jouw maaltijd was een gift van iemand die vóór je kwam. Om deze keten van giften levend te houden, nodigen we je uit de maaltijd te betalen van degene die na jou komt.'

Hoewel ze verreweg in de minderheid zijn, blijven er mensen die je omhelzen om je ketting te stelen. Tegen die dieven wil je je wapenen, maar tegelijk wil je zo veel mogelijk knuffels ontvangen. Hoe zorg je ervoor dat je zo veel mogelijk betrouwbare relaties hebt en minimaliseer je de kans om bedrogen te worden? Om die eierboer(in) te worden moet je leren effectief te vertrouwen. Dit houdt in dat de boog van vertrouwen niet te strak maar ook niet te slap gespannen is. Effectief vertrouwen kent vijf elementen[159] die je helpen de neiging tot wantrouwen te transformeren in proactief vertrouwen, met behoud van een beschermende blik.

1. Bewustzijn

De eerste stap naar effectief vertrouwen is weten hoe je scoort op de vertrouwensschaal (test jezelf op happysmarts.com/scale/trust-scale). Word je door je goedgelovigheid vaak bedrogen of heb je de neiging mensen te wantrouwen? In beide gevallen kun je de andere richting op bewegen. De meeste mensen overschatten het aantal momenten van bedrog; kijk dus ook eerlijk naar de momenten waarop vertrouwen terecht was (geweest).

2. Alert op vertrouwen en wantrouwen

Herinner jezelf er expliciet aan dat mensen te vertrouwen zijn. Die ene rotte appel is de uitzondering van de fruitmand. Merk achterdocht zo vriendelijk mogelijk op zonder jezelf erom te veroordelen. Kijk zo min mogelijk gewelddadige televisie en – als het lukt – vermijd het journaal. Als tegenwicht merk je je eigen vertrouwen op en geef je het proactief. Aan de eerlijke vinder van je tas, aan je partner die zijn belofte nakomt om je voeten te masseren. Geloof je dochter als ze zegt dat ze haar kamer zal opruimen, ga uit van de toezegging van de schilder dat hij zijn deadline haalt.

3. Frame je geest met vertrouwen

Laat je inspireren door voorwerpen, beelden en mensen die vertrouwen bij je opwekken. Van quotes tot boeken, van documentaires tot het inspirerende voorbeeld van de islamitische slager om de hoek: zuig alles op waarin de goedheid van de mens centraal staat. Sta regelmatig stil bij de voordelen van vertrouwen. Behalve dat proactief vertrouwen ervoor zorgt dat de ander jou sneller vertrouwt, is de vette bonus dat de ander meer te vertrouwen is.

4. Positieve emoties

Merk en/of wek positieve emoties op die gepaard gaan met betrouwbare interacties. Sta er langer bij stil met de HUIS-methode (zie week 9). Zo transformeert vertrouwen van een vluchtige emotie tot een duurzame eigenschap.

5. Pijn minimaliseren

Laat die ene rotte appel niet de hele fruitschaal bederven. Het wantrouwen waarmee je misschien ook een keer een rotte appel uit die schaal vist, weegt niet op tegen het geluksgevoel dat je wint door in de basis overtuigd te zijn van het goede. Neem de pijn van die ene rotte appel dus op de koop toe. Door de compassietraining heb je meer veerkracht ontwikkeld om de pijn en het eventuele zelfoordeel op te vangen. Je durft meer risico te nemen, want je bent niet bang voor de onvermijdelijke blaren. En wanneer je belazerd bent, veroordeel jezelf dan niet voor 'naïviteit' maar wees er trots op dat je openstond voor het goede. Roep vervolgens de mensen ter verantwoording voor hun gedrag. Je geeft hun vervolgens een tweede kans om hun betrouwbaarheid te bewijzen. Als ze die niet benutten, neem je een gezonde afstand. Je hoeft niet te proberen om de daden te vergeten, wel om de persoon achter de daden te vergeven (zie deel 2, over compassie). Waar verbitterdheid leidt tot wantrouwen, is vergeving de sleutel tot proactief vertrouwen.

VRIENDELIJKHEID

Het vliegtuig trilt en schokt, de vrouw op 6C zit al uren verkrampt in haar stoel. Met grote ogen kijkt ze uit het vliegtuigraampje: het waait, regent pijpenstelen en de vleugel deint op en neer. Een medepassagier slaat de onrustige vrouw gade. Hij staat op en neemt plaats op de lege stoel naast haar. De man wijst zelfverzekerd naar buiten en spreekt de vrouw geruststellend toe: 'Het is in orde, hoor. Ik ben boordwerktuigkundige en zo'n schuddende vleugel is heel normaal voor dit type vliegtuig.' De schouders van de vrouw ontspannen, er ontstaat zelfs een kleine glimlach om haar mond. Tevreden keert de man, in het echt belastingadviseur met twee linkerhanden, weer terug naar zijn plek. Zijn leugentje om bestwil heeft geholpen.[160]

Naast vertrouwen is vriendelijkheid onontbeerlijk voor bevredigende sociale relaties. Klaarstaan voor een – onbekende of geliefde – ander maakt je gelukkig. Vriendelijkheid is verwant aan compassie. Het grote verschil is dat waar compassie enkel is gericht op het verlichten van lijden, vriendelijkheid tevens gericht is op het vergroten van geluk. Net als compassie is oprechte vriendelijkheid te trainen – het idee 'mijn nichtje is vals geboren en zal altijd die kattenkop blijven' klopt dus niet.

Net als compassie heeft ook vriendelijkheid te kampen met scepsis. 'Met aardige mensen demp je de gracht', oftewel leuk hoor, die vriendelijkheid, maar wat levert het op? Misschien associeer ook jij leiderschap (onbewust) eerder met de brullende Trumps van deze wereld dan met de meelevende Obama's. Uit de powerparadox[161] blijkt echter dat de effectiefste leiders juist vriendelijk en dienend zijn,[162] dat er één factor is die het kwart van de managers die het best presteren onderscheidt van het kwart dat het slechtst presteert: vriendelijkheid. Geliefd en vriendelijk zijn is dus vervlochten met resultaat en effectiviteit. Bedrijven die gul en zorgzaam zijn richting hun medewerkers blijken succesvoller.[163] Neem het Braziliaanse bedrijf Semco, dat aan participerend leiderschap doet. Zo mag elke medewerker, van manager tot schoonmaker, zelf zijn werktijden bepalen evenals het eigen salaris. Wellicht denk je nu: wat een utopie, dat bedrijf is in no time failliet. Het tegengestelde is waar, het bedrijf floreert al jaren. Semco's werkwijze is een schoolvoorbeeld van participerend leiderschap, én van de kracht van vriendelijkheid. Ook in zwaar concurrerende markten geldt niet zozeer het recht van de sterkste als wel het recht van de vriendelijkste. Oftewel de vriendelijkste ís de sterkste. Zo wijst onderzoek aan de Kellogg School of Management uit dat vriendelijke en coöperatieve onderhandelaars de beste businessdeals sluiten.[164]

HULPVAARDIG ZELFBEELD

Zelfcompassie is, zoals je in het vorige deel hebt kunnen lezen, de basis om vriendelijk voor de ander te zijn. Als je op je gemak bent met jezelf, heb je ruimte voor zorgzaamheid en vriendelijkheid richting de ander. Een onderdeel daarvan is een zelfbeeld dat je niet tegenwerkt maar juist helpt. Want natuurlijk heb ook jij een duistere én een altruïstische kant. Richt je voor een hulpvaardig zelfbeeld op de laatste. Erken je eigen goedheid en cultiveer die. Zo ga je jezelf aardiger vinden, en daardoor aardiger doen.

HET GEHEIM VAN VRIENDELIJKHEID

De motivatie achter je vriendelijkheid maakt het verschil. Geef je belangeloos die helpende hand of schouderklop? Of doe je het voor jezelf, verwacht je iets terug? Als je vriendelijk doet puur om je eigen ongemak te verlichten of omdat je iets terugverlangt zonder hierin eerlijk te zijn, dan overschaduw je de ander met je eigenbelang. Als je een compliment geeft om er zelf een terug te krijgen, komt je 'vriendelijke' daad totaal niet aan.

Een apart 'voor wat hoort wat'-principe hanteert het Ik-volk in Afrika. Een buurman, kennis of familielid komt ongevraagd de tuin omspitten of een muurtje metselen, niet uit aardigheid, maar om een schuld te creëren. De 'gever' mag vervolgens de schuldenaar om inlossing vragen wanneer het hem of haar uitkomt. De 'vriendelijkheid' wordt dus enkel getoond om de beloning.

De sleutel van vriendelijkheid is dat je iets voor een ander doet zonder er iets voor terug te verwachten. Los van je eigen verwachting blijkt het zelfs vriendelijkheid te remmen als de ánder jou een beloning in het vooruitzicht stelt. Zo neemt de frequentie van altruïstische daden af als men weet van de aanstaande (materiële) beloning.[165] In de landen waar een beloning voor bloeddonatie bestaat wordt minder gedoneerd. [166] Maar de helden die een ander hebben gered uit een brandend huis of zinkende auto blijken dit zelden te hebben gedaan voor erkenning en waardering. Het meest gehoorde antwoord is: 'Ik deed wat ik moest doen, simpel.' Dat ze daar wellicht een goed gevoel van krijgen, is bijvangst. En wat ik in deel 2 zei over compassie geldt ook voor vriendelijkheid: het werkt aanstekelijk.

> *'Een van de mooiste compensaties van dit leven is dat geen mens oprecht kan proberen een ander te helpen zonder zichzelf te helpen.'*
>
> RALPH WALDO EMERSON

SIT-UP

Doe vandaag iets vriendelijks voor iemand zonder gesnapt te worden. Het liefst voor een semibekende of onbekende! Zet een fiets rechtop, hark bladeren in iemands tuin, complimenteer je collega in een anoniem briefje, stop geld in de brievenbus van die armlastige buren of doneer anoniem aan een goed doel. Koester de eventuele prettige emoties die opkomen en heb er vrede mee als je er niks bij voelt.

VRIENDELIJKHEID IN PRAKTIJK: GEVEN

In een opmerkelijke studie werden vijf vrijwilligers die zelf multiple sclerose hadden, geselecteerd om vrijwilligerswerk te doen: buddy zijn voor andere MS-patiënten. Na drie jaar bleken de vrijwilligers tevredener over hun leven en meer gevoel van controle te hebben dan de andere MS-patiënten. Uiteraard hadden de patiënten voordeel van de hulp, maar de vrijwilligers hadden maar liefst zeven keer meer baat bij het geven van steun dan hun patiënten hadden bij het ontvangen ervan.[167] Geven, zowel materieel (kleren, speelgoed en eten) als immaterieel (liefde, tijd en interesse), maakt gelukkiger dan nemen.

Dat komt allereerst omdat je niet continu bezig bent met je eigen sores. Je zelfbeeld verbetert, het versterkt optimisme en anderen zijn (vanwege de aanstekelijke werking) vrijgeviger richting jou. Het maakt je dankbaar, omdat je beseft hoeveel je hebt om te kunnen geven. En het belangrijkste: elke keer dat je iets weggeeft, laat je een stukje los van wat je krampachtig 'mijn' noemt. Je bevrijdt jezelf van de gevangenis die hebzucht heet.

DONEREN KUN JE LEREN

Wat gebeurt er bij jou als je overweegt iets weg te geven? Denk dan vooral aan iets dierbaars, zoals je laatste hapje, je favoriete zonnebril of een halve dag terwijl je het al zo druk hebt. Het angstige graaiertje fluistert in je oor: 'Niet weggeven, anders heb je zelf te weinig!'

Training in geven houdt met name in dat je vertrouwd raakt met die hebzucht door DANK te gebruiken. Je merkt je neiging om overal post-its met 'mij' op te plakken op met open en oordeelvrije aandacht. In plaats van je te laten gijzelen door het dwingende graaiertje maak je gebruik van je magische kwartseconde en je stapt uit het automatische heb-, koop- en graaipatroon. Je hoeft hierbij niet te wachten tot het moment dat je je goed, gelukkig of kalm voelt. Het werkt juist andersom: geven, of de aanzet hiertoe, zal juist kalmte en geluk brengen.

> *'Geluk hangt af van wat men kan geven, niet van wat men kan krijgen.'*
>
> ARISTOTELES

Geven gaat niet om het niet hebben van hebzucht, maar om het omarmen ervan en er vriendelijk nee tegen zeggen in plaats van het wegduwen. Het is wel belangrijk dat het niet voortkomt uit plichtbesef of 'omdat het zo hoort', maar omdat je dat diep vanbinnen wilt.

SIT-UP

Geef vandaag iets weg, zoals tijd, geld of spullen. Iets waarvan je moeilijk afstand kunt doen. Bij de gedachte het los te laten word je misschien al angstig, maar een deel van jou wil het echt weggeven. Registreer vooraf die gevoelens en gedachten van angst, hebzucht en twijfel zonder oordeel. Merk achteraf op welke gedachten en gevoelens er opkomen na het weggeven. Koester vervolgens eventuele positieve emoties die opkomen.

Blessurewaarschuwing
Een man opent zijn krant en ziet de ellende in de wereld. Oorlog, natuurrampen, mensen die sterven door hongersnood. Hij besluit zijn hele kapitaal weg te geven aan hulpbehoevende anderen. Als hij het eenmaal geschonken heeft, vindt hij het nog niet genoeg. Hij doneert zijn spullen, tot en met zijn huis. De man leeft vervolgens op straat, waar hij een krant ziet liggen met de kop GROOT TEKORT AAN DONOREN. Hij gaat naar het ziekenhuis en laat een van zijn nieren verwijderen. Na de operatie vindt de man nog steeds dat hij onvoldoende doneert en hij vraagt de chirurg om ook zijn andere nier, zijn lever, hart en longen, uiteindelijk al zijn organen te nemen. De chirurg weigert: 'Dat kan ik niet doen, dat is moord.' Als de man daarna thuiskomt, geeft hij het laatste wat hij kan geven: zijn leven. Een ingevulde donorverklaring ligt naast hem.[168]

Gevers hebben meer kans op geluk en succes, maar zijn ook vatbaarder voor falen en ongeluk. Deze tegenstelling is te verklaren door het feit dat er twee soorten gevers zijn: de onbezonnen gever, die meer geeft dan hij of zij materieel, mentaal en fysiek kan lijden, en de slimme gever, die wijs inschat wanneer, hoe vaak en aan wie hij of zij het aankan om te geven. Geefexpert Adam Grant, hoogleraar psychologie en schrijver van de bestseller *Give and take*, concludeert dat slim geven niet alleen gezonder is voor jezelf dan onbezonnen geven, maar uiteindelijk ook gunstiger voor de ander.

Slimme gevers hebben twee aspecten van geven goed in de smiezen.
Ze zijn efficiënt effectief. Slimme gevers schenken niet twintig kommen met verschillende soorten soep, maar maken één extra grote pan om de mensen allemaal tegelijk te kunnen bedienen. Ze maximaliseren hun hulp zodat ze zich niet overwerken en vervallen zo niet in empathiemoeheid.
Ze zijn emotioneel in balans. Slimme gevers koesteren opkomende positieve emoties als trots en dankbaarheid (bijvoorbeeld met HUIS). Dit geeft hun een energiebuffer en motivatie om te blijven geven. Slimme gevers zoeken daarna proactief de effecten op van hun goede daad, zoals de glimlach van de ander, wat hun weer meer positieve emoties geeft. Let wel, actief dat effect opzoeken is iets anders dan initieel geven puur vanuit eigenbelang (baatzuchtig geven); dat werkt zoals gezegd juist averechts. Dus als je een goede vriendin hebt geholpen met het uitzoeken van nieuwe kleding of een huismake-over, ga dan de volgende dag vooral nog eens bij haar langs – niet om je op de borst te kloppen, wel om blij te zijn voor haar. Dat jij ook geniet van haar geluk is mooi meegenomen.[169]

VERBINDEND COMMUNICEREN

Het is heel normaal om een jubileum te vieren als je getrouwd bent, maar hoe vaak heb je samen met een vriend het glas geheven of een feest gegeven voor zoveel jaar vriendschap? De vijf technieken voor verbindend communiceren die nu volgen zijn niet alleen gericht op meer verbinding met je eventuele partner, maar ook – juist – op verbinding met andere mensen.

1. Kijk elkaar aan

Wat zijn we toch vaak goed in oeverloos ouwehoeren, overleggen en discussiëren. Maar houd eens de hand voor je mond, zet de stop erop en kijk. Zie de ander in stilte. Zo zei een oudere man nadat hij zijn vrouw vijf minuten in stilte had aangekeken geroerd tegen haar: ‘Als ik zo naar je kijk, realiseer ik me hoeveel jij voor me betekent.’ Het was de eerste keer in 55 jaar huwelijk dat hij dit hardop zei.[170]

Onderzoek laat zien dat de man niet alleen staat. Als een tweetal elkaar vijf minuten in stilte aankijkt, ontstaat er meer wederzijdse sympathie en een gevoel van verbinding. Dat komt door ‘brein-bluetooth’: tijdens het oogcontact synchroniseren de hersenen van beide personen; dat stimuleert het gevoel van verbondenheid.[171] Overigens – als je het aandurft: hetzelfde effect ontstaat tussen twee vreemden. Zo liet psycholoog Arthur Aron in een experiment twee mensen elkaar vier minuten zwijgend aankijken nadat zij elkaar 36 persoonlijke vragen hadden gesteld. Het tweetal werd verliefd op elkaar. Vele duo’s die zonder laboratoriumsetting dezelfde methode doorliepen, volgden.[172]

SIT-UP

Vraag voor deze oefening je partner, een vriend of familielid. Ga tegenover elkaar zitten. Zet een wekker op vijf minuten (en leg je telefoon uit het zicht). Wat bemerk je in het begin? Misschien is het gêne of heb je direct al een behaaglijk gevoel. Hoe voelt het einde? Voel je je meer verbonden aan het einde van de vijf minuten?

2. Kapitalisatie

Het klinkt als een saai bankproduct, maar is een stuk vrolijker: kapitalisatie betekent dat je leuke, grappige of anderszins positieve gebeurtenissen deelt met anderen.[173] Van ‘Mijn vriend(in) en ik gaan trouwen’, ‘Mijn moeder is genezen’ tot een stad waar je afgelopen weekend ‘verliefd’ op bent geworden: deel je vreugde, en de positieve emoties van jou als verteller nemen toe. En *more is more* (als je daarbij niet vergeet ook naar hun verhalen te luisteren!), want hoe meer mensen je het verhaal vertelt, hoe leuker je het gaat vinden. Daarbij werkt jouw enthousiasme aanstekelijk op anderen.

> Denk terug aan een positieve gebeurtenis die je kortgeleden hebt meegemaakt om straks te delen met een bekende (juist met mensen bij wie je dit niet gewend bent). Vertel het verhaal in geuren en kleuren.
>
> SIT-UP

3. Reageer correct

Je gooit enthousiast de voordeur open en roept tegen je partner: 'Ik heb vandaag een broodrooster en wekker in één gewonnen bij de bingo, en ook nog eens met nummer 14, mijn favoriet!' In plaats van mee te juichen antwoordt deze: 'Schat, kan het wat zachter, ik lees even de krant.' Domper, toch? En, als je deze teleurstelling vaker ervaart, niet bevorderlijk voor je relatie.

Dit was ook de conclusie van hoogleraar positieve psychologie Shelly Gable. Uit haar grootschalige onderzoek – zij bevroeg duizenden stellen – bleek dat reacties op goed nieuws belangrijk zijn voor de relatieduur en -kwaliteit, zelfs belangrijker dan reacties op slecht nieuws.[174] Dit resultaat valt door te trekken naar vriendschappen of werkrelaties: als je baas continu niet, onaardig of ongeïnteresseerd reageert op een nieuwe klant of opdracht die je hebt binnengesleept, scrol je binnen de kortste keren door de vacaturebank van LinkedIn.

Met enthousiasme en interesse reageren (actief luisteren, door veel vragen te stellen) verstevig je je relatie. Het is daarnaast ook prettiger voor jezelf. Je vergroot het aantal interacties waarvan je een geluksgevoel krijgt. Bovendien vergroot je hiermee je vermogen om van plezierige momenten van een ander ook plezierige momenten voor jezelf te maken.

Actief en constructief reageren is hét medicijn tegen afgunst. Niet dat je die emotie dan niet meer voelt, maar door vaker actief en constructief op anderen te reageren versterk je je oprechte blijdschap en vervaagt jaloezie. En als dit niet het geval is, benoem dit dan in je reactie. Als iemand net die baan heeft gevonden die jij ook wilde of een kindje krijgt terwijl jij (of je partner) ook zwanger probeert te worden: 'Ik benijd je wel hoor, maar wat gaaf voor jou!' Om te vervolgen met een vraag: 'Wanneer begin je?', 'Hoe voel je je nu?'

SIT-UP

Merk eens op hoe je reageert op je partner, op je collega, op je vrienden of je familie. Je reacties zijn vaak afhankelijk van wie het zegt. Probeer vandaag minimaal één keer actief en constructief te reageren, juist bij mensen bij wie je dit meestal niet doet.

4. Krachtgerichte feedback

Tolstoj vergeleek vleierij met het vet dat een soepele draai geeft aan het wiel. Als je aandacht schenkt aan andermans sterktes levert dat hem of haar meer geluk en energie op. Ook jezelf biedt het louter voordelen: je oefent je optimistische blik, herkent zo sneller je eigen sterktes en het is een boost voor de relatie met de ontvangende partij. Maar hoe doe je dat? Volg deze drie stappen: herkennen, benoemen en verdiepen.[175]

1. Herkennen. Als je iemand bewust aandacht schenkt, herken je zijn sterktes. Pas dan valt het je op: het geduld van je moeder, de brede nieuwsgierigheid van je vriendin, het zorgende karakter van je vader, de creativiteit van je baas.
2. Benoemen. Dan is het nog een hele kunst om er iets over te zeggen. Soms ben je te geremd, bijvoorbeeld omdat je bang bent dat je als een slijmerd wordt gezien, omdat je denkt dat de ander er niet op zit te wachten, omdat je denkt dat een compliment van jou geen waarde heeft voor de ontvanger of omdat je vreest dat de ander lui of arrogant wordt van veel lof. Noteer je drempel(s) met een vriendelijke houding, en kies er dan alsnog bewust voor om je positief te uiten over en tegen de ander.
3. Verdiepen. De derde stap wordt vaak vergeten, terwijl deze zo belangrijk is. Je wilt de trots zichtbaar maken, je wilt de ander laten sprankelen.

Helaas is de repliek van de ontvanger vaak: 'Dat kan toch iedereen', of: 'Ach, dat was geen moeite.' Maar ook zij die moeite hebben met het ontvangen van lof, zullen vaak met micro-expressies[176] hun trots, blijdschap of dankbaarheid verraden. Zo'n blik duurt dan slechts een fractie van een seconde. Om dit op te merken is aandacht wederom het sleutelwoord.

Als je iets van blijdschap, glinstering of trots hebt opgemerkt, probeer dan de ander er weer/meer mee in contact te brengen. Bijvoorbeeld door te vragen: 'Ik zag zojuist een glinstering in je ogen, klopt dat?' Eventueel gevolgd door: 'Ik zie het nu weer gebeuren. Merk je dat ook?'

Als je geen blijdschap of trots hebt kunnen spotten, kun je dit benoemen: 'Ik heb het idee dat je het lastig vindt om dit compliment te aanvaarden/geloven, klopt dat?' Of met meer suggestie: 'Het heeft even tijd nodig om te landen, zie ik dat goed?' Een andere verdiepingsslag is het effect benoemen van het gedrag of de eigenschap op jou of anderen: 'Het is geweldig om te zien hoe jij je openstelde; iedereen voelde zich geraakt', en: 'Als iemand mij zou wijzen op zo'n kwaliteit, zou ik daar superblij mee zijn.'

> Kies vandaag één persoon uit die je gaat wijzen op zijn of haar sterktes. Lukt het je de ander te helpen om de feedback ook binnen te laten komen? En welke gedachten en gevoelens komen er op als je krachtgerichte feedback geeft? Koester eventuele positieve emoties.
>
> SIT-UP

5. Speel samen

Wanneer heb je voor het laatst met anderen gespeeld? Is het lang geleden dat je met vrienden hebt gevoetbald in het park of een potje hints of mens-erger-je-niet hebt gedaan? Ouder worden komt met gebreken, een daarvan is de 'nuttigheidsverslaving'. Met het hele huis en hoofd vol lijstjes vinken we met zijn allen heel wat to do's af. We maken de auto wassen belangrijker dan samen lol maken; plezier krijgt geen prioriteit. Terwijl het paradoxaal genoeg ook nuttig is: het zorgt voor geluk en gezondheid, voor welzijn en vruchtbare relaties. Dus *note to us*: maak tijd voor elkaar en neem samen plezier maken serieus.

> Pak je telefoon en maak nu een afspraak met iemand om samen te 'spelen'.
>
> SIT-UP

TRAINING

Wellicht heb je sommige voorgaande weken als een mentale bootcamp ervaren. Wees dan gerust: de training in deze week is als een speelkwartier. Je leert op lichte en creatieve wijze om meer, maar vooral kwalitatief beter contact te maken.

LIGHT

Kijk gedurende de week welke oefeningen bij jou aanslaan; dwing jezelf niet om ze allemaal te doen. Doe liever één oefening goed dan een aantal halfbakken.

OEFENING 1: VERTROUWEN

Vertrouw dagelijks minimaal één persoon proactief en neem daarbij de vijf elementen van effectief vertrouwen (zie pagina 227-229) in acht.

OEFENING 2: VRIENDELIJKHEID

Kies dagelijks een van de vriendelijkheid-sit-ups om te doen:

- Stiekeme vriendelijkheid (pagina 231)
- Weggeven ondanks hebzucht en twijfel (pagina 232)
- Weggeven en het effect van je vrijgevigheid nagaan (pagina 232)

OEFENING 3: VERBINDING

- Deel dagelijks met een ander een positieve gebeurtenis, iets leuks wat je hebt meegemaakt. Aangezien je niet elke dag een promotie krijgt of de lotto wint, mag het ook iets kleins zijn, van het krijgen van een compliment tot: 'Had ik toch even mooi een Bonusvoordeel van 8 euro!'
- Reageer actief en constructief op andermans verhaal. Let op je reactie en reageer opnieuw bewust actief en constructief. Stel vooral veel geïnteresseerde vragen. Oefen dit juist met mensen met wie, of in omgevingen (op je werk, bij je ouders) waar, dit minder vanzelf gaat.
- Complimenteer dagelijks iemand in je omgeving met zijn of haar sterkte(s). Varieer in ontvangers: complimenteer bekenden, geliefden of eerste ontmoetingen. Maak gebruik van de drie stappen herkennen, benoemen en verdiepen (zie pagina 236). Sta stil bij de eventuele positieve emoties die je na het complimenteren ervaart.
- Maak plezier met een ander. Al is het maar een minuutje: lach, speel of heb lol met een ander.

MEDIUM

AANVULLEND OP LIGHT Probeer deze week naast de lighttraining twee keer een uur in te lassen om samen met iemand iets te ondernemen wat jou (en de ander) plezier geeft. Van bowlen tot borrelen, van een film kijken tot fietsen. En onthoud: het hoeft niet nuttig te zijn!

INTENS

AANVULLEND OP LIGHT EN MEDIUM Als je deze week intensief wilt trainen, doe dan deze aanvuloefening. Ze is gebaseerd op het werk van psychotherapeut Nathaniel Branden.[177] Hiermee ben je in staat om nieuwe inzichten te verkrijgen in je relaties met anderen – zeker als je haar dagelijks doet – doordat het licht schijnt op je onderbewuste.

Vul dagelijks vier zinnen aan. Kies uit onderstaande zinnen of ga voor een volledige lijst met zinnen naar www.nathanielbranden.com/sentence-completion-i.

- Om mijn relaties 5 procent meer te laten floreren...
- 'Houden van' betekent...
- Als ik 5 procent meer verantwoordelijkheid neem in het kiezen van mijn gezelschap...
- Als ik meer aandacht besteed aan hoe ik vandaag omga met mensen...
- Om een betere liefdespartner te zijn...
- Om liefde in mijn leven te brengen...
- Om 5 procent meer geluk in mijn liefdesrelatie te brengen...
- Om 5 procent meer geluk in mijn vriendschappen te brengen...
- Als ik mezelf toesta om liefde volledig te mogen ervaren...

Kies zinnen die je het meest triggeren.[178] Maak elke zin zes tot tien keer af. Voorbeeld: 'Houden van' betekent...

- er voor elkaar zijn
- de ander een knuffel geven
- concessies doen
- haar steunen ook als ik het er niet mee eens ben

Schrijf je aanvullingen op, neem ze op of spreek ze uit naar de/een ander. Zeg of noteer wat er in je opkomt. Denk niet te veel na, stuur je innerlijke criticus met vakantie. Als je langer dan tien minuten bezig bent, is dit een aanwijzing dat-ie zijn koffers nog niet heeft gepakt. Je bent dan te veel aan het analyseren. Kijk aan het einde van de week terug op je verkregen inzichten en schrijf ze nogmaals voor jezelf op. In week 12 leer je de tools om inzichten en intenties (bijvoorbeeld meer tijd voor vrienden) om te zetten in gedrag (meer bellen, wekelijks een biertje drinken, enzovoort).

COOLINGDOWN

Gezien het feit dat je dagelijks gemiddeld 70 tot 80 procent van je wakkere uren aan interactie besteedt, heb je in ieder geval genoeg oefenmateriaal.[179] Misschien heb je gemerkt hoe prettig en zinvol het is om bewust relaties te vieren, om anderen minder voor lief te nemen. Het kan ook zijn dat je juist de belemmerende patronen tegenkwam die het mogelijke geluk in je relaties verstoren. Ook dat is winst: je ziet nu wat anders sluimerend kon blijven etteren. En om met Carl Jung te spreken: 'Wat we niet in ons bewustzijn brengen, verschijnt in ons leven als ons lot.' Nu kun je er dus constructief mee omgaan.

Met nieuwe inzichten komen vaak ook boosheid en verdriet, bijvoorbeeld omdat je jezelf (en anderen) geluk hebt ontzegd. Het werkt helend om die pijn toe te laten. Je maakt ruimte om met een frisse blik je relaties te verstevigen en te verdiepen.

Misschien is de vraag bij je opgekomen: 'Leuk hoor, dat aardig zijn voor elkaar, maar wanneer focus ik op de knelpunten in een relatie?' Onthoud dan dat het vieren van relaties niet inhoudt dat je moeilijkheden uit de weg gaat, maar dat je meer balans brengt tussen vieren en conflictbeheersing. Laat je relaties dus floreren, zodat je voldoende buffer hebt om samen die hobbels te beklimmen.

Ga voor jezelf eens na of je uit week 10 de volgende dingen hebt kunnen halen:

- Heb je geleerd om anderen (meer) effectief te vertrouwen?
- Heb je geleerd om vriendelijk te zijn, onder andere door slim te geven?
- Heb je geleerd om verbinding en positieve emoties op te wekken door te delen, constructief te reageren, iemands sterktes te activeren en plezier te maken?

TOT SLOT

Een jong gezin reisde door het westen van Amerika. Op Eerste Kerstdag belandden ze met autopech in een vrijwel leeg restaurant. In de typisch Amerikaanse diner zat één andere klant. De oudere man had een grauw gezicht, een lange onverzorgde baard en mompelde wat tegen zijn lege, goedkope fles wijn. Hè get, een zwerver, dacht de moeder. Het jongste kind, de vierjarige Erik, zwaaide echter vrolijk naar de man en riep blij: 'Hallo!' De man zwaaide terug en Erik grijnsde. Eriks moeder vond het allemaal maar niks. Ze probeerde haar zoontje af te leiden en weg te draaien van de man, maar Erik gaf niet op. Telkens draaide hij zich weer richting de smoezelige man. 'Houd je ook zo van friet?' vroeg deze aan het jongetje. Erik knikte enthousiast. Deels opgelaten, deels geërgerd door het contact besloten Eriks ouders op zoek te gaan naar een ander restaurant. Toen ze langs de onverzorgde man liepen, maakte Erik met zijn armen richting hem een 'til me op'-gebaar. De man keek smekend naar de jonge vrouw of het mocht, maar voor ze kon beslissen wierp het jongetje zich al in de armen van de zwerver. Tranen rolden over zijn wangen toen Erik zijn hoofdje op zijn schouder liet rusten. De man zette het jongetje weer neer en zei tegen zijn moeder: 'Zorg goed voor dit kind. Dank u wel, uit de grond van mijn hart; dit is het mooiste kerstcadeau dat ik me kon wensen.' Geëmotioneerd liep de moeder met haar gezin naar buiten, terwijl ze 'God, vergeef me' prevelde.[180]

WEEK 11

DE SWEET SPOT VAN GELUK

'We become what we think about.
Energy flows where attention goes.'
RHONDA BYRNE

Geluk is meer dan een feestje, een nieuwe auto of winnen met klaverjassen. Bijdragen aan iets wat groter is dan je eigen 'ik' is onontbeerlijk voor een bevredigend leven. Nadat je vorige week je geluksvaardigheid hebt getraind binnen relaties, ga je deze week op zoek naar je sterktes, betekenis en zingeving én je ontdekt waar je plezier aan beleeft. Wanneer plezier, sterktes en betekenis samenkomen, wanneer je volledig opgaat in wat je doet, ervaar je een positieve flow. En die maakt duurzaam gelukkig.

WARMING-UP

In de Belgische absurdistische film *Le tout nouveau testament* is de computer van God gehackt. Iedereen op aarde krijgt een tekstbericht waarin staat hoeveel jaar, maanden of dagen hij of zij nog heeft. Gevolg bij de mensheid: paniek en verslagenheid, wat al snel omslaat in 'alles eruit halen wat erin zit'. Er zijn er maar weinig die op de bank gaan zitten facebooken.

DE DOOD EN EEN RIJKER LEVEN

Wie zijn eigen sterfelijkheid recht in het gezicht kijkt, verdoet minder tijd aan ruis en bijzaken. Het zou mooi zijn als we dit ook ervaren zonder dat we vergeven zijn van de tumoren of een appje van daar boven krijgen. Maar hoewel je ratio wel weet dat het zonde is om tijd te verkwanselen, steek je – en velen met jou – op emotioneel niveau waarschijnlijk je kop in het zand. De volgende oefening stimuleert het tegenovergestelde: in plaats van ervoor weg te lopen, kom je je dood tegemoet – juist om rijker te kunnen leven.

SIT-UP

Ga comfortabel zitten of liggen. Reflecteer op de volgende vragen, het liefst met je ogen dicht. Neem per vraag minimaal een minuut. Kijk wat er boven komt drijven en herinner jezelf eraan dat er geen foute antwoorden zijn.

- Als je wist dat je binnen vijf jaar dood zou gaan, wat zou je nog willen doen, wat zou het allerbelangrijkste voor je zijn?
- Als je een jaar te leven zou hebben, wat zou je willen doen, wat zou het allerbelangrijkste voor je zijn?
- Als je nog maar een maand te leven had?
- Als je nog een week over zou hebben?
- Als je nog een dag zou leven?
- Als je nog een minuut zou hebben?
- Als je maar één ademhaling hebt, hoe zou je die willen beleven?

Het kan zijn dat de oefening je emotioneel maakt. Dat is niet erg, het geeft juist betrokkenheid aan. Merk je emoties op met vriendelijke aandacht. Wat voel je, wat gebeurt er in je lijf? Sta erbij stil en richt je op die sensaties. Schrijf dan, als je eraan toe bent, je antwoorden van de sit-up op in een notitieboekje. Je hoeft er niet direct iets mee te doen. Bewaar het lijstje en pak het er af en toe weer bij. Het geeft een oerbesef van wat voor jou belangrijk is.

'Het allerbelangrijkste is niet vergeten wat het allerbelangrijkste is.'

ANONIEM

JE LAATSTE MAAND

Ook op de George Mason University kregen studenten de opdracht om zich voor te stellen dat ze niet veel tijd meer hadden. De studenten moesten zichzelf dagelijks de vraag stellen: 'Wat als dit mijn laatste maand zou zijn?', om vervolgens iedere week iets te ondernemen wat ze nog graag wilden meemaken (zoals een bergwandeling, bungeejumpen of het bezoeken van een verre geliefde). Deze manier van leven maakte de studenten significant gelukkiger. Ook floreerden ze meer in hun dagelijkse werkzaamheden.

'Remember that there are two kinds of lunatics: those who don't know that they must die, and those who have forgotten that they're alive.'

PATRICK DECLERCK

Als de dood dan echt nabij is, loopt hij hand in hand met spijt de drempel over. Dat ervoer Bronnie Ware, stervensbegeleider en auteur van het boek *Als ik het allemaal over mocht doen*. Hierin beschrijft ze onder meer de onderstaande spijt-top vijf. Deze 'ik wou dat's werden op het sterfbed het meest genoemd.

1. Ik wou dat ik de moed had gehad om een leven te leiden waarin ik trouw was gebleven aan mezelf, niet aan wat anderen van mij verwachtten.
2. Ik wou dat ik minder hard had gewerkt.
3. Ik wou dat ik de moed had gehad om mijn gevoelens te uiten.
4. Ik wou dat ik meer in contact was gebleven met vrienden.
5. Ik wou dat ik mezelf meer had toegestaan om gelukkig te zijn.

SIT-UP

Welke van deze vijf spijtopties herken jij? Of is er nog een zesde, die speciaal voor jou geldt? Wat zou je nu, direct, kunnen doen om die spijt te voorkomen? 'Ik wou dat ik een betere band had met mijn moeder': bel haar dan nu op. 'Ik wou dat ik gezonder had geleefd': maak direct een afspraak met een diëtist. 'Ik wou dat ik meer had gelezen': pak een boek. Spijt voorkomen begint met actie.

BGS-MODEL

Het is een illusie om te denken dat jij en ik nergens spijt van zullen hebben op ons sterfbed. We zijn nu eenmaal een kei in onszelf bedriegen. Zo ontkennen we het belang van iets. Je zoekt geen contact meer met je broer omdat hij nou eenmaal zo lastig is. Of je stelt het uit: 'Die studie pak ik wel op als de kinderen groter zijn.'

Het is wel mogelijk om je spijt te minimaliseren, bijvoorbeeld door een eventuele disbalans tussen betekenis (of zingeving), genot (of plezier) en sterktes al eerder recht te trekken. Harvard-hoogleraar Tal Ben-Shahar ziet dit als de drie meetbare componenten in het ervaren van geluk. Te veel focus op een van de drie, en dus verwaarlozing van de andere twee, leidt ertoe dat we ons ongelukkig voelen. Als je je echter richt op activiteiten waarin deze drie samenkomen, zoals in het BGS-model[181] hieronder, kom je in de *flow spot*. Voordat je leert hoe je in een positieve flow kunt komen, zoomen we eerst in op de drie begrippen.

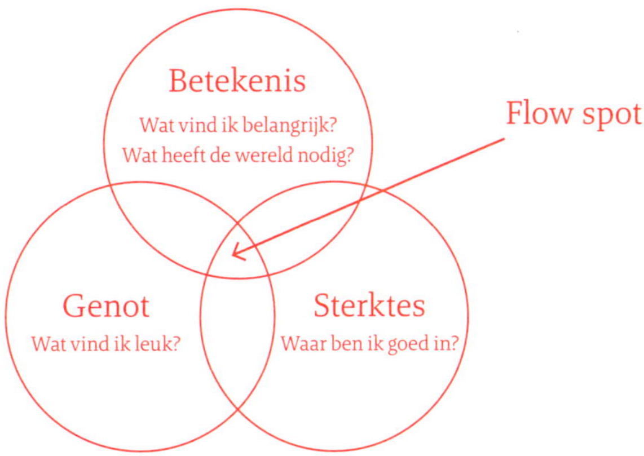

Model geïnspireerd op het BGS-proces. Tal Ben-Shahar, *Gelukkiger*.

BETEKENIS

Een belangrijk deel van ons leven bestaat uit zingeving of betekenis: het idee dat je vanuit intrinsieke motivatie bijdraagt aan iets wat groter is dan jijzelf. En nee, daar hoef je geen monnik, imam of dokter voor te zijn. Een arts die vooral werkt om dat dure huis in het Gooi te kunnen betalen, ervaart minder betekenis dan de vuilnisman die als ideaal een schonere wereld heeft.

Gevoelens van ontevredenheid, frustratie en angst komen vaak voort uit het besef dat je niet volgens je waarden leeft; je leidt een waardeloos leven. Betekenis en zingeving geven je houvast en richting, juist ook tijdens de stormen in het leven. Je kunt jouw betekenis achterhalen door te beseffen wat je werkelijk belangrijk vindt, wat jouw waarden zijn. De vervolgstap is dat je ze in praktijk brengt, zodat de wereld wordt geholpen met jouw bijdrage.

Die waarden creëer je niet, maar je ontdekt ze en legt ze bloot. Daarom spreekt men ook wel van een roeping, alsof een hogere kracht je roept om je aardse taak te vervullen.

Misschien voel je je ongemakkelijk bij begrippen als 'betekenis' en 'roeping', associeer je ze met blootvoets een berg beklimmen of bejaarde honden met één oog redden. Bedenk dan dat zingeving voor iedereen anders is. Voor jou ligt betekenis misschien wel in auto's of in het perfect getapte biertje. Bedenk ook dat zingeving een zoektocht is, geen eindstation. Tien jaar na dat perfecte biertje geeft wellicht je baan als diëtist je leven zin, omdat je anderen helpt om gezond te leven. Kortom, de vragen 'Wat zijn mijn waarden?' en 'Wat is voor mij betekenis?' zijn belangrijker dan de pasklare antwoorden, en ze zijn even vloeibaar als het biertje. Probeer het ongemak van onzekerheid te verdragen en dit nog liever te verwelkomen als noodzakelijk onderdeel van de zoektocht. Als dit lukt, zul je jouw betekenis en waarden juist sneller vinden.

Wil je proberen jouw waarden te bepalen? Dan moet je je nieuwsgierig opstellen en actief gaan zoeken – horizontaal met een pizza op je schoot ga je ze niet vinden. Hier komt van pas wat je in week 10 las en leerde: zoek contact met anderen. Praat met een vriend, coach, je achterneef; ook terloopse gesprekken kunnen inzicht geven in wat jouw waarden zijn, als je er maar oog en oor voor hebt. Een even krachtige aanvullende manier om je waarden te bepalen is reflectie op je eigen leven en het verbeelden van je eigen dood. Waarom? Zoals ik net schreef, geeft het doorvoelde besef van sterfelijkheid zicht op wat in jouw leven belangrijk is.

SIT-UP

Schrijf een begrafenisrede voor je eigen begrafenis. Je kunt dat vanuit je eigen perspectief doen of vanuit het perspectief van een dierbare. Hoe wil je herinnerd worden, welke woorden wil je dat mensen over je spreken? Welke waarden schuilen hieronder?

De garagehouder en oldtimerhandelaar uitgezonderd: je wilt vast niet worden herinnerd om de lederen bekleding van je Porsche. Je wilt dat mensen aan je terugdenken als een goede vader, attente zoon, een visionair, fijne collega, goede verhalenverteller, vermakelijke vriend, bruggenbouwer of liefhebbende partner. Wat het ook is, het komt altijd (indirect) hierop neer: dat je een (positief) verschil hebt gemaakt in het leven van anderen.

GENOT

Het tweede onderdeel van het BGS-model is genot, plezier. Waar geniet jij echt van? Bij zo'n vraag staan je hersenen snel klaar met een 'correct' antwoord. Iets wat je gewend bent te zeggen, wat je van jezelf verwacht of waarvan je denkt dat anderen het van je verwachten. Maar onbewust heb je diepere verlangens die je kunt verkennen en ontdekken. Als je die eenmaal kent, heb je de mogelijkheid ernaar te handelen.

De grootste vijand van plezier is 'moeten'. Waar de amateurtoneelspeler geniet van het podium, sleept menig professioneel acteur zich elke avond naar de schouwburg. Maar ook feestjes, pretparken of een romantisch diner kunnen voelen als een verplichting. Je wordt geacht plezier te hebben en juist dat ontneemt je soms het plezier. Om echt te genieten is ongedwongenheid nodig. Weg met die nuttigheidsverslaving die we ook al tegenkwamen in week 10! Ga vaker iets doen gewoon omdat je het leuk vindt. Maar wat is dat dan?

Als je kijkt naar het volgende model van onbewuste verlangens, wil je zo veel mogelijk naar de kern van de cirkels. De volgende twee sit-ups zijn een eerste aanzet om dichter bij die kleinste cirkel te komen.

ONBEWUSTE VERLANGENS

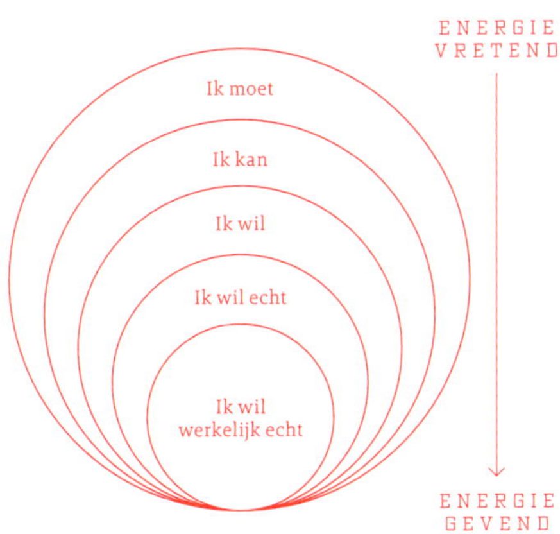

Geïnspireerd op het model 'Onbewuste verlangens'. Tal Ben-Shahar, *Gelukkiger*.

SIT-UP

Stel een wekker in op vijf à tien minuten. Ga ontspannen zitten met gesloten ogen en richt je aandacht op je adem. Na een paar keer in- en uitademen herhaal je op elke inademing intern de vraag: 'Waar verlang ik naar?' Doe niet te veel je best, wacht af welke antwoorden er tijdens de uitademing bij je opkomen. Je kunt de oefening ook los van je adem doen. Herhaal ook dan een aantal keer, in een voor jouw prettig tempo, de vraag: 'Waar verlang ik naar?' Schrijf je liever? Pak dan pen en papier om de vraag te beantwoorden, blijf schrijven, ook – juist – als je even niks meer weet (en schrijf dan dát op het papier). Houd ook deze vorm vijf à tien minuten vol. Als je afgeleid raakt, merk dit vriendelijk en zonder oordeel op en keer terug naar de oefening.

SIT-UP

Je kunt ook samen met iemand anders achterhalen waar jij echt plezier aan beleeft. Laat de ander steeds de volgende zin herhalen: 'Vertel me waar je naar verlangt', en beantwoordt die vraag dan. Er zijn een paar spelregels:

- De toehoorder interrumpeert niet; hij luistert zwijgend.
- Als de luisteraar het gevoel heeft dat je antwoord af is, zegt hij: 'Dank je wel.'
- Dan herhaalt hij weer de zin, zonder andere klemtonen te leggen.
- Verwacht niks, laat de antwoorden opkomen en wees er oké mee als er niks opkomt; voor nu is dat het antwoord.

De kracht van beide sit-ups zit in de herhaling van de vraag. Juist als je denkt dat er niks meer in je opkomt, als je geïrriteerd raakt van de vraag, komen je diepere verlangens naar boven. Lukt het vandaag niet, probeer het dan morgen opnieuw. En overmorgen. En de dag erna. En de dag daarna. Ook hierin zit de kracht in de herhaling.

STERKTES

Jarenlang hebben we gedacht dat we ons kunnen ontwikkelen als we onze zwaktes verbeteren. Uit onderzoek blijkt echter dat dit enorm veel energie kost en dat het meestal niet lukt om je zwaktes te transformeren tot sterktes.[182] Die lompe tred valt niet weg te dansen met twee jaar ballet. En als je toondoof bent zul je ondanks jaren oefenen nooit zuiver zingen – behalve misschien 'Poesje mauw'. Focus daarentegen op je sterktes en je creëert een win-winsituatie: je presteert op hoog niveau en je omgeving heeft hier baat bij. Bovendien groeit, in tegenstelling tot een zwakte, een sterkte wél exponentieel.

> *'A person can perform only from strength.*
> *One cannot build performance on weakness,*
> *let alone on something one cannot do at all.'*
>
> PETER DRUCKER

Positieve emoties vanuit je sterktes zijn de derde factor in het BGS-model. Ze geven langdurig plezier en geven je energie. Uiteraard betekent het niet dat je weg moet lopen van je zwakheden, wel dat je ze moet accepteren en managen – met compassie! In deel 2 heb je geleerd vrede te hebben met jezelf, met al je zwakheden, middelmatigheden en sterktes. Die zelfacceptatie hoeft je niet te beletten gericht aandacht te geven aan je sterktes. Zoals de Amerikaanse hoogleraar management Peter Drucker stelde: 'Manage your weaknesses, focus on your strengths.'

KRACHTGERICHTE FEEDBACK AAN JEZELF

Wat zijn je sterktes? Om daarachter te komen helpen de stappen van krachtgerichte feedback uit week 10. Je dient eerst je sterktes te herkennen, vervolgens deze (durven) te benoemen en ze tot slot te verdiepen. De vierde en belangrijkste stap bij het spotten van je eigen sterktes is de praktijkuitvoering.

1. Herkennen

Vaak is een deel van je sterke eigenschappen ondergesneeuwd of in vergetelheid geraakt. De volgende sit-up is een eerste verkenning, waarin je teruggaat naar de kern: wie ben je, wat geeft je plezier – en wat kun je?

SIT-UP

Blader in het fotoboek van je kindertijd. Wat zie je? Wat ben je aan het doen? Welke goede eigenschappen dicht je dit meisje of jongetje toe?

Om je verder te helpen met het identificeren van je sterktes kijken we naar het model van Christopher Peterson en Martin Seligman: de *values in action* (VIA). Zij omschrijven sterke kanten als 'een manier van denken, voelen en handelen die tot excellentie en optimaal functioneren leidt'. In het VIA-model zijn de sterktes onderverdeeld in zes deugden. Elke deugd omvat een aantal kernkwaliteiten, ook wel karakteristieke competenties genoemd.

Deugden	Kernkwaliteiten
Wijsheid	Creativiteit, nieuwsgierigheid, beoordelingsvermogen, leergierigheid, verschillende perspectieven innemen
Moed	Moed, volharding, oprechtheid, ijver
Medemenselijkheid	Liefde, vriendelijkheid, sociale intelligentie
Gematigdheid	Vergevingsgezindheid, bescheidenheid, bedachtzaamheid, zelfregulatie
Rechtvaardigheid	Samenwerking, eerlijkheid, leiderschap
Spiritualiteit	Waardering van schoonheid en voortreffelijkheid, dankbaarheid, hoop, humor

Geïnspireerd op de tabel 'Table character strengths'. Christopher Peterson en Martin Seligman, http://www.viacharacter.org/www/Character-Strengths.[183]

Bekijk de bovenstaande 24 competenties. Ga op zoek naar je meest karakteristieke competentie(s) door jezelf de volgende vragen te stellen:

- Geeft deze competentie me energie en inspiratie als ik haar inzet?
- Ervaar ik deze competentie als een wezenlijk onderdeel van wie ik ben – zonder ben ik niet compleet?
- Wil ik deze competentie op zo veel mogelijk gebieden laten gelden?
- Als ik deze competentie gebruik, ervaar ik dat dan als persoonlijk groeien?

Maak een top vijf van de meest karakteristieke competenties.

SIT-UP

Op www.viacharacter.org kun je de *strengths*-test doen. Een kwartier van je tijd levert je veel inzicht op dat je de rest van je leven meeneemt.

2. Benoemen

De bescheiden mens bagatelliseert vaak zijn of haar sterktes. 'Ik ben volhardend, maar kan ook té lang doorgaan.' Het is veilig om jezelf naar beneden te halen. Maar pas als je je sterktes herkent én volledig omarmt, onder andere door ze te benoemen, zul je er het meeste profijt uit halen.

Benoem jouw top vijf van karakteristieke competenties hardop voor jezelf. Bijvoorbeeld: 'Ik ben moedig. Ik heb humor. Ik ben creatief. Ik kan leidinggeven. Ik ben leergierig.' Merk zonder oordeel de neiging op om te 'maren' en er een valkuil aan te verbinden. Misschien vind je het makkelijker om een situatie te benoemen? Zeg dan in plaats van 'Ik ben creatief': 'Mensen vragen mij vaak om met hen mee te denken', of: 'Ik denk vaak anders dan anderen.' Zeg niet: 'Ik heb humor', maar: 'Aan de lunchtafel wordt er vaak om mij gelachen.' Als je makkelijk(er) je sterktes hardop kunt benoemen, zal het je ook makkelijk(er) afgaan deze aan anderen te vertellen, zonder dat je ze meteen weer afzwakt.

SIT-UP

3. Verdiepen

Veel trainingen en coachingstrajecten vergeten deze stap: verdiepen. Tot vervelens toe wordt er geouwehoerd over sterktes, maar ze worden niet doorvoeld. Jij wordt natuurlijk niet erg enthousiast van alleen wat heen-en-weergeklets. Met de volgende sit-up zet je een stap in de goede richting.

SIT-UP

Ga ontspannen zitten en focus op je adem. Haal na een paar keer in- en uitademen een moment terug waarop je sprankelde of volledig opging in wat je deed. Stel je het moment zo levendig mogelijk voor. Welke kernkwaliteiten uit je top vijf ontdek je hierin? Ervaar wat dit met je doet. Merk zonder oordeel de gedachten op die de kernkwaliteit niet binnen laten komen: zelfkritiek, jezelf niet groter willen maken, 'nuchterheid', angst voor andermans oordeel. Herken en erken dit als een onterechte belemmering en probeer dan alsnog de kernkwaliteit binnen te laten komen. Maak zo veel mogelijk ruimte om de kernkwaliteit te mogen ervaren, zowel in gedachten als in je lichaam. Wellicht voel je dat je meer rechtop gaat zitten, een meer open houding aanneemt, misschien komt er een glimlach om je mond? Benoem het effect van jouw kernkwaliteit op jezelf én de omgeving.

TRAINERSTIP

Heb je er moeite mee een compliment van een ander over je kwaliteiten te laten binnenkomen? Stel je dan voor dat je het compliment als het ware inademt. Experimenteer ermee en kijk wat het doet!

4. In praktijk brengen

Uit onderzoek blijkt dat het positieve effect van het identificeren van sterktes snel verdwijnt. Pas als je ze in praktijk brengt, heb je er zes maanden later nog steeds profijt van.[184] Om het gewin te maximaliseren, verbreed je de praktijk. Heb je leiderschapskwaliteiten, zet ze niet alleen in aan de vergadertafel, maar ook als aanvoerder van het voetbalteam – en delegeer thuis de afwas.

> Haal weer jouw top vijf van kernkwaliteiten tevoorschijn. Welke zou je vaker willen benutten? Kies er een of twee uit om vandaag/deze week extra in te zetten. Bedenk ook nieuwe situaties en nieuwe contexten (werk, liefde, vrienden, vreemden, ouderschap) waarin je je kernkwaliteit(en) inzet. Wat levert dat op? En voor wie?
>
> SIT-UP

FLOW

Waar betekenis, genot en sterktes elkaar raken, bevindt zich jouw flow spot. De eerste die ooit onderzoek deed naar flow was Mihaly Csikszentmihalyi (vraag me niet hoe je het uitspreekt). Hij verbaasde zich over het tijdloze gevoel van kunstenaars: uren achtereen konden ze schilderen zonder honger of dorst te krijgen of afgeleid te raken, alsof een krachtige stroom (flow) hen meesleurde. Na ondervraging van tienduizenden mensen kwam hij tot zes kenmerken. Als je in een flow zit dan:

1. lijkt de tijd zowel snel als langzaam te gaan. Een tenniswedstrijd van twee uur lijkt tien minuten te duren. Maar bij het terugslaan van die snoeiharde service ervaar je de tijd vertraagd, alsof de bal in slow motion op je afkomt.
2. vergeet je jezelf. Er is geen waarnemer van de ervaring. Je hebt geen last van een afleidende monkeymind.
3. ben je volledig in het moment. Je aandacht is niet gericht op een einddoel, maar je gaat op in de activiteit van dat moment. Je bent niet bezig met het winnen van de tenniswedstrijd, maar enkel met het terugslaan van die ene bal.
4. heb je een duidelijk doel. Hoewel je niet bewust bezig bent met het bereiken van een einddoel, heb je wel degelijk een concreet doel in je achterhoofd dat de activiteit moet opleveren: de finale, een mooi schilderij, het bereiken van de bergtop, waardering.
5. ben je intrinsiek gemotiveerd. Je vindt de activiteit zelf leuk om te doen, dus niet alleen het eventuele resultaat.
6. is er evenwicht tussen je sterktes en de activiteit. Als een taak te moeilijk is ten opzichte van je vaardigheid, raak je gefrustreerd. Als hij te makkelijk is, raak je verveeld. Daartussenin – je ervaart voldoende maar geen overmatige uitdaging – ervaar je flow.

Geïnspireerd op het flowmodel van Mihaly Csikszentmihalyi.

GEZONDE EN ONGEZONDE FLOW

Wanneer ervaar jij flow? Misschien als je kookt, facebookt, plukt aan een ukelele, of als je zoent, programmeert, een serie kijkt, tekent, volleybalt, hout bewerkt of gamet? Uit die opsomming kun je al aflezen dat flow niet per definitie effectief, gezond en gelukkig makend is. Flow kan je zodanig opslokken dat je andere 'taken' zoals slapen en gezond eten of het geven van liefde aan anderen verwaarloost – zoals de gameverslaafde of de workaholic. Bovendien hoeft de activiteit waardoor je flow ervaart niet altijd nuttig te zijn; ze kan soms zelfs destructief blijken. Zo kan een gokker achter de roulettetafel dezelfde flow ervaren als een arts die een levensreddende operatie uitvoert. En de hele dag netflixen brengt de freelancer misschien in een flow, maar het levert behoorlijk weinig cashflow op.

Een gezonde flow ligt daar waar betekenis, plezier en sterktes elkaar overlappen: de flow spot. Je doet iets wat je leuk vindt, iets wat je goed kunt, de taak is uitdagend maar niet te moeilijk en je ervaart hem als zinvol. Wat je doet is dan niet alleen prettig op het moment zelf, je creëert ook voordeel op de lange termijn. En een gezonde flow maakt wél gelukkig: hij is aangenaam, onder meer omdat hij je babbelbrein even doet verstommen. Nog een voordeel is dat je in een gezonde flow optimaal presteert. Je leert en je groeit.

Schaken tegen een schaakgrootmeester kan bijvoorbeeld frustrerend en demotiverend zijn, en een potje spelen met je neefje van acht zal je snel vervelen. Maar de pionnen verzetten tegen een tegenstander die net iets beter is dan jij, daar leer je wél van. Je trekt je op aan zijn of haar niveau en als je díe speelsterkte eenmaal hebt bereikt, zoek je het weer een trede hoger. Je hebt dus steeds een grotere uitdaging nodig om de gewenste flow te bereiken. Resultaat: je groeit.

HOE TRAIN JE EEN GEZONDE FLOW?

Een gezonde flow kun je niet afdwingen, die ontstaat. Maar je kunt wél de voorwaarden scheppen om in die flow te raken. De basis van een gezonde flow is een sterke aandachtspier, waarmee je je volledig kunt focussen op de taak waarin betekenis, sterkte en genot samenkomen.

Als je mentale bandbreedte vooral in beslag wordt genomen door eventuele toekomstige wortels en stokken – oftewel beloning of straf – in plaats van dat je focust op de taak van het moment, dan is het ervaren van flow ver weg. Je onderneemt de taak vanuit het jaag- of het gevaarsysteem en daarmee blok je de flow. We kwamen het al tegen in deel 2: zelfkritiek motiveert niet en laat je eerder slechter presteren.

Wat motiveert dan wel? Zelfcorrectie vanuit vriendelijkheid. Een speelse houding, vanuit het zorg-en-kalmeringssyteem, is jouw krachtvoer om in een flow te raken. Je streeft niet naar een specifiek eindresultaat (een perfect muziekstuk), maar concentreert je volledig op de taak (pielen, tokkelen: oefenen). Flow zorgt ervoor dat je nu bezig bent met leven in plaats van dat je ontevreden met een verrekijker de toekomst in staart naar nog niet behaalde doelen.

Als je erbij stilstaat is het misschien best deprimerend – ik verklap het alvast: het loopt goed af –, maar je leven bestaat uit een aaneenschakeling van routinetaakjes. Je wekker gaat, je doucht, je fietst naar je werk, je belt onderweg je moeder/oma/beste vriendin, je drinkt die slechte automatenkoffie (sneltoets 201), je maakt een lunchwandeling, enzovoort. Toch hoef je daar niet somber van te raken. Je kunt er namelijk je voordeel mee doen!

FLOW IN ROUTINE

Eén manier om meer flow in je leven te krijgen is namelijk om die routinetaakjes te transformeren tot momenten van flow. Hoe? Allereerst: focus je op die routine. Stop met multitasken en houd afleiding op een afstand. Bedenk vervolgens hoe je je sterktes en betekenis kunt inzetten in dit routinetaakje. Strijken wordt een flow wanneer je het vaak doet – met aandacht –, als je er een van je sterktes (bijvoorbeeld ordelijkheid) bij kunt inzetten en er betekenis (een stijlvolle wereld) aan ontleent. Elke activiteit kun je op deze manier benaderen: autorijden, je kinderen naar voetbal brengen, eten koken, een voorbijganger groeten, vergaderen. Je vergroot je kans om flow te ervaren. En zelfs als je die niet bereikt is de activiteit zelf alsnog plezieriger en presteer je efficiënter.

SIT-UP

Kies vandaag een routinetaak uit die je met volledige aandacht gaat doen, terwijl je bewust jouw sterktes en zingeving inzet en er plezier aan toevoegt. Een voorbeeld: Jan doet de afwas met aandacht, zet zijn sterkte (ordelijkheid) in en een lekker muziekje aan.

WORKFLOW

Al vroeg maken kinderen duidelijk onderscheid tussen werk en spel, en dat blijft zo tot aan hun pensioen (of sterfbed).[185] Dat bracht Donald Hebb tot het volgende experiment. Zeshonderd leerlingen tussen de zes en vijftien jaar kregen deze hemelse opdracht: als ze ongehoorzaam waren of wangedrag vertoonden, was hun 'straf' buiten spelen. Als ze zich aan de regels hielden, was de beloning dat ze meer mochten werken. Bijna alle kinderen bleken liever te willen werken dan buiten te spelen.

Willen werken wil je als volwassene toch ook willen? Wereldwijd zijn er maar liefst twee keer zoveel ontevreden als tevreden werknemers.[186] Nogal zonde als je bedenkt dat een gezonde Nederlandse werknemer gemiddeld zo'n 62.145 uur van zijn leven werkt.[187] Hoor jij ook bij dat overgrote ontevreden deel? Denk je misschien dat geluk in je werk voor jou niet is weggelegd? Dat klopt. Zodra je dit denkt, gaat jouw gedachte werken als een selffulfilling prophecy. Het goede nieuws is dat als je die gedachte loslaat, het wél mogelijk is om binnen (eventueel buiten je huidige) werk je flow te vinden.

KIJK OP WERK

SIT-UP

Als geld (en status) geen rol speelde, waar zou je dan je dagen mee vullen? Niemand kijkt toe. Hoe verschilt dit van je huidige situatie?

Er zijn drie manieren waarop je je werk kunt zien.[188] Ten eerste als een baan: je werkt enkel voor een loonstrookje, voor je nieuwe scooter en je bowlingavond in het weekend. Je beschouwt werk als middel tot een doel. Je bent op zijn best onverschillig over je taken en op zijn slechtst walg je ervan. Je ervaart geen plezier, kunt je kracht er niet in kwijt en ontleent er geen zingeving aan.

Werk als carrière is de tweede beschouwing. Je bent betrokken bij je werk en zet bewust je sterktes in. Naast het maandelijkse loonstrookje vind je het belangrijk om hogerop te komen. Beloningen in de toekomst – status, meer geld en macht – houden je gedreven. Je ervaart vooral plezier bij succes, niet zozeer in de reis ernaartoe: betekenis ontbreekt. Zodra je het plafond hebt bereikt en als CEO in die veel te grote bureaustoel zit, begint somberheid of verveling.

De derde en gewenste beschouwing: werk is je roeping. Je doet het met overgave en plezier, het doel is hoger dan jijzelf. Het werk is uitdagend, geeft je veel energie en ongeacht salaris of promoties ervaar je het als meer dan bevredigend.

> Wat is werk voor jou? Een baan, carrière of roeping? Wat zouden concrete stappen kunnen zijn om je werk meer als roeping te ervaren? **SIT-UP**

Als jouw antwoord 'baan' of 'carrière' is, stel jezelf dan eens voor met (nog meer) rimpels en grijze haren en beeld je in dat deze gedachte door je hoofd spookt: had ik maar werk gedaan dat mij voldoening gaf. Moet het roer dan compleet om of zou je toch flow kunnen vinden in je werk? Beide opties ga ik met je na.

OPKNAPBEURT VOOR JE BAAN

Een wisseling van werkgever, een nieuwe studie of een compleet ander beroep: in de zoektocht naar geluk en voldoening in werk is de eerste gedachte vaak om het roer compleet om te gooien. Maar soms hoef je slechts de stand van de zeilen een beetje bij te stellen om de koers van voldoening en flow te varen.

Student Anna had een bijbaan bij een benzinestation. Dit deed ze vooral voor het geld en de benefits; het werk zelf vond ze eigenlijk vreselijk. Met name het 'upselling'-gedeelte ('Vandaag hebben we koffie en koek voor maar 3 euro'). In een coachingsgesprek vroeg ik haar een moment voor de geest te halen waarop ze in haar kracht was. Ze noemde direct het organiseren van het surprisefeest voor haar zus. Terwijl ze erover sprak lichtten haar ogen op.

Samen ontdekten we dat zij op dat moment twee van haar kernkwaliteiten, namelijk creativiteit en sociale intelligentie, had ingezet. Mijn 'huiswerk' voor Anna was nu om die kwaliteiten ook in haar werk te benutten, om de uitdaging 'meer omzet' te vervangen door 'de klant laten (glim-)lachen'. Een week later was ze blij verrast over het resultaat. Ze zag het als een spelletje om de klanten op te vrolijken. Natuurlijk was niet elke klant ervan gediend, maar bij het gros lukte het (en ze verkocht zo ook nog eens meer snacks dan ooit). Het werk is nog steeds niet Anna's droombaan, maar nu ze haar sterktes inzet ervaart ze meer plezier en zingeving.

Eerlijk is eerlijk, sommige banen lenen zich makkelijker voor zingeving dan andere. Een tolwegbeambte in een bedompt hokje aan een zesbaansweg zal het lastiger vinden om betekenis te ervaren dan een arts of sportinstructeur. Maar in elke baan heb je zelf invloed op je geluksgevoel.

Zo verhaalt Martin Seligman over John, een bevlogen schoonmaker in het ziekenhuis. Het viel de vrouw van een comapatiënt op dat hij een paar dagen achtereen aandachtig de zwart-witte kunstfoto's aan de muur inspecteerde. Op de derde dag kwam John met twee schilderijen onder zijn arm binnen: een met een weiland met een opkomende zon, het andere was het beeld van twee dansende mensen. Hij haalde de zwart-witfoto's van de muur en maakte aanstalten om de schilderijen op te hangen.

'Wat bent u aan het doen?' vroeg de vrouw van de patiënt.

'Ik ben misschien slechts schoonmaker van de afdeling, maar ook ik voel me verantwoordelijk voor de patiënten. Uw man is al wekenlang in een diepe slaap. Als hij wakker wordt, wil ik zeker weten dat het eerste wat hij ziet iets moois zal zijn.'

De kunst is om net als deze schoonmaker creatief te zijn: hoe zet je je sterktes opnieuw in? Houd je van schrijven, probeer het versturen van de nieuwsbrief dan naar je toe te trekken. Ben je een regelneef en kun je dat nu niet kwijt in je baan, opper dan om teamuitjes en teambuildingsessies te organiseren. En herinner jezelf, net als student Anna en schoonmaker John, er dagelijks aan wat jouw werk belangrijk maakt. Zo verander je een saaie baan of routinewerk in werk dat je voldoening brengt.

WISSELEN VAN BAAN

Heb je elke opknapbeurt wel geprobeerd en sleep je jezelf alsnog elke ochtend met lood in de schoenen naar je werk? Dan wordt het tijd voor rigoureuzere stappen. Maar om mijn baan meteen aan de wilgen te hangen...

hoor ik je denken. Je hebt tenslotte je huur of hypotheek, je eigen mond en misschien die van gezinsleden te voeden. In haar boek *Working identity* adviseert Herminia Ibarra: 'Zet kleine stapjes.' Als je onbevredigende baan je psychische gezondheid niet schaadt, houd je hem aan en onderneem je een paar uur per week nieuwe dingen. Doe dingen die plezier geven, ontmoet mensen die je inspireren, wier werk of acties jij betekenisvol vindt.

Zo val je niet in een zwart gat van geldgebrek en werkloosheid – wat je allesbehalve zou motiveren om je (werk)dromen te verwezenlijken – en de energie die je huidige baan opslurpt, vul je op deze manier weer aan. Het is de eerste voorzichtige stap naar een andere baan.[189]

SIMPEL LEVEN

Houd je niet van kleine stapjes? Wil jij je toga verwisselen voor een steward(essen)pak (of andersom), oftewel echt gaan voor een complete switch? Realiseer je wel dat als je het roer omgooit je ergens een concessie moet doen. Want onafhankelijk van de mogelijke kansen in je nieuwe carrière ben je vlak na de switch onervaren. Dit zul je terugzien in je status en bevoegdheden. En, niet te vergeten, op je loonstrook.

Bedenk vooraf hoeveel je nodig hebt om rond te komen. En gaat dat 'nodig' niet stiekem in de richting van drie rondjes rondkomen? Hoe essentieel is de nieuwste iPhone, de producten van AH Excellent, en is het zoveelste paar sneakers of de vierde vakantie dit jaar echt een eerste levensbehoefte?

Je hebt zoveel minder nodig dan je denkt en – zoals je in deel 2 kon lezen –, al die overdaad maakt verre van gelukkig; die is eerder een bron van somberheid en depressie. Als je je leven versimpelt tot alleen dat wat je écht nodig hebt, creëer je juist ruimte om je werk in lijn te brengen met je flow spot. Om je werk niet meer als plicht te ervaren maar als voorrecht dat je mag bijdragen aan een groter geheel.

TRAINING

Ook als je weet wat jou plezier geeft, waar je goed in bent en wat jou zingeving schenkt, is het soms nog lastig om de gezonde flow spot te vinden. Deze trainingsweek helpt je daarbij.

LIGHT

Deze week ligt de nadruk op veranderingen die je direct kunt doorvoeren in je dagelijkse activiteiten. Zodat je meer – en bewuster – betekenis, plezier en sterktes gaat vinden.

OEFENING 1: IN DE AGENDA

Breng deze week meer betekenis, plezier en sterktes in:

- Eén routinetaak (koken, flossen, je kinderen in bad stoppen)
- Eén (uitdagende) activiteit op je werk
- Eén moment tijdens een sociaal samenzijn met vrienden, je huisgenoot, partner of familie

Plan deze oefening in je agenda. Bijvoorbeeld: dinsdag focus je op flossen, woensdag op de saaie wekelijkse werkvergadering en donderdag op je borrelafspraak.

OEFENING 2: OP PAPIER

Teken drie grote cirkels op papier die elkaar overlappen en schrijf daarin je sterktes, wat je plezier geeft en wat je betekenis geeft. Gebruik de sit-ups van deze week om ze te achterhalen. Hang het schema op een zichtbare plek in huis en vul in de loop van de week de cirkels aan.

Op de volgende pagina vind je ter illustratie het BGS-model van vader, sportliefhebber en bankier Erik. Doceren en begeleiden raken zijn flow spot. Misschien kan hij zijn huidige takenpakket aanpassen (als stagebegeleider of manager) of zal hij een switch willen maken. Erik haalt zijn plezier uit het coachen van mensen, kan er zijn sociale intelligentie en humor in kwijt en het sluit aan bij waar hij zingeving aan ontleent: goed onderwijs.

BGS-MODEL ERIK

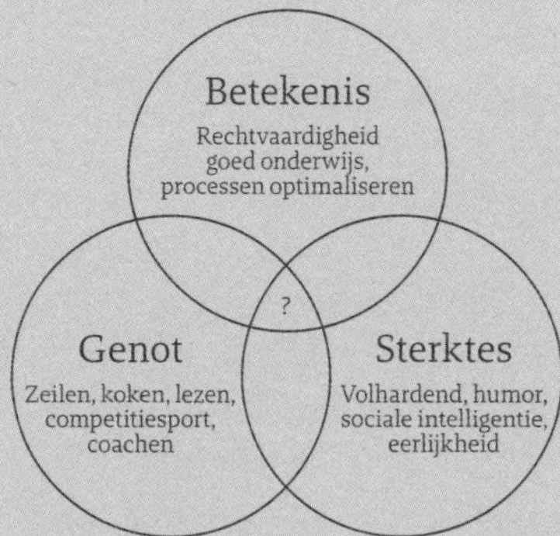

MEDIUM

AANVULLEND OP LIGHT

OEFENING 1

Schrijf op de linkerkant van een papier een lijst van activiteiten die je op een gemiddelde (werk)dag onderneemt, zodat je op rond de dertig activiteiten uitkomt. Bijvoorbeeld: opstaan, douchen, ontbijten, aankleden, fietsen, belafspraak, afspraak bij een klant, beoordelingsgesprek medewerker, vioolles en kinderen ophalen van zwemles. Bedenk bij alles: Ervaar je betekenis? Kun je je sterkte(s) erin kwijt? Geeft het je plezier (genot)? Noteer in dat geval een B, S en/of G achter de activiteit. Maak een concreet actieplan waarin je iedere dag één bestaande activiteit doet vanuit meer betekenis, plezier en sterktes (en het liefst gecombineerd). Doe dat niet enkel met routinetaken, ook met activiteiten die uitdagend, energievretend en moeilijk voor je zijn. Als je bijvoorbeeld niet houdt van beoordelingsgesprekken voeren, probeer dan juist in die activiteit meer je sterktes, betekenis en/of genot te leggen.

OEFENING 2

Om meer te genieten, oefen dagelijks:

audiotrack 29. (Na)genieten (17 min).

INTENS

AANVULLEND OP LIGHT EN MEDIUM In de intensieve trainingsvariant zoom je meer uit. Je kijkt met een helikopterview naar je leven en onderzoekt de grote beslissingen op het gebied van werk, studie en liefde.

OEFENING 1: ZIN(VOL) AANVULLEN

Vul dagelijks vier zinnen aan. Bijvoorbeeld:

- Een zinvol leven betekent voor mij...
- Als ik 5 procent meer verantwoordelijkheid neem voor mijn diepste verlangens, dan zou ik...
- Als ik 5 procent meer betekenis in mijn werk (of relaties, huwelijk, ouderschap) breng, dan zou ik...
- Om meer kernkwaliteiten in mijn leven te brengen kan ik...

Op pagina 239 vind je meer voorbeeldzinnen. Kies de zinnen die op dit moment bij jou passen, die jij graag beantwoord ziet. Zet een wekker op tien minuten. Begin met de eerste zin, schrijf zes à tien antwoorden op en ga dan pas naar de volgende. Schrijf op wat er in je opkomt. Oefen op een vast moment, bijvoorbeeld voordat je naar je werk gaat. Lees aan het einde van de week je antwoorden door. Gun jezelf (minimaal) een halfuur om in stilte te reflecteren; doe dat op de bank, aan de keukentafel of, beter nog, tijdens een wandeling. Een andere optie: bespreek je antwoorden met een geliefde, kennis of collega. Maak vervolgens een actieplan voor de komende twee weken door kleine stappen uit te stippelen die je dichter bij jouw doel zullen brengen.

OEFENING 2: ADVIES VAN JE OUDERE ZELF

'Je gaat het pas zien als je het doorhebt.' De tragiek van het leven is dat je achteraf heel goed weet hoe je iets had moeten aanpakken. Neem in deze visualisatieoefening (minimaal) een kwartier om je voor te stellen dat je tachtig (plus) bent. Geef jezelf advies. Schrijf het op of stel het je voor in je hoofd, wat voor jou werkt. Als je meer in beelden denkt dan in woorden kan dat ook. Geef je jongere zelf bijvoorbeeld een symbolische gift of neem jezelf mee naar een plek die jou een boodschap geeft. Probeer de wijze les om te zetten in iets concreets, iets wat je nu kunt veranderen. Bijvoorbeeld jezelf (durven) zijn. Meer tijd voor jezelf nemen. Meer tijd spenderen met je geliefde. Het goedmaken met die oude vriend. Het vrijwilligerswerk oppakken dat je altijd al van plan was. De eerste stap zetten om meer voldoening uit je werk te halen. Wat dan ook.

Je kunt de audiotracks downloaden op www.sportschoolvoorjegeest.nl.

COOLINGDOWN

Deze week stond in het teken van zelfreflectie: wat kun je goed, wat geeft je plezier, wat vind je belangrijk? Was het prettig om dit te achterhalen? Of ervoer je het als frustrerend, omdat je die flow spot maar niet weet in te vullen? Bedenk dan dat een week te kort is om je roeping te achterhalen. Wees trots op jezelf omdat je de eerste stap hebt gezet. En besef dat het stellen van vragen, in dit geval aan jezelf, belangrijker is dan wat de antwoorden zijn. Probeer bij de zoektocht zelf je sterktes in te zetten en er betekenis en genot uit te halen, zoals trots (omdat je moed toont, omdat je actief bent) en plezier (lach om je 'foute' keuzes, geniet van het ontmoeten van nieuwe mensen). En besef: iedereen doet maar wat. De kunst is om uit dat 'doen' en 'wat' voldoende genot, zingeving en geluk te halen.

Ga voor jezelf eens na of je uit week 11 de volgende dingen hebt kunnen halen:

- Zoek je meer plezier op door dingen te doen die je werkelijk wilt?
- Heb je meer zicht op je kernkwaliteiten en breng je deze in wisselende contexten in praktijk?
- Heb je meer zicht op je waarden, wat voor jou zingeving betekent en probeer je hier meer naar te handelen?
- Lukt het je beter om ook in gewone, alledaagse of vervelende taken plezier en betekenis te vinden en je sterktes te gebruiken?

NIEMAND WEET HOE LAAT HET IS

Vannacht in m'n slaap word ik plots overvallen
straks komt een auto en die rijdt me kapot
wanneer zal de dood zijn fiets bij mij stallen?
wat zal mijn clou zijn? hoe is mijn plot?
misschien zegt de dokter: 'meneer, nog twee maanden'
en word ik door een slepende ziekte gesloopt
men zegt dat dat beter is voor nabestaanden
maar twee maanden pijn is toch niet wat je hoopt
deze dag is de eerste van de rest van mijn leven
dat denken er velen bij hun ontbijt
terwijl ik altijd denk: ik heb nog maar even
dit wordt de laatste van een prachtige tijd
dus moeten we dansen en moeten we vrijen
moeten we lachen en drinken vol vuur
lief, hou me vast want nu ben ik nog bij je
tijd is toch geld dus het leven is duur
en ik merk elke dag dat ik me vergis
en dat er dan nog een uur over is.

YOUP VAN 'T HEK

WEEK 12

WILSKRACHT

'Er bestaat een kracht die sterker is dan stoom, elektriciteit en atoomenergie: wilskracht.'

ALBERT EINSTEIN

De afgelopen elf weken heb je je mentale conditie getraind voor een plezieriger en zinvoller leven, op weg naar een duurzaam geluksgevoel. Net als in de sportschool dien je deze training te onderhouden. Daarom ga je deze week je wilskracht versterken. Meer wilskracht maakt niet alleen gelukkiger, maar een efficiënt gebruik ervan geeft je ook de mogelijkheid om mindgymoefeningen te integreren in je dagelijks leven, en zo je eigen personal trainer te zijn voor een zinvol en gelukkig leven.

WARMING-UP

De champagne vloeit, het vuurwerk knalt en de voornemens klinken: 'Ik ga minder facebooken/gezonder eten/minder hard werken/vroeger naar bed.' Hoewel scepsis overheerst blijkt het echt niet onzinnig: mensen met goede voornemens maken tien keer meer kans om hun gedrag daadwerkelijk te veranderen dan iemand die zichzelf geen doelen stelt. Het overgrote deel houdt het maanden vol. Het probleem komt pas na zes maanden, dan zal zo'n 60 procent het goeie gedrag tóch aan de wilgen hangen. En op 31 december blijkt slechts 8 procent te kunnen proosten op een geslaagde gedragsverandering als gezonder eten.[190] Als bonus krijgt de 92 procent die het níet haalde te maken met harde zelfkritiek. En waar trots in een hapje rauwkost bijt, grijpt schuldgevoel naar de oliebol. Ziedaar de vicieuze cirkel van ongelukkigheid. Hoe zorg je ervoor dat je jouw gedragsverandering wel maanden, jaren, voor eeuwig volhoudt? Door volhouden niet te voelen als volhouden.

WILSKRACHTSPIER

Wetenschapper en wilskrachtexpert Roy Baumeister stelt dat je wilskracht – jawel – als een spier kunt zien.[191] Om dit toe te lichten volgt hiernaast een voorbeeld.

EYEOPENER

Onderzoekers van de Københavns Universitet volgden zestig mannen 'met een extra laagje' die in dertien weken probeerden af te vallen door dagelijks te sporten. Bij degenen die zich elke dag een halfuur in het zweet hadden gewerkt, telde de weegschaal na al die weken gemiddeld 3,6 kilo minder. De mannen die elke dag een uur (met dezelfde intensiteit) hadden gesport, vielen echter niet meer af maar minder: ze raakten gemiddeld 'slechts' 2,7 kilo kwijt. Het wonderlijke verschil lag in (over)belasting. Niet van hun buik- of kuitspieren, maar van de wilskrachtspier. Degenen die een halfuur sportten hadden meer motivatie over om daarnaast een gezonde leefstijl te ontwikkelen. Ze lieten vaker toetjes staan en namen de fiets in plaats van de auto. De wilskrachtspier van de mannen die elke dag een uur sportten was overbelast. Ze hadden minder motivatie over om gezonder te leven.[192]

Wilskracht wordt voor verschillende taken gebruikt en kan dus opraken: je overbelast je wilskrachtspier. 's Ochtends vroeg opstaan om te sporten, je huis opruimen en je tante Zeurkous bellen, zal 's avonds waarschijnlijk resulteren in het ledigen van een fles wijn. Het goede nieuws is dat hoewel de stevige sporters uit het voorbeeld minder waren afgevallen, ze wel hun langetermijnwilskracht hadden getraind. Net als je spieren is wilskracht dus te trainen. De kunst is om je wilskrachtspier te versterken zonder deze te overbelasten. Dat begint bij het stellen van de – voor jou – juiste doelen.

KRACHTVOER VOOR WILSKRACHT

Het denken in 'willen' en 'doelen' is cultureel ingebakken. Wat wil je later worden? Waar wil je staan over vijf jaar? Wat is je streeftijd bij de marathon? Hoeveel kinderen wil je krijgen? Hoeveel omzet wil je bereiken komend jaar? Hoeveel kilo wil je kwijtraken? Je herkent het vast. En als je eenmaal de doelen hebt gesteld, straf je jezelf af als je ze niet (hebt) bereikt en je prijst de ander die het wél is gelukt. Programma's als *The voice*, boeken als *The secret* en talloze financieel onhaalbare start-ups (waar het woord start-downs gepaster zou zijn) lijden onder het 'als je maar wilt'-virus. Een gevaarlijk virus omdat je A: jezelf gemakkelijk voor de gek houdt met irreële doelen, en B: je voor de kop slaat als je ze niet hebt gehaald.

Natuurlijk zeg ik hier niet dat je je dromen moet weggooien en je doelen moet uitbannen. Het is heel goed dát je droomt en doelen stelt, maar het gaat om wát je droomt en ambieert. Veel mensen streven naar rijkdom, status en macht (oftewel succes) in de hoop gelukkig te worden. Geen handig doel, want – we zagen het al in week 11 – het werkt precies andersom: succes maakt niet gelukkig, geluk brengt succes. Het mooiste zou zijn als alles wat je doet in lijn is met je ultieme doel: een gelukkig en zinvol leven. Op die manier groeit je wilskrachtspier organisch mee.

Denk maar eens aan het uithoudingsvermogen van bevlogen mensen, of dit nou leraren, koks, advocaten, ouders, artsen of artiesten zijn. Hun ultieme doel is hun kompas en geeft richting aan hun leven. Tussendoor stellen ze concrete doelen, van een Michelinster tot het winnen van een rechtszaak. Die *pinpoints* op de landkaart zijn nodig, ook voor jou, maar moeten niet de focus zijn en daarmee jouw ultieme doel in de weg staan. Bijvoorbeeld een dikke bankrekening die de wens van complete vrijheid verdoezelt. Zet dus kleine stappen en houd te allen tijde je ultieme doel in je hoofd; dat is het krachtvoer voor wilskracht.

WILSKRACHT BEWAREN

Nu je weet dat een spier maar beperkt kan worden belast, kies dan bewust waarvoor je hem inzet. Bewaar je wilskracht voor activiteiten die bijdragen aan een gelukkig leven. Dat doe je met de volgende vijf tips.

1. Beperk je doelen

Minstens zo belangrijk als het stellen van haalbare doelen is dat je je doelen regelmatig bijstelt of zelfs loslaat. Tijd is het kostbaarste geschenk dat je jezelf kunt geven. Het geeft je mentale energie en daarmee inzicht en wilskracht om de keuzes te maken die er echt toe doen. Wil je, vanuit het niets, je aandacht trainen, je conditie verbeteren, efficiënter werken, vroeger naar bed én suiker afzweren? De kans is groot dat je op dag 2 om één uur 's nachts al append, netflixend én facebookend aan de stroopwafels zit.

SIT-UP

Neem (je agenda van) de afgelopen maand eens door en kijk welke (terugkerende) doelen je kunt opgeven. Waar kun je 'nee' tegen zeggen? Misschien sport je te veel, vergader je te vaak of spreek je tegen je zin af met sommige mensen. Waar zeg je 'ja' tegen waar 'nee' eigenlijk je voorkeur heeft? Neem je voor om de komende week minstens één doel los te laten.

2. Neem kleine stappen

We hadden het er net al over: kleine veranderingen vragen minder wilskracht en hebben daardoor een grotere kans van slagen. Doelen zijn het effectiefst en krachtigst als je ze concreet en meetbaar formuleert, haalbaar en tegelijk gebonden aan een tijdsspanne.

3. Omarm routine, minimaliseer keuzes

Links of rechts? Pasta of rijst? Bel ik eerst A of B? Je maakt enorm veel keuzes op een dag. Dit is funest voor je wilskracht, beschrijft Barry Schwartz[193] in zijn boek *De paradox van keuzes*. Routine en regelmaat daarentegen houden je wilskracht op peil. Zo lijken flexibele sportschoolabonnementen misschien relaxed, ze zijn in feite een ramp voor jouw voorraad wilskracht. Je kunt er 24/7 over peinzen of je nou wel of niet zult gaan sporten. Terwijl elke week bokstraining op dinsdagavond en hardlopen op donderdagochtend minder ruis betekent en meer rust en behoud van wilskracht.

Automatismen zijn niet altijd gewenst, dat heb je ondertussen begrepen, maar een uitzondering hierop zijn rituelen. Tony Schwartz en Jim Loehr geven in *Altijd scherp* aan dat je met rituelen duurzame verandering kunt bereiken. Een ritueel heeft volgens hen drie kenmerken: de handeling is nauwkeurig omschreven, doet zich voor op een specifiek tijdstip en wordt uitgevoerd vanuit een diepe persoonlijke waarde. Een voorbeeld is de oefening 'Schrijf dagelijks vijf dingen op waar je dankbaar voor bent' uit deel 2, over compassie. Doe die bijvoorbeeld altijd vlak voor het slapengaan, aan de keukentafel, met dezelfde muziek op de achtergrond, in hetzelfde boekje en vanuit overtuiging, niet omdat het 'moet'. Door gebruik te maken van de kracht van automatismen en routines omzeil je dus wilskracht, die je kunt bewaren voor de momenten en activiteiten die voor jou het belangrijkst zijn.

4. Zet taal in: ik wil, ik kan, ik ga (en zo niet: niet erg)

De manier waarop je jezelf toespreekt maakt verschil, ook als het gaat om je wilskracht. Van de proefpersonen die zichzelf in een onderzoek motiveerden met: 'Ik ga niet... (snoepen/drinken/et cetera)' hield 80 procent zijn voornemen vol, ten opzichte van maar 10 procent van de deelnemers die de mantra 'Ik mag niet...' voor zichzelf herhaalden. Het bestraffende vingertje werkte dus veel minder goed dan de neutrale zin. Hier zien we weer dat taal vanuit het jaag- en het gevaarsysteem alleen op de korte termijn mensen motiveert, terwijl taal vanuit het zorg-en-kalmeringssysteem juist voor langere tijd motiveert. Kijk nog eens op pagina 136 naar het overzicht van de taal van de drie verschillende systemen.

Eenzelfde soort effect heeft de positieve insteek. Gebruik 'Ik wil dit wel' in plaats van 'Ik wil dit niet'. Vertel jezelf liever 'Ik wil met meer aandacht leven' dan 'Ik wil niet meer multitasken'. Waarom? Het brein kan de woorden 'niet' of 'geen' niet goed verwerken. Het kost je mentale energie om te bedenken wat je dan wél dient te doen. Hieraan gelinkt: streef je doelen na vanuit zelfacceptatie en -correctie (gemotiveerd vanuit het zorg-en-kalmeringssysteem) en niet vanuit zelfkritiek (jaag- en gevaarsysteem). Zelfkritiek ondermijnt namelijk je mentale energie en zuigt in no time je wilskracht op. En schuldgevoel vergroot het risico dat je opnieuw de fout in gaat.[194]

SIT-UP

Reflecteer tien minuten op wat (welk gedrag) je graag wilt veranderen. Bedenk drie dingen. En kijk dan eens eerlijk of er de overtuiging onder zit dat je pas tevreden met jezelf kunt zijn als het veranderd is. Lukt het om je doel te stellen vanuit acceptatie van je huidige situatie?

5. Liever doen dan denken

Al dagen denken 'mijn website updaten' of 'de vakantie regelen' zonder het daadwerkelijk te doen, vreet wilskracht. Je brein concludeert namelijk dat als je eraan denkt, je er ook al mee bezig bent. Zo kun je uren, dagen, weken, jaren 'bezig zijn' zonder dat er iets uit je handen komt. Het 'Help, mijn man is klusser'-syndroom gaat dus verder dan de badkamer of keuken.
Je wordt je bewust van dit patroon door aandacht(training). Vervolgens heb je drie opties: doen, schrappen of je brein geruststellen dat je het niet zult vergeten door het op je to-dolijst te zetten. Zo houd je wilskracht en energie over voor andere beslissingen.

WILSKRACHT VERSTERKEN

Bewust kiezen waarvoor je je wilskracht inzet is één. Natuurlijk kun je die wilskrachtspier daarnaast ook ondersteunen. Ook hiervoor vijf tips.

1. Deel je doel en je successen

Wil je stoppen met roken? Deel je voornemen met vrienden en/of post je voornemen op Facebook. Eng? Ja, maar ook een goede stok achter de deur. Bovendien organiseer je daarmee steun. Succeswensen in de trant van 'Je kunt het!' en 'Wat een lef' zullen je kant op komen. Een halfjaar rookvrij? Vertel ook dit succes aan anderen. Onderzoek bevestigt het positieve effect van externe steun en aanmoediging.[195]

2. Besef dat je controle hebt

Het gevoel dat je controle hebt vergroot je wilskracht. Zelfs de illusie dat je de controle hebt geeft een boost aan je wilskracht – en is de reden waarom er minder mensen bang zijn in de auto dan in het vliegtuig. Zonder het gevoel van autonomie zakt de wilskracht je in de schoenen, word je angstig of haak je af. Vooral het beséf van interne controle verhoogt je wilskracht, oftewel de realisering dat je je reactie en gedrag zelf kunt kiezen. Het besef dat je zelf je teleurstelling in de hand hebt (zie deel 2, over compassie) bij een mislukte sollicitatie motiveert je om verder te zoeken op de banenmarkt. Het (vaak irreële) idee van externe controle (denken dat je de hr-manager compleet naar je hand kunt zetten) werkt juist demotiverend en vermindert wilskracht.

3. Verander je automatismen

Omarm je automatismen, niet alleen om geen wilskracht te verspillen, maar ook om je wilskracht te trainen. Begin eens te trainen met makkelijke gewoontes. Poets je altijd je tanden met je rechterhand? Doe het dan eens met links. Ga vaker op twee voeten staan in plaats van te leunen op één voet, probeer rechtop te zitten achter je bureau, wacht minimaal een minuut voordat je iets lekkers wilt opeten, zet je fiets iedere dag op dezelfde (of juist steeds een andere) plek. Zo train je speels en met kleine dingen je wilskracht. Gaat het te veel irriteren of vervelen, neem dan een pauze of kies iets anders. Kies activiteiten die je niet veel maar wel enige moeite kosten (en die je niet persé wilt 'verbeteren', zoals het tandenpoetsen met de andere hand).

4. Gebruik je luie ik

Ben jij ook weleens teleurgesteld als je aan het einde van je werkdag ziet wat je gedaan hebt? Dit had je ook in een schamele twee uur kunnen doen... als

je niet voortdurend naar je mailbox en telefoon had getuurd. Als dit je vaker overkomt, biedt de twintigsecondenregel[196] uitkomst. Je gebruikt de ingebakken luiheid van de mens om slechte gewoontes te elimineren door een hindernis in te bouwen voor je ze kunt uitvoeren. Log bijvoorbeeld steeds uit uit je mailprogramma en verzin een lang en foutgevoelig wachtwoord – zoals 'ikmaGmaar1keerper3uurMijnMailcheCken!' – zodat je iedere keer als je je mail wilt checken lang(er) bezig bent. Het lijkt onhandig en tijdrovend, maar uiteindelijk zul je minder vaak inloggen omdat het 'zoveel moeite' kost. Zo verdwijnt je mailcheckneiging als sneeuw voor de zon.
De twintigsecondenregel kun je inzetten bij al je slechte gewoontes. Leg bijvoorbeeld je telefoon met afleidende appjes in de kast in een la in je slaapkamer. Of wil je minder brood eten? Leg het in de diepvries; eerst ontdooien en dan roosteren betekent: 'Wat een gedoe, laat ook maar.' Het gebruiken van je luie ik geeft je meer momenten om met aandacht te beseffen dat je niet goed bezig bent.

SIT-UP

We weten het inmiddels allemaal: het checken van je smartphone vlak voor je gaat slapen is funest voor je nachtrust. En bij het wakker worden direct naar NU.nl en appen is in de regel geen fris begin. Ban dus je telefoon uit de slaapkamer – en koop zo nodig een ouderwetse wekker.

De twintigsecondenregel kun je ook andersom gebruiken, om goede gewoontes aan te leren. Meer sporten? Leg 's avonds al je sportkleding klaar. Vaker mediteren? Zorg ervoor dat je een prettig plekje in huis creëert waar alles al klaarstaat om te beginnen. Je hoeft enkel te gaan zitten als je voorbijloopt.

5. Visualiseer gevaar

En nu trek ik nooit meer op een doordeweekse dag een fles wijn open, bedenk je vol goede moed op een rustig moment (of juist met overmoed door twee glazen wijn). Als het eenmaal dinsdagavond is en je overmand bent door stress of emoties door een rotdag op je werk, zakt die moed je algauw in de schoenen. In de wetenschap heet dit de '*hot-cold empathy gap*', het onvermogen om op een koel, rationeel moment in te kunnen schatten hoe weinig zelfbeheersing je hebt op een moeilijk moment. Dat gat zal er altijd blijven, maar wat je wel kunt doen is het gevaar van tevoren visualiseren. Voel hoe moeilijk het is om op die borrel de bitterballen te weigeren en zeg in je visualisatie dan toch: 'Nee, dank.' Door de situatie en je krachtige reactie te visualiseren is de kans groter dat het in de praktijk ook zo zal gaan.

WILSKRACHT HERSTELLEN

'Stress is niet de tegenstander van grote prestaties, de grootste vijand is de afwezigheid van herstel,' zegt performancepsycholoog James Loehr. Zie wilskracht als een prestatie en lees: herstel is essentieel om je wilskracht op te bouwen. Vijf tips die je daarbij kunnen helpen.

1. Eet gezond

Net als je spieren heeft wilskracht glucose (energie) nodig. Vroeg opstaan, nee zeggen tegen een stuk taart, lopen in plaats van de tram nemen: als je je wilskracht aanspreekt, verbruik je glucose. Dat wil je lichaam zo snel mogelijk weer aanvullen. De snelste manier daarvoor vormen suiker, zoetigheid en andere snelle koolhydraten. Na zo'n energiestoot daalt je glucosespiegel nog sneller. Je kent dat wel: je voelt je moe en uitgeput. Op zo'n moment is je wilskracht op zijn laagst, heb je niet de energie om jezelf te sturen. Je zoekt je 'oplossing' vaak weer in snelle suikers: een zak drop of een frietje... De vicieuze cirkel is geboren. Bij voedsel met langzame koolhydraten worden de suikers langzaam opgenomen. Je glucosespiegel blijft over een langere periode constant, je energie gelijkmatig en een goede, betrouwbare bron voor wilskracht.

2. Slaap voldoende

Gaaaap, nee hè, het gaat toch niet weer over slaap? Hoewel er inmiddels veel over is geschreven, blijven mensen de noodzaak van voldoende slaap onderschatten. Voorheen waren het misschien ouders met jonge kinderen die knikkebollend op het werk zaten, maar wie heeft er tegenwoordig geen slaapschuld? Bedankt, blauw licht – oftewel laptop en smartphone. Maar wist je dat ook bellen, tv-kijken of gewoon een tijdschrift of boek lezen de aanmaak van melatonine (het moe makende hormoon) stopt of vertraagt? Dat opgebouwde slaaptekort doet je de volgende dag trouwens weer grijpen naar snelle suikers omdat je snel weer energie wilt en omdat te weinig slaap de opslag van glucose belemmert.

3. Neem pauze

'Druk!' In de westerse maatschappij is dat misschien wel het meest gegeven, en in elk geval het meest geaccepteerde antwoord op de vraag: 'Hoe gaat het?' Rennen van de ene afspraak naar de andere geeft je wilskracht geen kans om te herstellen. Probeer daarom eens de zuidelijke 'mañana, mañana'-cultuur te omarmen door ook pauzes in te lassen. Vind je dat lastig? Ga nog eens terug naar deel 1, over aandacht; daarin vind je genoeg technieken die je kunnen helpen om af en toe stil te staan.

4. Gebruik hulpmiddeltjes

Pas de '*don't waste your money*'-motivatie toe. We zijn allemaal geprogrammeerd om verlies te vermijden. Jij ook. En mensen lijden meer bij het verlies van duizend euro dan dat ze blij zijn bij een winst van hetzelfde bedrag. Stel, je wilt drie (studie)boeken lezen deze maand. Doe dan een aanzienlijk bedrag (bijvoorbeeld vijftig euro) in een envelop, geef die aan een vriend en spreek met elkaar af dat als het niet lukt, je vriend het geld overmaakt naar een doel dat je niet ondersteunt. Stem je bijvoorbeeld VVD, geef het dan aan GroenLinks, en andersom. Spreek daarnaast af met een vriend of geliefde wat je doet met het bedrag als je die drie boeken wél leest: je geeft diegene een cadeautje of gaat samen een avondje uit. De truc is de dubbelgebondenheid: je krijgt al jeuk bij het idee je minst favoriete politieke partij te ondersteunen en aan de andere kant wil je je vriend(in) niet teleurstellen.

EYEOPENER

De SnūzNLūz-wekker werkt volgens eenzelfde principe. De klok straft je voor (de ongezonde gewoonte van) snoozen. De wekker is via wifi gekoppeld aan je bankrekening. Elke keer dat je op de snoozeknop drukt, stort je een zelfgekozen bedrag op de rekening van een zelfgekozen (goed) doel dat je allesbehalve wilt ondersteunen – de carnivoor schenkt aan Wakker Dier, de overtuigde atheïst geeft aan de Kerk.

5. Beloon jezelf

De belangrijkste benzine voor je wilskracht is een beloning voor jezelf. Heb je de ramen gewassen en wil je dat frequenter gaan doen? Beloon jezelf met iets kleins: een tijdschrift, een halfuurtje tijd voor jezelf of – vooruit – iets lekkers. Dan pak je de volgende keer sneller die zeem. Neem tijd voor de beloning, ook als je denkt dat je die niet hebt. Je zult merken dat het zich aan het einde van de dag uitbetaalt; je hebt meer energie en wilskracht over om je verzekeringen uit te zoeken of een rondje te gaan hardlopen.

SIT-UP

Maak voor jezelf een lijst met (gezonde) beloningen. Hang deze op een zichtbare plek in je huis. Als er meer dingen in je opkomen de komende dagen, schrijf ze op de lijst.

TRAINING

Het integreren van technieken die aandacht, compassie en geluk in je leven bevorderen, valt of staat met wilskracht, wat weer valt of staat met routine. Deze week train je je wilskracht met behulp van routine.

LIGHT

OEFENING 1: ROUTINE 1

Kies een dagelijkse routinehandeling uit die je op een andere manier gaat uitvoeren. Wanneer je hieraan bent gewend, kies je weer iets anders.

OEFENING 2: ROUTINE 2

Kies een activiteit die je vaak voor je uit schuift (sporten, een aandacht-oefening, schoonmaken, het onderhoud van je website, het bellen van je oma) en kies een (paar) vaste dag(en) en tijdstip(pen) uit om dit te doen. Schrijf deze op in je agenda. Hoe meer routine, hoe gemakkelijker het je af zal gaan.

OEFENING 3: VISUALISEER GEVAAR

Neem vijf minuten per dag de tijd om een belemmerend patroon te visualiseren dat je wilt doorbreken (het checken van je telefoon, ongezond eten). Stel je jouw constructieve gedrag zo levendig en concreet mogelijk voor. Kies het liefst een aantal dagen hetzelfde patroon.

OEFENING 4: TWINTIG SECONDEN

Kies één gewoonte die je wilt afleren en pas de twintigsecondenregel van pagina 274 toe.

MEDIUM

AANVULLEND OP LIGHT Wil je je wilskracht extra trainen deze week? Schrijf dan een brief aan jezelf. Geef hierin op een bemoedigende toon, zonder opgeheven vinger aan wat je hoopt van deze twaalf weken mee te nemen in de rest van je leven. Blader niet terug in het boek, doe het uit je hoofd. Dat wat er in je opkomt is waar jij de meeste waarde aan hecht. Wat wens je te onthouden en wat zou je willen vermengen in het leven van alledag? Schrijf inzichten op die jij hebt gekregen en voor altijd mee wilt nemen.

Doe de brief in een envelop, schrijf je eigen adres erop en plak een postzegel. Geef hem vervolgens aan een vriend, geliefde of familielid met de instructie de brief te posten wanneer hij of zij dat verkiest – wel minimaal twee maanden later. Zo krijg je onverwacht je eigen post op de mat. Neem dan de tijd om de boodschap aan jezelf door te lezen. Deze onverwachte brief aan jezelf zorgt voor een opfrisser en oppepper. Dit kun je eindeloos herhalen.

INTENS

AANVULLEND OP LIGHT EN MEDIUM Wil je deze laatste week nog eens intensief trainen? Blader het boek in zijn geheel nog eens door. Neem er de tijd voor. Onderstreep, highlight, lees actief. Wellicht vallen je nieuwe dingen op, geven de voorbeelden nieuwe inspiratie, krijg je nieuwe inzichten. Schrijf op aan welke oefeningen je het meest gehad hebt. Welke oefeningen wil je meenemen, vaker doen? Maak dit concreet met de tips uit dit laatste hoofdstuk. En houd hierbij de eerste tip, 'beperk je doelen', in je achterhoofd.

COOLINGDOWN

Duurzame verandering zit in bewust gekozen dagelijkse sleur, niet in dat ene grote moment waarop alles op zijn plek lijkt te vallen. Misschien hoop je op een moment van openbaring, maar parkeer die verwachting of liever nog: gooi haar in de prullenbak. Haak niet af maar omarm het ongemak dat komt kijken bij de belasting van je wilskracht en het inslijten van goede en gezonde gewoontes. Maar blijf alert: te veel ongemak en je wilskrachtspier kan geblesseerd raken.

Ga voor jezelf eens na of je uit week 12 de volgende dingen hebt kunnen halen:

- Stel je jezelf doelen in lijn met je ultieme doel: een zinvol en gelukkig leven?
- Stel je doelen vanuit zelfcorrectie in plaats van vanuit zelfkritiek?
- Weet je hoe je routine in kunt zetten voor je wilskracht?
- Zie je beter in hoe je wilskracht kunt behouden?
- Ken je meer trucjes en oefeningen om je wilskracht te versterken?
- Besef je het belang van herstel?

LIEFDE NA LIEFDE

Er komt een tijd dat je opgetogen
jezelf zult begroeten als je aankomt bij
je eigen deur, in je eigen spiegel,
en elk zal glimlachen bij de begroeting van de ander
en zeggen: ga zitten. Eet.
Je zult de vreemdeling die je zelf was weer liefhebben.
Geef wijn. Geef brood. Geef je hart terug
aan jezelf, aan de vreemdeling die al je hele leven
van je houdt, maar die jij negeerde
omwille van een ander. Die jou door en door kent.
Pak de liefdesbrieven van de boekenplank,
de foto's, de wanhopige krabbels,
pel je eigen beeltenis van de spiegel.
Ga zitten. Geniet van het leven.

DEREK WALCOTT

TOT SLOT

Over honderd jaar kijken we waarschijnlijk met grote verbazing naar deze tijd terug, zoals we nu met ongeloof denken aan de heksenjacht in de middeleeuwen. Hoe mooi zou het zijn als we ons dan met verbijstering herinneren hoe onze cultuur, schoolsystemen, organisaties en overheid vaak eenzijdig gericht waren op materiële welvaart en economische groei. Hoe onze instituties onnodig vaak onze ingeprogrammeerde hebzucht en egoïsme aanwakkerden. Hoe winst belangrijker was dan leven.

De wetenschappelijke revolutie heeft ons veel gebracht. We hebben kleine kastjes in onze zak waarmee we iedereen op de wereld kunnen bereiken, we vliegen in grote ijzeren machines in de lucht, we fabriceren de slimste medicijnen, binnenkort is op vakantie naar de maan net zo normaal als naar de Costa del Sol, en we leven in gebouwen waarin je de wolken kunt aanraken. We hebben een ongekende mate van vrede, en de gemiddelde (westerse) mens heeft een hoger levenspeil dan de adel of zelfs koningen van vroeger. Het is zoals Sonja Lyubomirsky zegt in *The how of happiness*: 'Er kan overtuigend betoogd worden dat de mate van materiële geriefelijkheid die u vandaag de dag geniet, gelijkstaat aan hoe de bovenste 5 procent nog maar een halve eeuw geleden leefde.' De tijd is rijp, we zitten midden in de volgende stap van onze ontwikkeling, die van materiële welvaart naar geestelijke welvaart. Een nieuwe samenleving waarin materiële rijkdom ten dienste staat van zinvol geluk en niet andersom. Waarin we niet enkel obsessief streven naar het einddoel – Wat is dat eigenlijk? Geluk! – maar ook genieten van de reis. Een samenleving/wereld waarin steun en zorg voor elkaar de maatstaf is en het woord 'vrijwilligerswerk' niet meer bestaat, omdat het overbodig is geworden. Een samenleving gebouwd op een gezonde, getrainde geest.

Het is een illusie om te denken dat het makkelijk, snel en smooth zal verlopen. In de woorden van Gandhi is vooruitgang als een kreupele vrouw: ze kan slechts hinkend naar ons toe komen. Om een samenleving te creëren die gebaseerd is op meer geluk en betekenis dienen oude systemen en gedachtepatronen losgelaten te worden. Dat zal een hoop gehink en gestrompel opleveren. Zo ging de afschaffing van de eerdergenoemde heksenjacht ook niet over één nacht ijs. Maar dat het mogelijk is en dat er reden tot hoop is, bewijst onze geschiedenis tot nu toe. De afgelopen duizend jaar zijn geweldsmisdrijven en oorlogen enorm afgenomen en zijn de vrijheid, gezondheid en levensverwachting van veel mensen toegenomen. Als we deze lijn weten door te zetten, zullen al onze instituties, onze families, scholen en de regering onvermijdelijk tot het inzicht komen dat materiële welvaart in dienst staat van het hoogst haalbare: geestelijke welvaart. Waarbij duurzaamheid, klimaatbehoud en langetermijnperspectief de regel zijn in plaats van de uitzondering.

Wellicht klinkt dit als gewauwel over een utopie van een onrealistische dromer. En juist die gedachte is ondermijnend. We wijzen al snel naar de gebrekkigheid van onze systemen, alsof we er enkel het slachtoffer van zijn. Maar uiteindelijk zijn wij die systemen zelf. En de bron van die systemen is onze geest, hoe we tegen de wereld aankijken. Paradoxaal genoeg zorgt het meer naar onze binnenwereld kijken ervoor dat we meer met de buitenwereld begaan zijn. Als we anders naar de wereld gaan kijken, verandert de wereld.

Juist deze kracht verklaart waarom de geluksrevolutie een grote impact kan hebben op onze wereld. Ze wordt niet van buitenaf opgelegd door bemoeizuchtige overheden, stalinistische dictators, rebellengroepen of terreurorganisaties. Dit is een revolutie van binnenuit. Het is een vrijwillige keuze van ieder individu. Zou dit niet zo zijn, dan ondermijn je direct de gelukkige samenleving. Waar vele revoluties uiteindelijk door je strot worden geduwd, heeft deze revolutie een magnetische werking, omdat onze diepste kern ernaar verlangt gelukkig te zijn. Dat wil niet zeggen dat erover lullen (of een boek lezen!) voldoende is, er moet gepoetst worden. En daar zit de uitdaging. In theorie zijn velen het erover eens dat een zinvolle, gelukkige samenleving het ideaal is, maar weinigen voegen de daad bij het woord. De enige manier waarop deze revolutie momentum kan krijgen, is beginnen in je eigen geest. Het is het enige waar je voor honderd procent verantwoordelijk voor bent en hetgeen waarop je de meeste invloed van de wereld hebt. Een gezonde, gelukkige geest overkomt je niet, je traint hem. En bedenk: als je het nalaat, ga je uit je hoofd stinken. Je verbetert niet alleen je eigen leven maar ook de wereld om je heen. Dus doe je het niet voor jezelf, doe het dan voor je familie, je kinderen of je vrienden.

Deze training vraagt discipline, veerkracht en moed, zodat je het niet op zult geven op deze hobbelige weg. Daarvoor moet je de stap inwaarts maken en je oude denkbeelden loslaten. Moed verkiezen boven gemak. En mocht je je afvragen wat een goed moment zou zijn om te beginnen, herinner jezelf eraan dat er maar één moment is, het enige moment dat telt, het enige moment dat je ooit zult hebben: NU.

'Life is like a camera. Just focus on what's important and capture the good times, develop from the negatives and if things don't turn out, just take another shot.'

ZIAD K. ABDELNOUR

WOORD VAN DANK

Maud Beucker Andreae, bedankt uit de grond van mijn hart voor je enorme inzet, talent, inzicht en vriendschap. Zonder jou zou dit een langdradige draak van een boek zijn geworden dat in plaats van tot geestelijk welbevinden alleen maar tot hoofdpijn zou leiden. Grote dank voor de beste uitgeverij (Emma, Juliët, Lydia, Mariska, Sander, Dorien, Gabina en Evelien) die ik me heb kunnen wensen. Betrokken, scherp, creatief, en jullie zijn allesbehalve assholes. Dank Marja Duin, je hebt de titel 'de Rambo onder de redacteuren' meer dan waargemaakt. Judith Schoffelen, bedankt voor de hele berg boekomslagen. Vrienden Lubert, Died, Swank, Maarten, Jurrian, Peter, Eran, Lykele, Wouter (Ritmeester) en Marije (mijn grote zus), dank voor het aanhoren van mijn gezeur, het geven van feedback en zelfs het maken van een omslagontwerp. Dank voor alle grote geesten en denkers op wiens werk dit boek is gebouwd. In het bijzonder Frits Koster en Erik van den Brink, jullie hebben me geleerd dat compassie niet voor watjes is maar voor helden. Ik waardeer jullie ruimhartigheid waardoor ik gebruik mocht maken van enkele teksten van jullie compassieoefeningen voor de audiotracks. Dank Nico Tydeman, je leert me dit gedoe op aarde met grote verwondering aan te zien. Mijn verwekkers, Rob en Françoise, dank dat jullie op 3 mei 1980 met elkaar de koffer in zijn gedoken, met als bonus: de liefdevolle opvoeding. Lieve Elise, geregistreerd partner tot de dood ons scheidt, diepe dank voor je geduld, vertrouwen en het kostbaarste wat me ooit is gegeven: onze dochter Ava. Zij is mijn motivatie voor het schrijven van dit boek: een gezonde geest voor een betere wereld voor toekomstige generaties.

Wouter de Jong

Lieve Maarten Beucker Andreae, Mick Peet en Pien Kooy: zoveel dank! Jullie steun tijdens het schrijfproces van dit boek was onontbeerlijk. Daarnaast ben ik Anita de Vries enorm dankbaar, omdat zij eerder inzag dat ik wilde gaan schrijven dan ik zelf. Wouter, Juliët, Lydia, Emma en Sander, veel dank voor het vertrouwen en de harmonieuze samenwerking.

Maud Beucker Andreae

NOTEN

Audiotracks 15, 16, 18, 19, 20, 21, 24, 25, 26 en 29 zijn gebaseerd op teksten van Frits Koster en Erik van den Brink. Uit: *Compassie in je leven: Mindfulness verdiepen met heartfulness*. Amsterdam: Boom Uitgevers, 2015.

---

1 https://www.trimbos.nl/themas/depressie/depressie-feiten-en-cijfers. (7 september 2017).

2 http://www.monitorarbeid.tno.nl/publicaties/factsheet-werkstress (6 september 2017).

3 Lyubomirsky, Sonja, Laura King en Ed Diener. "The benefits of frequent positive affect: Does happiness lead to succes?" *Psychological Bulletin* 131.6 (2005): 803-855. De Neve, Jan-Emmanuel, et al. "The objective benefits of subjective well-being." In Helliwell, John, Richard Layard en Jeffrey Sachs (red). *World happiness report 2013*. New York: Sustainable Development Solutions Network, 2013: 54-79.

4 http://www.adformatie.nl/nieuws/we-zien-377-reclames-dag (6 juli 2017). https://www.quest.nl/artikel/hoeveel-reclame-zien-we-in-ons-leven (6 juli 2017).

5 'The brain is remarkable when it comes to collecting information and processing it. The more you feed it, the hungrier it gets. Technology is now feeding it an ever-expanding diet.' Bruce Morton, onderzoeker aan de University of Western Ontario's Brain & Mind Institute. Zie: http://ottawacitizen.com/news/national/sorry-what-your-attention-span-now-less-than-that-of-goldfish-study-says (13 maart 2016).

6 Davidson, Richard J., et al. "Alterations in brain and immune function produced by mindfulness meditation." *Psychosomatic Medicine* 65.4 (2003): 564-570.

7 Goyal, Madhav, et al. "Meditation programs for psychological stress and well-being: A systematic review and meta-analysis." *JAMA, The Journal of the American Medical Association* 174.3 (2014): 357-368.

8 http://www.pnas.org/content/102/51/18626. (7 oktober 2016).

9 Loukopoulos, Loukia D., Key Dismukes en Immanuel Barshi. *The multitasking myth: Handling complexity in real-world operations*. Farnham: Ashgate Publishing, 2009.

10 Wegner, Daniel M., Alexis Broome en Stephen J. Blumberg. "Ironic effects of trying to relax under stress." *Behaviour Research and Therapy* 35.1 (1997): 11-21.

11 http://www.fsw.leidenuniv.nl/nieuws-2011/lorenza-colzato-en-peter-buwalda-in-pavlov-over-creativiteit-en-mediteren.html (7 februari 2017).

12 Smallwood, Jonathan, Daniel J. Fishman en Jonathan W. Schooler. "Counting the cost of an absent mind: Mind wandering as an underrecognized influence on educational performance." *Psychonomic Bulletin & Review* 14.2 (2007): 230-236.

13 Bekijk *The 'Door' Study* van Daniel Simons en Daniel Levin op https://www.youtube.com/watch?v=FWSxSQsspiQ (15 juni 2017).

14 Bradt, Steve. "Wandering mind not a happy mind." *Harvard Gazette* 11 (2010).

15 Wansink, Brian en Jeffery Sobal, "Mindless eating: The 200 daily food decisions we overlook." *Environment and Behavior* 39.1 (2007): 106-123.

16 Del Percio, Claudio, et al. "'Neural efficiency' of athletes' brain for upright standing: A high-resolution EEG study." *Brain Research Bulletin* 79.3 (2009): 193-200.

17 Jamieson, Jeremy P., Matthew K. Nock en Wendy Berry Mendes. "Mind over matter: Reappraising arousal improves cardiovascular and cognitive responses to stress." *Journal of Experimental Psychology: General* 141.3 (2012): 417-422.

18 Bechara, Antoine, et al. "Deciding advantageously before knowing the advantageous strategy." *Science* 275.5304 (1997): 1293-1295.

19 Kraft, Tara L. en Sarah D. Pressman. "Grin and bear it: The influence of manipulated facial expression on the stress response." *Psychological Science* 23.11 (2012): 1372-1378.

20 Deze schattingen zijn nog omstreden, de consensus is wel dat het tot in de tienduizenden gedachten per dag loopt. Schatting op basis van de National Science Foundation. Zie: https://www.huffingtonpost.com/bruce-davis-phd/healthy-relationships_b_3307916.html (8 november 2017). Onderzoek bij Loni Laboratory of Neuroimaging schat het aantal zelfs op 70.000 gedachten per dag. Zie: http://web.archive.org/web/20170313053429/http://loni.usc.edu/about_loni/education/brain_trivia.php (8 november 2017).

21 Mehl, Matthias R., et al. "Are women really more talkative than men?" *Science* 317.5834 (2007): 82.

22 Wilson, Timothy D., et al. "Just think: The challenges of the disengaged mind." *Science* 345.6192 (2014): 75-77.

23 Bushman, Brad J. "Does venting anger feed or extinguish the flame? Catharsis, rumination, distraction, anger, and aggressive responding." *Personality and Social Psychology Bulletin* 28.6 (2002): 724-731.

24 Creswell, J. David, et al. "Neural correlates of dispositional mindfulness during affect labeling." *Psychosomatic Medicine* 69.6 (2007): 560-565.

25 Vago, David R. en Silbersweig A. David. "Self-awareness, self-regulation, and self-transcendence (S-ART): A framework for understanding the neurobiological mechanisms of mindfulness." *Frontiers in Human Neuroscience* 6 (2012): 296.

26 Tashani, O. A., D. Burnett, en G. Phillips. "The effect of brief mindfulness meditation on cold-pressor induced pain responses in healthy adults." *Pain Studies and Treatment* 5 (2017): 11-19.

27 Greenberg, Jonathan, Keren Reiner en Nachshon Meiran. "'Mind the Trap': Mindfulness practice reduces cognitive rigidity." *PloS ONE* 7.5 (2012): e36206.

28 Term van John Keats. Zie: Keats, John. "Selections from Keats's Letters (1817)." Poetry Foundation (2009).

29 Frankl, Viktor. *De zin van het bestaan.* Rotterdam: Ad. Donker, 1978.

30 Chiesa, Alberto en Alessandro Serretti. "Mindfulness-based stress reduction for stress management in healthy people: A review and meta-analysis." *The Journal of Alternative and Complementary Medicine* 15.5 (2009): 593-600.

31 Carver, Ronald, Raymond Johnson en Herbert Friedman. "Factor analysis of the ability to comprehend time-compressed speech." *Journal of Literacy Research* 4.1 (1971): 40-49.

32 Duhachek, Adam, Shuoyang Zhang en Shanker Krishnan. "Anticipated group interaction: Coping with valence asymmetries in attitude shift." *Journal of Consumer Research* 34.3 (2007): 395-405.

33 Wacker, Katherine en Katherine Hawkins. "Curricula comparison for classes in listening." *International Journal of Listening* 9.1 (1995): 14-28.

34 Stauffer, John, Richard Frost en William Rybolt. "The attention factor in recalling network television news." *Journal of Communication* 33.1 (1983): 29-37.

35 Janusik, Laura en Andrew Wolvin. "Listening treatment in the basic communication course text." *Basic Communication Course Annual* 14 (2002): 164-210.

36 Carver, Ronald, Raymond Johnson en Herbert Friedman. "Factor analysis of the ability to comprehend time-compressed speech." *Journal of Literacy Research* 4.1 (1971): 40-49.

37 Scharmer, Otto. *Theorie U.* Zeist: Uitgeverij Christofoor, (2010): 157-261.

38 Onderzoek van Stanford-pyscholoog Brian Knutson in 2008, later nog herhaald met hersenscans. De resultaten worden nog gepubliceerd.

39 Volgens het model van Kristin Neff.

40 Buss, David. "Sex differences in human mate preferences: Evolutionary hypotheses tested in 37 cultures." *Behavioral and Brain Sciences* 12.1 (1989): 1-14.

41 Kijk voor interessant compassieonderzoek op http://ccare.stanford.edu/research/peer-reviewed-ccare-articles.

42 Lutz, Antoine, et al. "Long-term meditators self-induce high-amplitude gamma synchrony during mental practice." *Proceedings of the National Academy of Sciences of the United States of America* 101.46 (2004): 16369-16373.

43 Greg Norris, www.benefience.org (8 december 2017).

44 Taylor, Shelley. "Tend and befriend: Biobehavioral bases of affiliation under stress." *Current Directions in Psychological Science* 15.6 (2006): 273-277.

45 McGonigal, Kelly. "How to make stress your friend." TEDGlobal, Edinburgh, 2013.

46 Kohn, Alfie. *The brighter side of human nature: Altruism and empathy in everyday life.* New York: Basic Books, 2008.

47 Neff, Kristin en Christopher Germer. "A pilot study and randomized controlled trial of the mindful self-compassion program." *Journal of Clinical Psychology* 69.1 (2013): 28-44.

48 Baumeister, Roy, et al. "Does high self-esteem cause better performance, interpersonal success, happiness, or healthier lifestyles?" *Psychological Science in the Public Interest* 4.1 (2003): 1-44.

49 Ratner, Kyle en David Amodio. "N170 responses to faces predict implicit ingroup favoritism: Evidence from a minimal group study." *Social & Affective Neuroscience Society Meeting* 10 (2009), http://www.wjh.harvard.edu/~scanlab/SANS/docs/SANS_program_2099.pdf.

50 Frank, Robert H. *The economic naturalist: In search of solutions to everyday enigmas.* New York: Basic Books, 2007.

51 Leary, Mark, et al. "Self-compassion and reactions to unpleasant self-relevant events: The implications of treating oneself kindly." *Journal of Personality and Social Psychology* 92.5 (2007): 887-904.

52 Neff, Kristin, Kristin Kirkpatrick en Stephanie Rude. "Self-compassion and adaptive psychological functioning." *Journal of Research in Personality* 41.1 (2007): 139-154. Neff, Kristin en Roos Vonk. "Self-compassion versus global self-esteem: Two different ways of relating to oneself." *Journal of Personality* 77.1 (2009): 23-50.

[53] Mischel, Walter en Ozlem Ayduk. "Willpower in a cognitive-affective processing system: The dynamics of delay of gratification." In Baumeister, Roy en Kathleen Vohs (red.). *Handbook of self-regulation: Research, theory, and applications.* New York: Guilford, 2004: 99-129.

[54] Nørgaard, Marianne, Preben Pedersen en Merete Bjerrum. "Visualisation during ablation of atrial fibrillation – stimulating the patient's own resources: Patients' experiences in relation to pain and anxiety during an intervention of visualisation." *European Journal of Cardiovascular Nursing* 14.6 (2015): 552-559.

[55] Idem.

[56] Mondaini, Nicola, et al. "Finasteride 5 mg and sexual side effects: How many of these are related to a nocebo phenomenon?" *The Journal of Sexual Medicine* 4.6 (2007): 1708-1712.

[57] Dijksterhuis, Ap en Ad van Knippenberg. "The relation between perception and behavior, or how to win a game of trivial pursuit." *Journal of Personality and Social Psychology* 74.4 (1998): 865-877.

[58] Tifanny Field, *Touch in early development.* Hove: Psychology Press, 2014.

[59] Spitz, Rene A. "Hospitalism: An inquiry into the genesis of psychiatric conditions in early childhood." *The Psychoanalytic Study of the Child* 1 (1945): 53-74.

[60] Kraus, Michael, Cassey Huang en Dacher Keltner. "Tactile communication, cooperation, and performance: An ethological study of the NBA." *Emotion* 10.5 (2010): 745-749.

[61] Linden, David. *Touch: The science of hand, heart, and mind.* Londen: Penguin Books, 2016.

[62] Guerrero, Laura en Peter Andersen. "The waxing and waning of relational intimacy: Touch as a function of relational stage, gender and touch avoidance." *Journal of Social and Personal Relationships* 8.2 (1991): 147-165.

[63] Idem.

[64] Neff, Kristin en Christopher Germer. "A pilot study and randomized controlled trial of the mindful self-compassion program." *Journal of Clinical Psychology* 69.1 (2013): 28-44.

[65] Swann, W.B., Jr. "To be adored or to be known? The interplay of self-enhancement and self-verification." In E.T. Higgins & R.M. Sorrentino (red.). *Handbook of motivation and cognition: Foundations of social behavior,* deel 2. New York: Guilford Press, 1990: 408-448.
Joiner Jr, Thomas, Mark Alfano en Gerald Metalsky. "Caught in the crossfire: Depression, self-consistency, self-enhancement, and the response of others." *Journal of Social and Clinical Psychology* 12.2 (1993): 113-134.

[66] Swann, William. "The trouble with change: Self-verification and allegiance to the self." *Psychological Science* 8.3 (1997): 177-180.

[67] Pink, Daniel. Drive: *The surprising truth about what motivates us.* Londen: Penguin Books, 2011.

[68] Neff, Kristin, Ya-Ping Hsieh en Kullaya Dejitterat. "Self-compassion, achievement goals, and coping with academic failure." *Self and Identity* 4 (2005): 263-287.

[69] Bandura, Albert. *Self-efficacy: The exercise of control.* Belper: Worth Publishers, 1997.

[70] Neff, Kristin, Ya-Ping Hsieh en Kullaya Dejitterat. "Self-compassion, achievement goals, and coping with academic failure." *Self and Identity* 4 (2005): 263-287.

[71] Cacioppo, John en William Patrick. *Loneliness: Human nature and the need for social connection.* New York: W. W. Norton & Company, 2008.

[72] Neff, Kristin, Ya-Ping Hsieh en Kullaya Dejitterat. "Self-compassion, achievement goals, and coping with academic failure." *Self and Identity* 4 (2005): 263-287.

[73] Deze oefening is gebaseerd op het werk van Paul Gilbert.

74 Werner, Oswald. "Sapir-Whorf Hypothesis." In Lamarque, Peter (red.). *Concise encyclopedia of philosophy of language*. Oxford: Elsevier science Ltd., 1997: 76-83.

75 Winawer, Jonathan, et al. "Russian blues reveal effects of language on color discrimination." *Proceedings of the National Academy of Sciences* 104.19 (2007): 7780-7785.

76 Wood, Joanne V., WQ Elaine Perunovic, en John W. Lee. "Positive Self-Statements Power for Some, Peril for Others." *Psychological Science* 20.7 (2009): 860-866.

77 Carson, James, et al. "Loving-kindness meditation for chronic low back pain: Results from a pilot trial." *Journal of Holistic Nursing* 23.3 (2005): 287-304.

78 Burton, Chad en Laura King. "The health benefits of writing about positive experiences: The role of broadened cognition." *Psychology & Health* 24.8 (2009): 867-879.

79 Burton, Chad en Laura King. "Effects of (very) brief writing on health: The two-minute miracle." *British Journal of Health Psychology* 13.1 (2008): 9-14.

80 Calapice, Alice (red.). *The new quotable Einstein*, met een voorwoord van Freeman Dyson. Princeton, NJ: Princeton University Press, 2005.

81 https://www.cbs.nl/nl-nl/nieuws/2015/39/een-half-miljoen-mensen-voelt-zich-eenzaam (6 september 2017).

82 Cacioppo, John, et al. "Loneliness as a specific risk factor for depressive symptoms: Cross-sectional and longitudinal analyses." *Psychology and Aging* 21.1 (2006): 140. Luo, Ye, et al. "Loneliness, health, and mortality in old age: A national longitudinal study." *Social Science & Medicine* 74.6 (2012): 907-914.

83 https://www.youtube.com/watch?v=jD8tjhVO1Tc (4 februari 2017).

84 Valdesolo, Piercarlo en David DeSteno. "Synchrony and the social tuning of compassion." *Emotion* 11.2 (2011): 262.

85 Klimecki, Olga M., Susanne Leiberg, Ricard Matthieu en Tania Singer. "Differential pattern of functional brain plasticity after compassion and empathy training." *Social Cognitive and Affective Neuroscience* 9.6 (2013): 873-879.

86 Lamm, Claus, Jean Decety en Tania Singer. "Meta-analytic evidence for common and distinct neural networks associated with directly experienced pain and empathy for pain." *Neuroimage* 54.3 (2011): 2492-2502.

87 Klimecki, Olga en Tania Singer. "Empathic distress fatigue rather than compassion fatigue? Integrating findings from empathy research in psychology and social neuroscience." In Oakley, Barbara, et al. (red.). *Pathological altruism*. Oxford: Oxford University Press, 2011: 363-367.

88 https://www.youtube.com/watch?v=apzXGEbZhto (18 augustus 2017).

89 Noë, Alva. *Out of our heads: Why you are not your brain, and other lessons from the biology of consciousness*. New York: Macmillan, 2009: 30-31.

90 Sroufe, L. Alan, et al. *The development of the person: The Minnesota study of risk and adaptation from birth to adulthood.* New York: Guilford Press, 2005: 268.

91 Mikulincer, Mario en Phillip Shaver. "Attachment security, compassion, and altruism." *Current Directions in Psychological Science* 14.1 (2005): 34-38.

92 Stefanie Tignor en C. Randall Colvin. "The interpersonal adaptiveness of dispositional guilt and shame: A meta-analytic investigation." *Journal of Personality* 85.3 (2017): 341-363.

93 Davidson, Karina en Elizabeth Mostofsky. "Anger expression and risk of coronary heart disease: Evidence from the Nova Scotia Health Survey." *American Heart Journal* 159.2 (2010): 199-206.

94 Chödrön, Pema. *The places that scare you: A guide to fearlessness in difficult times.* Boulder: Shambhala Publications, 2007.

95 McCullough, Michael en Charlotte Vanoyen Witvliet. "The psychology of forgiveness." In Lopez, Shane J. en C.R. Snyder (red.). *Handbook of positive psychology.* Oxford: Oxford University Press, 2002: 446-455.

96 Worthington, Everett, Steven Sandage en Jack Berry. "Group interventions to promote forgiveness." In McCullough, Michael E., Kenneth I. Pargament en Carl E. Thoresen (red.). *Forgiveness: Theory, research, and practice.* New York: Guilford Press, 2001: 228-253.
Harris, Alex en Carl Thoresen. "Extending the influence of positive psychology interventions into health care settings: Lessons from self-efficacy and forgiveness." *The Journal of Positive Psychology* 1.1 (2006): 27-36.

97 Hanson, Rick. *Boeddha's brein.* Utrecht: Uitgeverij Ten Have, 2012.

98 DePaulo, Bella et al. "Lying in Everyday Life." *Journal of Personality and Social Psychology* 70.5 (1996): 979-995.

99 Niedenthal, Paula. "Embodying emotion." *Science* 316.5827 (2007): 1002-1005.

100 Bekijk de onlinedocumentaire *Story of stuff* of kijk op www.storyofstuff.org.

101 https://www.oxfam.org/en/research/economy-1 (19 juli 2017).

102 The World Bank. *Poverty data: A supplement to World Development Indicators 2008.* Washington, D.C.: The World Bank, 2008.

103 UNICEF. *Progress for children: A report card on nutrition.* New York: UNICEF, 2006.

104 Díaz, Sandra, et al. "Biodiversity loss threatens human well-being." *PLoS Biology* 4.8 (2006): e277.

105 Ellis, Erle, et al. "Anthropogenic transformation of the biomes, 1700 to 2000." *Global Ecology and Biogeography* 19.5 (2010): 589-606.

106 Norberg, Johan. *Vooruitgang.* Amsterdam: Nieuw Amsterdam, 2016.

107 http://www.independent.co.uk/voices/five-things-would-happen-if-everyone-stopped-eating-meat-a6844811.html (21 maart 2017).

108 https://www.youtube.com/watch?v=fyZQf-op73QM (8 mei 2017).

109 Gazzaniga, Michael. *Human: The science behind what makes us unique.* New York: HarperCollins, 2008.

110 Oveis, Christopher, Elizabeth J. Horberg en Dacher Keltner. "Compassion, pride, and social intuitions of self-other similarity." *Journal of Personality and Social Psychology* 98.4 (2010): 618-630.
Sprecher, Susan en Beverley Fehr. "Compassionate love for close others and humanity." *Journal of Social and Personal Relationships* 22.5 (2005): 629-651.
Weng, Helen Y., et al. "Compassion training alters altruism and neural responses to suffering." *Psychological Science* 24.7 (2013): 1171-1180.

111 Dit is een idee van Christopher Germer.

112 Kashdan, Todd en Robert Biswas-Diener. *The upside of your dark side: Why being your whole self – not just your 'good' self – drives success and fulfillment.* Londen: Penguin, 2014.

113 Een uitspraak van Tal Ben-Shahar.

114 Lyubomirsky, Sonja, Laura King en Ed Diener. "The benefits of frequent positive affect: Does happiness lead to succes?" *Psychological Bulletin* 131.6 (2005): 803-855.

115 Idem.
Ferguson, Yuna en Kennon Sheldon. "Trying to be happier really can work: Two experimental studies." *The Journal of Positive Psychology* 8.1 (2013): 23-33.

116 Danner, Deborah, David Snowdon en Wallace Friesen. "Positive emotions in early life and longevity: Findings from the Nun Study." *Journal of Personality and Social Psychology,* 80.5 (2001): 804-813.

117 Quote van Agnes Replier.

118 Boorstein, Sylvia. *Happiness is an inside job,* audioboek. Ashland: Blackstone Audiobooks, 2008.

119 Goldsmith, Kelly, et al. "Happiness in the workplace: Employees who focus on maximizing happiness become happier." Working paper, Northwestern University,

2013. Beschikbaar bij SSRN: http://dx.doi.org/10.2139/ssrn.1979829.

120 Mauss, Iris B., et al. "Can seeking happiness make people unhappy? Paradoxical effects of valuing happiness." *Emotion* 11.4 (2011): 807.
Schooler, Jonathan W., Dan Ariely en George Loewenstein. "The pursuit and assessment of happiness can be self-defeating." In Brocs, Isabelle en Juan D. Carillo (red.). *The psychology of economic decisions*, deel 1. Oxford: Oxford University Press, 2003: 41-70.

121 Mischel, Walter, et al. "'Willpower' over the life span: Decomposing self-regulation." *Social Cognitive and Affective Neuroscience* 6.2 (2011): 252-256.

122 Lyubomirsky, Sonja, Laura King en Ed Diener. "The benefits of frequent positive affect: Does happiness lead to succes?" *Psychological Bulletin* 131.6 (2005): 803-855.
De Neve, Jan-Emmanuel, et al. "The objective benefits of subjective well-being." In Helliwell, John, Richard Layard en Jeffrey Sachs (red.). *World happiness report 2013*. New York: Sustainable Development Solutions Network, 2013: 54-79.

123 Harker, LeeAnne en Dacher Keltner. "Expressions of positive emotion in women's college yearbook pictures and their relationship to personality and life outcomes across adulthood." *Journal of personality and social psychology* 80.1 (2001): 112.

124 Frijda, Nico H. *The emotions: Studies in emotion and social interaction*. Parijs: Maison de Sciences de l'Homme, 1986.
Lazarus, Richard S. "Cognition and motivation in emotion." *American Psychologist* 46.4 (1991): 352.

125 Fredrickson, Barbara en Christine Branigan. "Positive emotions broaden the scope of attention and thought-action repertoires." *Cognition & Emotion* 19.3 (2005): 313-332.

126 Crowley, Chris en Henry S. Lodge. *Younger next year: A guide to living like 50 until you're 80 and beyond*. New York: Workman Publishing Company, 2004.
Davidson, Richard J., Daren C. Jackson en Ned H. Kalin. "Emotion, plasticity, context, and regulation: Perspectives from affective neuroscience." *Psychological Bulletin* 126.6 (2000): 890.

127 Metafoor van Barbara Fredrickson.

128 Fredrickson, Barbara en Robert Levenson. "Positive emotions speed recovery from the cardiovascular sequelae of negative emotions." *Cognition & Emotion* 12.2 (1998): 191-220.

129 Dickerhoof, Rene Melissa. *Expressing optimism and gratitude: A longitudinal investigation of cognitive strategies to increase well-being*. Riverside: University of California, Riverside, 2007.
Fredrickson, Barbara, et al. "The undoing effect of positive emotions." *Motivation and Emotion* 24.4 (2000): 237-258.

130 Fredrickson, Barbara en Marcial Losada. "Positive affect and the complex dynamics of human flourishing." *American Psychologist* 60.7 (2005): 678-686.

131 Idem.

132 Losada, Marcial en Emily Heaphy. "The role of positivity and connectivity in the performance of business teams a nonlinear dynamics model." *American Behavioral Scientist* 47.6 (2004): 740-765.

133 Hoewel het wiskundige model achter de 3:1-ratio in de wetenschap onder vuur is komen te liggen, blijft de hypothese dat mensen met een hoge positiviteitsratio significant meer floreren overeind. Zie ook: Brown, Nicholas, Alan Sokal en Harris Friedman. "The complex dynamics of wishful thinking: The critical positivity ratio." *American Psychologist* 68.9 (2013): 801-813.
Fredrickson, Barbara. "Updated thinking on positivity ratios." *American Psychologist* 68.9 (2013): 814-822.

134 Emmons, R.A. en C.S. Shelton. "Gratitude and the science of positive psychology." In Lopez, Shane J. en C.R. Snyder (red.). *Handbook of positive psychology*. Oxford: Oxford University Press, 2002: 459-471.

[135] Sheldon, Kennon en Sonja Lyubomirsky. "How to increase and sustain positive emotion: The effects of expressing gratitude and visualizing best possible selves." *The Journal of Positive Psychology* 1.2 (2006): 73-82.

[136] McCullough, Michael, Robert Emmons en Jo-Ann Tsang. "The grateful disposition: A conceptual and empirical topography." *Journal of Personality and Social Psychology* 82.1 (2002): 112-127.
McCullough, Michael, Jo-Ann Tsang en Robert Emmons. "Gratitude in intermediate affective terrain: Links of grateful moods to individual differences and daily emotional experience." *Journal of Personality and Social Psychology* 86.2 (2004): 295-309.
Algoe, Sara en Jonathan Haidt. "Witnessing excellence in action: The 'other-praising' emotions of elevation, gratitude, and admiration." *The Journal of Positive Psychology* 4.2 (2009): 105-127.
Bartlett, Monica en David DeSteno. "Gratitude and prosocial behavior helping when it costs you." *Psychological Science* 17.4 (2006): 319-325.

[137] Ryan, Mary Jane. *Attitudes of gratitude: How to give and receive joy every day of your life.* San Francisco: Conari Press, 2009.

[138] Gable, Shelly, et al. "What do you do when things go right? The intrapersonal and interpersonal benefits of sharing positive events." *Journal of Personality and Social Psychology* 87.2 (2004): 228-245.

[139] Croft, Alyssa, Elizabeth Dunn en Jordi Quoidbach. "From tribulations to appreciation experiencing adversity in the past predicts greater savoring in the present." *Social Psychological and Personality Science* 5.5 (2014): 511-516.

[140] Lyubomirsky, Sonja, et al. "Becoming happier takes both a will and a proper way: an experimental longitudinal intervention to boost well-being." *Emotion* 11.2 (2011): 391.

[141] Giltay, Erik, et al. "Dispositional optimism and all-cause and cardiovascular mortality in a prospective cohort of elderly Dutch men and women." *Archives of General Psychiatry* 61.11 (2004): 1126-1135.

[142] Mounteer, Joan. "Depression among lawyers." *The Colorado Lawyer* 33 (2004): 35-37.

[143] Piper, Alan T. "Zukunftsangst! Fear of (and hope for) the future and its impact on life satisfaction." SOEPpaper No. 706, november 2014. Beschikbaar bij SSRN: https://ssrn.com/abstract=2533882 of http://dx.doi.org/10.2139/ssrn.2533882.

[144] Oettingen, Gabriele, Hyeon-ju Pak en Karoline Schnetter. "Self-regulation of goal-setting: Turning free fantasies about the future into binding goals." *Journal of Personality and Social Psychology* 80.5 (2001): 736.

[145] Meevissen, Yvo, Madelon Peters en Hugo Alberts. "Become more optimistic by imagining a best possible self: Effects of a two week intervention." *Journal of Behavior Therapy and Experimental Psychiatry* 42.3 (2011): 371-378.

[146] Abramson, Lyn, Martin Seligman en John Teasdale. "Learned helplessness in humans: Critique and reformulation." *Journal of Abnormal Psychology* 87.1 (1978): 49-74.

[147] Hanson, Rick. *Geheugen voor geluk: Neem het goede in je op voor een beter leven.* Utrecht: Uitgeverij Ten Have, 2014.

[148] Oefening geïnspireerd op de oefening 'taking in the good'. Hanson, Rick. *Geheugen voor geluk: Neem het goede in je op voor een beter leven.* Utrecht: Uitgeverij Ten Have, 2014: 76-78.

[149] Diener, Ed en Martin Seligman. "Very happy people." *Psychological Science* 13.1 (2002): 81-84.

[150] Lyubomirsky, Sonja, Laura King en Ed Diener. "The benefits of frequent positive affect: Does happiness lead to succes?" *Psychological Bulletin* 131.6 (2005): 803-855.

151 Geïnspireerd op Dutton, Jane en Emily Heaphy. "The power of high-quality connections." In Cameron, Kim S., Jane E. Dutton en Robert E. Quinn. *Positive organizational scholarship: Foundations of a new discipline*. San Francisco: Berrett-Koehler, 2003: 263-278.

152 Scherwitz, L. en J.C. Canick. "Self-reference and coronary heart disease." In Houston, B.K. en J.C. Canick (red.). *Type A behavior pattern: Research, theory, and intervention*. Oxford: Oxford University Press, 1998: 146-167.

153 Zimmermann, Johannes, et al. "The way we refer to ourselves reflects how we relate to others: Associations between first-person pronoun use and interpersonal problems." *Journal of Research in Personality* 47.3 (2013): 218-225.

154 Stark, Kio. *Hoe praten met vreemden je leven kan veranderen*. Amsterdam: Amsterdam University Press, 2016.

155 Gottman, John en Nan Silver. *The seven principles for making marriage work: A practical guide from the country's foremost relationship expert*. New York: Harmony, 2015.

156 Centerwall, Brandon S. "Television and violence: The scale of the problem and where to go from here." *JAMA* 267.22 (1992): 3059-3063.

157 Bohnet, Iris en Richard Zeckhauser. "Trust, risk and betrayal." *Journal of Economic Behavior & Organization* 55.4 (2004): 467-484.

158 Zak, Paul. *The moral molecule: The new science of what makes us good or evil*. Londen: Random House, 2013.
Berg, Joyce, John Dickhaut en Kevin McCabe. "Trust, reciprocity, and social history." *Games and Economic Behavior* 10.1 (1995): 122-142.

159 Geïnspireerd Covey, Stephen. *Smart trust: Creating prosperity, energy, and joy in a low-trust world*. New York: Simon and Schuster, 2012.
En op Raj Raghunatha. *Als je zo slim bent waarom ben je dan niet gelukkig*. Amsterdam: Business Contact, 2015: 218-223.

160 Verhaal uit de documentaire *(Dis)honesty: The truth about lies*. Salty Features, 2015.

161 Term van Dachr Keltner.

162 Lees voor een goed overzicht Collins, James Charles. *Good to great: Why some companies make the leap... and others don't*. Londen: Random House, 2001.
En Keltner, Dacher. *The power paradox: How we gain and lose influence*. New York Penguin, 2016.

163 In het boek *Make more money by making your employees happy* (Malibu: MindLabPublishing, 2012) van Noelle Nelson zijn tal van studies beschreven die dit bevestigen.

164 Kopelman, Shirli, Ashleigh Shelby Rosette en Leigh Thompson. "The three faces of Eve: Strategic displays of positive, negative, and neutral emotions in negotiations." *Organizational Behavior and Human Decision Processes* 99.1 (2006): 81-101.

165 Kohn, Alfie. *No contest: The case against competition*. Boston: Houghton Mifflin Harcourt, 1992.

166 Titmuss, Richard. *The gift relationship: From human blood to social policy*. New York: The New Press 1997: 339.
Het experiment is 2008 herbevestigd in Mellström, Carl en Magnus Johannesson. "Crowding out in blood donation: Was Titmuss right?" *Journal of the European Economic Association* 6.4 (2008): 845-863.

167 Schwartz, Carolyn en Rabbi Meir Sendor. "Helping others helps oneself: Response shift effects in peer support." *Social Science & Medicine* 48.11 (1999): 1563-1575.

168 Gebaseerd op het verhaal uit de serie *Fargo*.

169 Dunn, Elizabeth en Michael Norton. *Happy money: The science of happier spending*. New York: Simon and Schuster, 2014.

170 https://www.youtube.com/watch?v=Xm-T3HCa618 (8 april 2017).

171 Koike, Takahiko, et al. "Neural substrates of shared attention as social memory: A hyperscanning functional magnetic resonance imaging study." *NeuroImage* 125 (2016): 401-412.

172 https://www.nytimes.com/2015/01/11/fashion/modern-love-to-fall-in-love-with-anyone-do-this.html?_r=2 (16 augustus 2017).

173 Gable, Shelly, et al. "What do you do when things go right? The intrapersonal and interpersonal benefits of sharing positive events." *Journal of Personality and Social Psychology* 87.2 (2004): 228-245.

174 Idem.

175 Korthagen, Fred en Ellen Nuijten. *Krachtgericht coachen*. Amsterdam: Boom Uitgevers, 2015.

176 https://en.wikipedia.org/wiki/Microexpression (9 mei 2017).

177 Voor een verdere verdieping van deze techniek, lees Branden, Nathaniel. *The six pillars of self-esteem*. New York: Bantam Dell Publishing Group, 1995.

178 Ontleend aan Ben-Shahar, Tal. *Gelukkiger*. Amsterdam: Archipel, 2008.

179 Carver, Ronald, Raymond Johnson en Herbert Friedman. "Factor analysis of the ability to comprehend time-compressed speech." *Journal of Literacy Research* 4.1 (1971): 40-49.

180 Verhaal geïnspireerd op het verhaal dat Jack Kornfield voorleest tijdens zijn zomerretraites.

181 Geïnspireerd op Ben-Shahar, Tal. *Gelukkiger*. Amsterdam:Archipel, 2008.

182 Luthans, Fred. "Positive organizational behavior: Developing and managing psychological strengths." *The Academy of Management Executive* 16.1 (2002): 57-72. Zie ook: Clifton, Donald en James Harter. "Investing in strengths." In Cameron, Kim S., Jane E. Dutton en Robert E. Quinn. *Positive organizational scholarship: Foundations of a new discipline*. San Francisco: Berrett-Koehler, 2003: 111-121.

183 Peterson, Christopher en Martin Seligman. *Character strengths and virtues: A handbook and classification*, deel 1. Oxford: Oxford University Press, 2004.

184 Seligman, Martin, et al. "Positive psychology progress: Empirical validation of interventions." *American Psychologist* 60.5 (2005): 410-421.

185 Csikszentmihalyi, Mihaly. *De weg naar flow*. Amsterdam: Boom Koninklijke Uitgevers.

186 Adams "Unhappy employees outnumber the happy by two to one." *Forbes* 10 (9 mei 2017), https://www.forbes.com/sites/susanadams/2013/10/10/unhappy-employees-outnumber-happy-ones-by-two-to-one-worldwide/#1ca4f519362a.

187 http://www.nu.nl/werk-en-prive/2568458/nederlander-werkt-54-uur-minder-per-jaar.html (8 januari 2017).

188 Wrzesniewski, Amy, et al. "Jobs, careers, and callings: People's relations to their work." *Journal of Research in Personality* 31.1 (1997): 21-33.

189 Ibarra, Herminia. *Working identity: Unconventional strategies for reinventing your career*. Brighton: Harvard Business Press, 2013.

190 Norcross, John, Marci Mrykalo en Matthew Blagys. "Auld lang Syne: Success predictors, change processes, and self-reported outcomes of New Year's resolvers and nonresolvers." *Journal of Clinical Psychology* 58.4 (2002): 397-405.

191 Baumeister, Roy en John Tierney. *Willpower: Rediscovering the greatest human strength*. New York: Penguin, 2011.

192 Idem.

193 Schwartz, Barry. *The paradox of choice: Why more is less*. New York: Ecco, 2004.

194 http://blog.ted.com/the-science-of-willpower-kelly-mcgonigal-on-why-its-so-dang-hard-to-stick-to-a-resolution (9 juli 2017).

[195] http://www.ideafit.com/fitness-library/science-willpower-0. (1 augustus 2017).

[196] Geïnspireerd op Achor, Shawn. *The happiness advantage: The seven principles of positive psychology that fuel success and performance at work*. New York: Random House, 2011.

AANTEKENINGEN

AANTEKENINGEN